新しい人間観・社会観

血液型
人生学・社会学対話

福間　進・星野輝彦

ブックウェイ

はじめに

早速ですが、わたしが書こうとする『新しい人間観・社会観「血液型人生学・社会学」』の対談者になっていただきありがとうございます。

――「血液型と性格」の関係には以前から興味をもっていましたから。

わたしは中学生の頃、父がA型で、母がO型だと聞いていたものの、血液型と性格が結びつくなど想像もできなかったです。星野さんとは五〇年以上も前になりますか、ダム現場でご一緒し、時々お会いするようになったものの、話すのは家族のことか、仕事や政治・社会問題でした。二〇年前にわたしが「血液型と性格」に興味を持ち話題にすると、すでに能見正比古氏の書籍を手にして、職場の人たちの血液型を調べて確かめられているのに驚きました。

――職場の人の血液型を知ったおかげで、人間観察が深くなったと思っています。

わたしはもっと若い頃に「血液型と性格」を知っていれば人間関係、また人生に係わるあらゆる決断の助けになったのに、という思いが強くなり執筆することにしたんです。

――同感ですね。判断の助けになります。

本来ですと、対談者には、わたしたちA型農耕の性格と全く逆のB型騎馬系の人を選ぶべきでしょうが、協力してくれるかどうか、また、反論が多くて対話が進まない気がしました。

――B型騎馬系の人は唯我独尊と言われるように誇り高いですからね。

おっしゃる通りで、B型の人に血液型を聞くと、ちょっと戸惑ってからB型は個性的でよかったという自己肯定感が強いです。その点、農耕民のA型は、和をもって尊しとし、また、B型と違って戦う遺伝子がなくて攻撃されやすいから不安な人が多いんです。

――わたしたちA型同士の対談によって、まずはA型の人たちに自分自身の性格、あるいは他の攻撃的な血液型の性格を確認してもらいましょう。

そうですね。ちなみに、年号が新しく令和になり、また東京オリンピック（二〇二〇）によって日本だけでなく世界が沸き立つと期待したのですが、コロナによるパンダミック（世界的大流行）で、オリンピックの延期、米中対立の激化、尖閣諸島の接続水域への侵入、韓国による慰安婦問題の再燃、元徴用工訴訟・資産売却問題などがあり、一方国内では未解決の拉致問題や、野放しで減ることのないオレオレ詐欺など真面目に考えると鬱になりますね。

――令和の日本は若い人たちに頑張ってもらうことにし、人生の半分以上過ごしたはずの昭和について忘れてしまいましたね。

仕事と家族が中心でしたでしょうからね。でも、三〇年間続いた平成は最近ですから覚えているでしょう。どんな時代でしたか。

――アッという間でしたね。昭和天皇の崩御で平成が始まって、昭和の大歌手美空ひばりや漫画家の手塚治虫氏が亡くなり、また、平成二年の中国天安門事件、ベルリンの壁の崩壊。二年後のソ連邦の解体で東西の冷戦が終り、世界が平和になると思った途端に湾岸戦争。経済大国日本の沈没と失われた二〇年の始まり。アジア通貨危機が終わると二一世紀でしたね。

わたしはアジア通貨危機の直後にインドネシアに行ったんですが、治安がみだれていましたね。タイ国の通貨リンギットがヘッジファンドの攻撃で暴落し、マレーシアは今でも現役のマハティール首相が前面に出て混乱を収拾されたものの、インドネシアのスハルト政権は崩壊したんですよ。

暴動による商店の被害を目にしながら、わたしの最初のインドネシアが初代スカルノ大統領の一九六五年の失脚してまもない頃だったことを思い出しました。ただ、二〇〇〇年を迎えたとき、心配されていたコンピューターが一九〇〇年と二〇〇〇年とを間違える二〇〇〇年問題は起きなくて、とても静かで、二一世紀は平和な世界になると期待して帰国すると、アメリカの同時多発テロでした。

国内では韓国との竹島、中国との尖閣諸島の領土問題、平成七年の阪神淡路の大震災、二三年の東日本大震災などよいことは一つもなかった気がします。

――続いて、イラク戦争、平成二〇年になってリーマンショック、アラブの春（チュニジア革命）によるＩＳ国（イスラム・ステーツ）の成立、シリアの内戦がおきましたね。

――話が暗くなりましたね。その頃に『ダーウィンの進化論から解読する血液型人生学新書』を出版されていますが、反応はどうでしたか。

拙書『ダーウィンの進化論から解読する血液型人生学新書』（以後血液型人生学新書）は理解しづらかったようです。Ｂ型の医師の友達に、カール・マルクス（一八一八～一八八三）はＢ型で、共産主義社会はＢ型の中国や北朝鮮に適した制度であり、フリードリヒ・ニーチェ（一八四四～一九〇〇）の思想もまた、すべてがＢ型の人の性格や考え方を表しているんだ。一方、Ｏ型の欧米人は理解できない相手を攻撃する性格があって、Ｂ型のイスラム教徒への十字軍の遠征、最近のイラク戦争、アラブの春の原因になっているんだよ、と話すと感心してくれたので、贈った『血液型人生学新書』に書いてあるよ、というと、読んだけどわからなかったといわれて愕然としたんです。以前、物理の話をしていると、物理がわからなくても医者はできる、といわれ、日々進歩する医学の勉強に追われているんだ、と思って納得したものの、友達は「血液型と性格」に興味をもち、医師なので生物に関係したダーウィンの進化論、動物行動学について理解してくれていると思っていたんですよ。

――『血液型人生学新書』は生物学、地質学、心理学、哲学などを基礎にした新しい考え方のため理解しづらい箇所があるため流し読みでは難しいですね。また人間について研究して知っているはずの哲学者、生物学者、心理学者、精神科医、小説家、政治家、マスコミなどの知識人たちはごく狭い範囲の専門家でしかなく、誰一人として人間どころか自分自身さえわかっていない、さらに、哲学者・思想家は「血液型と性格」の表現者であることを明らかにすることで、相性は勿論のこと、哲学があつかう民族性、風俗習慣、国民性、宗教などが体系的に理解できるように述べてあるんですが、抽象的で、対象が広すぎるんです。

それぞれの専門分野、例えば哲学者はヘーゲルやマルクス、心理学者はフロイトやユング、小説家はシェークスピア、政治家は日本の首相や世界の指導者の考察によって検証して欲しかったんです。生物学に詳しい友達の医師が理解できないようではだめだ、と思ったとき、アインシュタインの『相対性理論入門』の著者がこれ以上ないというほどわかりやすく書いたので、今度は読者が努力して欲しいと書かれていたことを思い出し、わたしもこれ以上ないというほどわかりやすくしなければならない、どうしたらよいだろうかと考えたのが対話形式なんです。

――医師の友達に、書籍ではだめでも口頭での説明でわかってもらったからですね。

出版社の協力によって対話形式の、また基本的な内容をまとめて小冊子『血液型と性格の基礎理論』を出しました。

――従来の「血液型と性格」と違って『血液型人生学新書』には理論がありますものね。

でも、書き足りない気持ちが強くなったんです。哲学の分野の一つ、解釈学のなかに、総合（全体）と部分の間を往復しながら思考する方法があるので、個人と社会と関連づけて考察する『新しい人間観・社会観「血液型人間学・社会学」』にしたんです。

――総合と部分、森と樹と、どちらにも重点を置いた偏らない思考ですね。

抽象と具体、理論と実際といえるかもしれませんが、わたしの専門の地質学で、断層や地滑りを探すとき、地形全体や地層の中の粒子の観察などを繰り返しながら真実に近づく手法なんです。

まだドナルド・トランプ氏が大統領候補の頃、血液型の話をし合っていた友達に会い、『血液型人生学新書』を渡していたので感想を聞こうとすると、「トランプ候補がA型で、ヒラリー・クリントンさんがＡＢ型、夫のビル・クリントンさん、さらにオバマ大統領もＡＢ型らしいよ」と急にいわれて驚いたんです。その友達もわたしたちと同じ戦中生まれのため、若い頃の大統領ジョン・Ｆ・ケネディー（ＡＢ型）からリチャード・ニクソン（A型）、ジミー・カーター（A型）、ロナルド・リーガン（O型）父親のジョージ・ブッシュ（A型）の頃の大統領について話し合ったことがあるものの、最近の大統領の血液型を知ろうとしていなかったことに気づいたんです。

ビル・クリントン大統領のときは、議会で、愛人関係などで追及され、マスコミに書き立てられていたので、O型のフランクリン・ルーズベルト大統領と愛人との関係を、六人の子供のために耐えたエレノア・ルーズベルト夫人を思い出し、ビル・クリントン大統領はフランクリン・ルーズベルトのように自由恋愛の血液型、O型だろうと思い、また、ヒラリー・クリントンは夫の浮気に耐えていたので、A型かもしれない、もしO型であれば、ケネディー大統領のジャクリーン夫人のようにファースト・レディーでいたいため、我慢しているように思っていたんです。

しかし、友達からビル・クリントンとヒラリー・クリントン、また。バラク・オバマ大統領、いずれもAB型だといわれたとき、三人とも仲がよく、思想上の大きな違いがなかったこと。また、A型の日本に思ったほど厳しくなかったことなどが浮かんできて、AB型同士は相性がよいから、AB型のヒラリー夫人はAB型の夫の浮気が許せたかもしれないと思えてきました。

――友達や男女間、会社の上司、同僚などの相性や、過去の評価の決まった哲学者、思想家、政治家の性格、今の政治家、特にアメリカ大統領は世界のリーダーですので、性格を知る必要がありますね。

実際、保護主義者、「アメリカ・ファースト」のドナルド・トランプ氏が大統領になったとき、世界の人々は驚き、これからどうなるだろうか、と心配しました。わたしが驚いたのは、攻撃的な性格からB型だと思っていたのが、A型だと聞いたときであり、すぐに、日本の政治家では、A型の小泉純一郎、作家で切腹した三島由紀夫、またA型のアドルフ・ヒトラーを思い出しました。

――ヒトラーですか。

話題にしたくない指導者ですけど、第一次大戦によるドイツのハイパーインフレを収束させ、六〇〇万人の失業者に職を与えて、襲いかかってきた世界恐慌をどの国より早く回復させたんです。わたしは同じA型なのでよくわかりますが、まさに、ヒトラーはドイツファーストであり、B型のユダヤ人嫌いであって、トランプ大統領はアメリカ・ファーストで、B型の中国やイスラム教嫌いなのです。

またA型の小泉純一郎首相は郵政の民営化などの構造改革、劇場型の政治家といわれる度にヒトラーを思い出しました。三島由紀夫については国粋主義であり、O型のアメリカによって失われていく日本文化を憂い国の思想をもって見つめ、トランプ大統領がグローバル化で職を失うアメリカの労働者たちをみて憂えるのと同じなんです。

「血液型と食事」について書いた自然療法医のダダモ博士は、A型の大統領、リンドン・B・ジョンソン、リチャード・ニクソン、ジミー・カーターをあげ、A型は職務に並外れた才能と情熱を注ぎこむのですが、ストレスがたまると、不安が募って偏執的になり、どんなことも自分への攻撃と思い込んでしまい、結局政権を奪われてしまったと書いています。トランプ大統領もまたA型の特徴であるマスコミからの指摘を自分への攻撃だと受け取っています。

――トランプさんが「フェークニュース（嘘の報道）」という言葉を流行らせ、また、マスコミとうまくいきませんでしたね。

わたしは、A型のアメリカ大統領はすべて二期目を失ったことから、もし、アメリカのような成熟した選挙制度が厳密に実施されていれば、A型のヒトラーは四年で総統の席を失い、第二次世界大戦は起きなかったと書いたことがあります。

――民主制から生まれたヒトラーは国会を焼きましたからね。

当時と状況は違いますが、普通の官史の息子のヒトラーが富豪の家に生まれたことを想定して、トランプ大統領をみるのも面白いと思い、実際この書籍の草稿を終えていましたが、四年間待ってみようと思いました。

――予想通り、トランプ大統領は一期で終わりましたね。

小泉純一郎政権が長期だったのは、日本がA型の国であり、また、恐らくB型の人だと思いますが、軍師の飯島勲氏がいたからですし、ヒトラーもドイツが日本以上にA型が多い国であり、ハイパーインフレーション解決の立役者、ヒャルマル・シャハト博士と、生産の合理化をしたアルバート・シュペーアがいたことが大きいと思います。シュペーアは空爆を受けるなかで軍需相になり、部品の共通化や資源の集中と人事の移動によって四年間で、生産力を戦車は六倍、航空機は三・五倍にしています。

トランプ大統領は、B型のユダヤ人の軍師や軍需相が支えてくれたでしょうが、アメリカはO型の国ですので、支持するA型は四割しかいません。わたしは同じA型ですので、トランプ大統領の性格は本人以上に理解でき、政策はA型の性格から生まれています。

――A型のわたしも首をかしげたりしましたが、どんなところでしたか。

保守的、社会主義嫌い、浮かばれない労働者の保護などすべてがA型の政策です。トランプ大統領については後でもう一度触れますので、この本の特徴と構成について述べさせてください。大きくみて次の七つになります。

1「血液型と性格」は進化のなかから生まれ、二つの関係は共進化である

生物の発生とともに性格がうまれ、間もなく血液型ができ、多様な性格や多種類の血液型の中から、環境に適応した性格とABO式血液型が生き残り、共進化によって農耕地帯にA型が多く、狩猟地帯にはO型、騎馬地帯にはB型が多くなったと考えます。

2サルたちにもABO式の「血液型と性格」がありヒトと一致している

類人猿やサルの行動や社会構造の研究がすすみ、血液型と性格（行動や社会性）がヒトと同じであることが明らかになっています。

――サルたちから人へと進化でつながっているということですね。

3「血液型と性格」は科学であり間違いなく真実である

「血液型と性格」の考えが一九一六年に日本に紹介されてからの、①観察と統計による一〇〇年間の成果と、②ダーウィンの進化論による理論と③サルたちの研究結果という独立した三つの研究の一致から、間違いなく科学だということです。

――確か、地球の年齢は①生物の進化の歴史、②最古の岩石および③隕石の年齢と、三つの一致から四六億年になったはずですよね。

4哲学者・思想家は「血液型と性格」の表現者である

三つの独立した研究の一致から「血液型と性格」は真実であり、今後、分子生物学や脳科学などからも証明されると思いますが、哲学者・思想家たちの思索が独立した四つ目の証拠になり、また、血液型と性格の観点からの哲学者・思想家の業績の分析によって、人間や社会をより深く掘り下げた血液型人生学・社会学がとても役立つことについて述べます。

5誰もごく狭い範囲の専門家でしかなく、人間どころか自分自身もわかっていない

人間について研究しているはずの哲学者や心理学者、文学者、国家の運命を決める政治家、国民の生活の基礎を担う経済学者など、誰一人として人間や社会どころか自分自身さえわかっていない。特に、手に入りやすい書籍の多い哲学者を中心に強調していきます。

6観察するとき全体と部分を関連づけ、特に全体を強調した捉え方をします

世界の知識人たちは人間どころか自分自身もわかっていないというと、お前は何様だ、地質技術者でしかないではないか、と叱られますが、人間より複雑な厚さ八〇メートルの関東ローム層を先人の観察力を学ぶことで四つに分類し、活断層をみつけ、また温泉源、岩盤の下の鉱床だって探しだせるのです。また、火山岩で三つに分類すると、普賢岳、有珠山のような流紋岩、富士山の安山岩、三原山の玄武岩になり、このとき、富士山に玄武岩がありますが、全体からするとやはり安山岩の山です。

――杉山に数本の松があっても杉の山であるように、森と樹の両方をみることが必要なんですね。

脳について今の科学で、記憶をつかさどる部位や共感するミラーニューロンなどの細部の働きがわかってきましたが、大脳全体を、新皮質（新哺乳類）、旧皮質（古哺乳類）、古皮質（爬虫類）とする見方も大切であり、複雑なものの捉え方の一つなんです。

――「血液型と性格」を大きく捉えるんですね。

7 より深く理解していただくために、全体と部分（基本）を捉えた総合編、具体的な例をあげて説明する応用編、理解度を確かめる確認編と三つにわけて詳述します。

総合編ではⅠ章で歴史、Ⅱ章では新しい人間観・社会観『血液型人生学・社会学』とは何か。Ⅲ章は何故、（地質技師でしかないわたしが）新しい人間観、社会観に行きついたか、眉唾だと思われないために、しっかりと説明します。Ⅳ章で、哲学者・思想家（政治家も含めて）は「血液型と性格」の表現者であることを明らかにします。総合編で全体と部分（基本）を理解していただいた後、応用編としてⅤ章で世界の哲学者、ニーチェと日本のジャマイスさんの『B型自分の証明書』の記載の一致からB型の性格を説明します。Ⅵ章ではA型の哲学者ハイデガー、政治家ヒトラー、トランプ大統領、Ⅶ章で世界を席巻しているO型狩猟系の思考の特徴について述べます。Ⅷ章では「血液型人生学・社会学」を生活のなかでどのように生かすかについて述べ、Ⅸ章で、（私自身が）新しい人間観・社会観、「血液型人生・社会学」によって解けた疑問について詳述し、Ⅹ章はまとめにしました。

確認編ではⅪ章で、八冊の書籍を「血液型人生学・社会学」からみた書評をし、Ⅻ章で、「血液型人生学・社会学」からみた韓国、XIII章は、「血液型人生学・社会学」からみた日本について記述しました。

XIV章の理解度確認のための質問一〇六項目及びXV章最後に、は少し表現を変えての本文の抽出の形になりましたので、巻末からの横書きにしました。、また基本的な内容は拙書の小冊子『「血液型と性格」の基礎理論』

の通りですので、一読いただけたらと思います。出版にあたってはご尽力いただいた担当の黒田貴子さんに心からお礼申し上げます。

新しい人間観・社会観「血液型人生学・社会学」対話　目次

応用編

確認編

図表

主な参考書籍

総合編

Ⅰ　血液型と性格の研究史

▽1　血液型と性格はドイツから始まった

――血液型と性格についての関心は日本や韓国、台湾だけで、欧米の人たちにはないといいますよね。

韓国や台湾は戦前の日本の血液型ブームの影響でしょう。研究者の能見俊賢（一九四八～二〇〇六）さんなどは日本だけの文化だといっています。でも、ドイツで、一九〇〇年にＡＢＯ式の血液型が発見されるとすぐに、血液型と人の性格は勿論ですが、類人猿やサルたちの血液型の研究もされています。ただ、欧米人の多くがＯ型とＡ型ですし、中南米のほとんどがＯ型ですので、日本のようにＢ型やＡＢ型を含めて、人々を四つに分類することが難しいんです。でも、欧米は多民族国家ですので、血液型と民族性についての研究が盛んで、一九〇九年にドイツのデュンゲルン博士によって「血液型人類学」が提唱され、後継者たちの研究も本格的で、「ネイチャー」とか、「サイエンス」などの科学雑誌に発表されています。

▽2　日本での血液型と性格の発展

――日本での研究はいつ頃からですか。

血液型の研究が盛んであったドイツの留学先から、第一次世界大戦のため帰国することになった医師の原来復（一八八二〜一九二二）が一九一六年に紹介したのが最初のようです。引き続き多くの研究によってご存知のように幾度となくブームがおきて、約一〇〇年になります。

――わたしたちの世代は能見正比古（一九二五〜一九八一）氏の出版物が読まれ、血液型ブームが起きましたね。

一〇〇年になるため四つの世代に分けることができ、能見正比古さんは第二世代ですね。

(1) 第一世代：古川竹二（A型）、浅田一《はじめ》（O型）、古畑種基（AB型）

第一世代ですが、大正から昭和の初めの一九二〇から三〇年代にかけて活躍した教育学者の古川竹二（一八九一〜一九四〇）、法医学者の浅田一（一八八七〜一九五二）、古畑種基（一八九一〜一九七五）であり、また教育学者や法医学者だけでなく心理学者や軍医たちも加わって研究し、各新聞社が取り上げたため知識人の間に広まり、真剣に議論されています。

注目されるきっかけが、古川竹二博士の『血液型と気質』の出版であり、個人と性格だけでなく民族、国民の気質までに及び、また、積極的なB型、O型と、消極的なA型、AB型に注目し、独自のAP（Active/Passive）指数（団体活動指数）を提唱しています。このAP指数によって、日本人と韓国人の国民性の違い、また、後で述べますが日本と遠く離れたポーランドの国民性がほとんど同じであり、実際似ているのに驚きました。

浅田一博士は長崎医科大学の教授のとき、医学研究員の血液型を知って観察するうちに興味をもち、独自のグループ内でのA型の役割に注目した気質係数（（B型＋O型）／A型）を提唱し、また各国の国民気質まで広げ、講演を中心に普及に努めています。

古畑種基博士は多くの日本人の血液型をしらべ、県民性、あるいは、血液型から日本人の起源を考えるなど、最も貢献した学者だと思います。当時の研究については松田薫著『血液型と性格の社会史』があります。

――第一世代の人たちは今より熱心に研究をされたんですね。

この頃に血液型と性格についての基礎ができています。

――反対する人たちもいたでしょう。

もちろんいました。真偽の決着をつけようと一九三三年に「血液型気質相関説」について、岡山医科大学の日本法医学会第一八次総会で取り上げられています。反対派が三人、賛成派が二人のうち、浅田氏が休んだため一人になり、反対派の多いなか、賛成派の東北帝大、心理学教室の田中秀男は自己内省と他者観察が一致していることをあげ、また古川竹二氏は飛び入りで参加して批判者に反論したのですが、押し切られたようです。

――法医学会の総会で「血液型と性格」についての議論をするなんてすごいですね。

もう少しで血液型が性格を表す、という結論が出そうになったといわれていますが、反対派の具体性にたいして、賛成派は人間についての実験が出来ないため現象学的な証明しかできなかったようです。

ちなみに、日本で地震が起きる度にテレビなどでプレートテクトニックス理論（大洋拡大説）による説明がされ、疑うことなく受け入れていますが、わたしが地学科（地球科学）の学生の一九六〇年代の頃は、信じない学者がいて、矛盾する証拠をたくさんあげて反論されていたことを思い出します。

地球も人間と同じように実験できないから、土地の上下運動で山や山脈、海などが造られるという考え方は理解しやすいのですが、大陸が数千キロも横に動くなど、そのエネルギーはどこにあるんだ、といって信じようとしないんですよ。

――「血液型と性格」が突飛に思えて認めたくない学者たちの気持ちがわかります。

岡山大学での総会の年、批判する論文が一〇編も掲載され、また、二年後賛成派の中心であった古畑種基が東大の教授になると、「血液型と性格」は誤りだといいだしたため、顧みられなくなったものの、浅田一と古川竹二氏は正しいとして講演などで最後まで普及に努めています。

(2)　第二世代：能見正比古（B型）

わたしたちが親しんだ能見正比古さんは第二世代になり、恐らく古川竹二氏が教授をしていた東京女高師（お茶の水女子大）に在学していた姉、幽香里さんの影響を受けたからだと思いますが、一九七〇年から八〇年にかけて、次から次と血液型とタレント、政治家、スポーツマン、結婚や夫婦の相性などの書籍を出してブームを起こしています。また、「血液型人間学」を提唱し、友の会としての「ＡＢＯの会」を立ち上げ、血液型と性格の普及に最も貢献した人だともいえます。詳しくは前川輝光著『血液型人間学』を読んでいただければと思います。

──能見正比古さんの後の第三世代は誰になりますか。

(3)　第三世代：能見俊賢（A型）

能見正比古さんの息子の俊賢さんを第三世代にしました。俊賢さんはサラリーマンを対象にした上司、部下、あるいは同僚との人間関係を中心にした書籍を出し、また父親の死後「ＡＢＯの会」を引き継ぎ、「人間科学学会」として発展させ、『アボ・メイト』という機関紙を作られています。

また、共著ですが、アメリカでの出版『You Are Your Blood Type』があり、刺激をうけた自然療法医のダダモ博士は『血液型健康ダイエット』を出版し、A型は農耕系なので、穀物中心の食事、O型は狩猟系のため、肉類、B型騎馬系は乳製品など祖先が食べてきた食事にすべきだ、と述べています。また、この書籍からイエス・キリストはトリノの聖骸布の血液型分析がAB型、あるいはアメリカ大統領や財界の人たちの血液型を確かめることができました。

――イエス・キリストの血液型がわかるのは驚きですね。

ほかに、能見さんの書籍に、遺体や血判状などの僅かな血痕の分析による歴史上の人物の血液型が、藤原基衡（AB型）、上杉謙信（AB型）、伊達政宗（B型）、豊臣秀吉O型という記載があり、わたしが予想した結果と一致したのでほっとしました。

暗殺された坂本龍馬、切腹させられた織田信長の三男の血痕が掛け軸に残っているということですので、分析によって血液型がわかれば、性格と血液型についてもっと自信もって述べることができると思います。

河合雅雄著『ニホンザルの生態』に、家族を権威的に統率するボスと民主的なボスがいるという記載をみつけました。能見俊賢さんの書籍に引用した文献はなかったのですが、ニホンザルは多くのB型と僅かなO型からなるという記述があり、権威的なボスはB型で、民主的なボスはO型だろうと思っています。

――ニホンザルの祖先は東南アジアのカニクイザルで、A型、O型、B型、AB型がそろっていましたよね。

ニホンザルは今の日本人と違ってA型がいなくて、縄文人と同じなんだと思います。

――縄文人にA型はいなかったんですか。

全くいないとはいえないでしょうが、山間での狩猟や海辺での漁労のせいかもしれません、B型が多かったようですよ。

――関西より東北にB型が多いのは縄文人の影響のせいでしょうかね。

そうかもしれません。能見俊賢さんの研究はサラリーマンを対象にし、また読者が参加する『「血液型」怖いくらい性格がわかる本』や『「血液型」検定ドリル：公式テキスト問題集』などがあり、わたしはサラリーマンをしていたので挑戦してみました。

――どうでしたか。

前者の「人間関係トラブル」対応力テストが一〇問、三択で五割の正解で、後者の検定ドリルは七割でした。能見さんとわたしの職場に違いもありますが、私自身、O型とB型の違いがわかりづらかったものの、説明を読むと納得し感心しています。能見俊賢さんが亡くなられた年に出版された『血液型検定ドリル』が特に印象的でしたので、A型、O型、B型、AB型の特徴をまとめ、さらにわたしの分類、二章で詳しく述べますが、A型子育て・農耕系、O型自由恋愛・狩猟系、B型ハーレム・騎馬系、AB型・地侍系という観点からコメントをつけてみました。カッコ内と下線の部分、（　）はわたしの見解です。

――能見俊賢さんによるここ百年間の研究のまとめですね。

A型の特徴：親は子供の自立で頑張る力が抜ける。（子育て遺伝子としての責任と使命感を失うから）。子供への愛情のかけすぎ。制服にあこがれる。A型はB型にあこがれる。形から入る。キレやすい上司（A型の早とっちりと思い込みのせい）。

合わない上司、B型（A型と全く逆の性格だから）。酒で人がかわる。（ストレスを内部にため込んでいたから）。鳥インフルエンザに弱い（A型農耕民は鳥との接触が少なくて、免疫力がないから）。ストレスで胃のトラブル。職場結婚（動いて探し回らないから）。積極的に好意を示されると弱い（消極的な性格のため、積極性を過大評価するから）。浮気したとき、A型は厳しい顔でごまかす（社交的でなく、言い訳が下手だから）。バイキングでの幼稚園児は好きなものだけを取る。（好きなものは植物性の食品が多いと思う）

O型の特徴：集中と手抜きの差が大きい（選択と集中が得意だから）。ペットのしつけは名人級（狩猟犬の育成の経験から）。相手と張り合って事故をおこす（競争心が高ぶりやすいから）。O型とO型を競わせるとつぶし合いの危険（お互い自由競争の遺伝子のため競争が過度になるから）。人を育てるのに熱心（育ててチームの一員にしたいから、A型子育てと厳しさが違う）。一言多い（日本の政治家の失言。アメリカの政治家の一言は緊張をほぐすユーモア）。初体験・初対面に弱い。鳥インフルエンザに強い（狩猟で鳥と接触する機会が多くて免疫ができていたから）。人の顔形や映像に強い（狩猟に必要な記憶力）。ストレスで胃のトラブル（過度の競争のため）。短期で結果を出す（O型アメリカ式の資本主義）。バイキングでの幼稚園児は好きなものだけを取る（好きなものは肉食が多いと思う）。

B型の特徴：ペットのしつけはまあまあ。（遊牧犬程度での訓練で満足）スポーツ派No1。（敏捷）。相手の怒りを笑いにかえるムード。相手が格上だとあやまる（力への敬意）。数字や記号に強い（数学者や将棋や碁の棋士が多い）。ストレスで腸のリズムがくるう（乳製品を食べ腸を使うから）。ひらめき（前頭葉発達型）。アイディアマン）。相手に好意をいだくと、からかいとひやかし（感情の表現がうまくない）。恋にもえあがる（中央アジアの略奪婚）。バイキングでの幼稚園児は全員がスープを汲む（常に水を持ち歩く遊牧騎馬民の生活による）

AB型の特徴：公平でバランスがよいが、説明が平板。正義感、合理性、誠実にしばられて反発をかう。睡魔に弱い：一〇分の仮眠が必要とのこと。都会のマンション暮らしにいやし（都会は移動や買い物がとても合理的だから）。バイキングでの幼稚園児はすべてを少しずつ取る（生まれながらにバランス感覚をもっている）。　以上です。

——かなり説得力がありますね。人の性格は持って生まれた遺伝と、育った環境によりますが、幼稚園児の場合はほとんどが遺伝によるでしょうからね。ところで第四世代は誰になりますか。

(4)　第四世代：ジャマイス(Jamais Jamais)(B型)

第四世代は、能見俊賢さんが亡くなった翌年に出版された『B型自分の説明書』のJamais Jamais（以後ジャマイスさんと呼ぶ）にしました。

能見さんはサラリーマンなどの職場の人間関係が中心でしたが、ジャマイスさんはB型の自分自身の性格を掘り下げ、B型は日本に二割しかいないのに、B型の真実を記述していたからでしょう、A型、O型、AB型の人たちにも受け入れられ、大ベストセラーになっています。

わたしはB型の知人が少なく、B型は攻撃的で、臆病で逃避のA型とあらゆる点で逆の性格だとわかっていたものの、能見俊賢さんの『対応力テスト』でB型とO型をかなり間違えていました。

ジャマイスさんの具体的な記載によってB型の人間像を確かめられたことは大きな収穫でしたし、さらに、V章で詳しく述べますが、世界の哲学者B型のニーチェのアフォリズム（箴言《しん》）とB型のジャマイスさんと細部にわたって表現が一致したのは、驚きを越えて衝撃でした。

――ジャマイスさんの表現は簡潔で、ニーチェのアフォリズムに似ていますね。

簡潔で詩的な表現はB型の特徴の一つなんです。世界を代表する哲学者ニーチェと、日本の一市民であるジャマイスさんの一致はとても重要ですので、第V章で再度とりあげます。

(5)　第五世代の血液型と性格とは？

――第五世代は『血液型人生学・社会学』になりますか。

血液型は一九〇〇年にランドシュタイナーによって発見され、「血液型と性格」の研究がはじまったと述べました。同じ年に、半導体やコンピューターの基礎になる量子論がドイツのマックス・プランク（一八五八

〜一九四七）によって誕生しています。さらに一九〇一年にはエルンスト・ジュース（一八三一〜一九一四）が植物化石を証拠として、インド洋沖にあったインド大陸が六〇〇〇キロも移動し、ユーラシア大陸に衝突してヒマラヤ山脈ができたと述べ、一九一五年にアルフレート・ウェーゲナー（一八八〇〜一九三〇）が地質学、古生物学、古気象学などから大陸移動説を提唱し、地震がある度に用いられるプレートテクトニックス理論につながっています。

――「血液型と性格」も同じ頃にうまれた量子論やプレートテクトニックス理論のように正しさが証明され、注目されるということですね。

今までの研究者は誰も「血液型と性格」は正しいという強い信念も持っていました。ただ、何故血液型が性格を表すのか、説得できる理論がなかったのです。ダーウィンの進化論から捉え直すことによって、これから述べる新しい人間観・社会観『血液型人生学・社会学』というブレークスルー（飛躍）が起きたのです。個人の性格、相性、職業への適正などがわかって幸福度が増す「血液型人生学」になるだけでなく、政治体制、宗教や紛争や戦争などの社会現象にまで適応できる「血液型社会学」がうまれ、地震のたびにプレートテクトニックス理論によって説明されるように、血液型が世界の紛争の解説にも使われるようになります。

――例えばどういうことですか。

天安門事件について述べましたが、B型の中国の若者にO型欧米のような自由という希望を与えると、アラブの春のときのリビア、エジプト、シリアのような混乱が起きるということです。

――「血液型社会学」からするとあのときの鎮圧は正しかったということですね。それでは、血液型人生学・社会学についての解説をお願いします。

Ⅱ　新しい人間観・社会観「血液型人生学・社会学」とは何か

新しい人間観・社会観「血液型人生学・社会学」に入る前に、従来の考え方をもう少し説明させてください。

▽１　従来の研究の考え方

今までの研究方法は、各人が自分自身の性格を見詰めて分析する内観法と、他者から観察した外観法によるアンケート結果の統計処理による有意差や危険率から、科学的な確かさがあるとしていました。しかし求められた結果と、自分の「血液型と性格」が違っている、抗体の一つでしかない血液型が個性（性格）を表すはずがないといって信じない人たちがいたのです。

▽２　反論する人たちと賛成派の弁解

――確かに、本に書かれた記載と自分の血液型と性格が一致しない。あるいは、相性の悪い血液型のはずの両親がとても仲がいいなどという記事をみかけますよね。日本人でも信じているのは六割ぐらいでしょう。

その通りで、表Ⅰ－１に血液型と性格を信じない人たちの理由と、その反論とダーウィンの進化論による考え方をまとめてみました。信じない人たちの主な理由は次の五つになります。

第①は、自分の血液型と性格があわないという意見です。第Ⅳ章で詳述しますが、深く考える哲学者や思想家には血液型による考え方（個性）があらわれてきます。日頃の適度なストレスのもとでは、周りに気をつかって感情をコントロールするのでしょう、生まれ持った性格が現れなかったりするのです。

――性格は遺伝だけでなく育った環境にもよるので、日常の表面的な人間関係では持って生まれた性格は現れにくいんですね。

第②、人の性格は複雑でＡＢＯ式の血液型の四つに分類できないという意見があります。複雑なものの性質を知るためには、まず分類からはじめるのが基本です。複雑で一〇〇万種を超える生物を、動物、植物、菌類、古細菌と四つにわけたり、二つのときは原核生物と真核生物になったりします。わたしの専門の火山岩では、流紋岩、安山岩、玄武岩の三つ、石英安山岩を加えて四つにしたりしています。

人の性格を二分類にするときは肉食男子・女子と、草食男子・女子にしたり、三つの場合は農耕系、狩猟系、騎馬系の性格にしたりします。

第③、人にはバイアス（偏見）や思い込みがあって当てにならないという人がいます。確かに人にはバイアスがあり、A型だといわれるとA型の性格に思えたりします。しかし、従来の研究者たちはバイアスには十分注意を払っているので心配ない。データーの分析については統計学上から証明され、信頼できる結果になっていると述べています。

第④、抗原の違いでしかないＡＢＯ式の血液型が性格（全人格）に影響するはずがないといって信じない人がいます。従来の研究者たちは、血液型物質は血液だけでなく、すべての細胞にあるから人格に影響しても不思議ではないと答えています。

第⑤、血液型と性格との関連がはっきりしないという反論です。これが最も重要で、性格の差は遺伝子あ

表－1　血液型と性格を信じない理由と弁明とダーウィンの進化論の考え方

信じない人たち	従来の研究者の弁明	進化論の考え方
①血液型と性格の記載に合わない人たちがいる。相性の悪い血液型の両親がとても仲がいい	人の性格を観察する力がない。親族であれば90パーセント当たる。性格は育った環境も影響する	適度なストレスでは現れないときがある。ストレスが強いとき、全くないときに持って生まれた性格が現れる
②人の性格は複雑で4つなどに分類できない	現に分類でき、確率と統計学から検証できている	分類は科学であり、複雑な生物、あるいは火山岩でも4つ、3つに分類している
③人にはバイアスや思い込みがある	バイアスや思い込みを排除しているので問題はない	20も30もの特徴から考えると、1つや2つのバイアスは影響しない
④血液型は抗原の一種でしかなく、全人格に影響するはずがない	ABO 式血液型物質は人の全細胞に存在する。血液型と病気との関連が証明されていて、当然、性格にも影響されるはずだ	血液型も性格も長い生物の歴史のなかで、環境に合うように進化して、今にいたっている
⑤血液型と性格との関連がはっきりしない	将来、遺伝子と性格との関係が明らかになり、遺伝子から血液型と性格が解明されるはずだ	生物の形態や生態と同じように血液型と性格が環境にあうように共進化してきたと考える

るいはホルモン、酵素やたんぱく質の違いによるから、血液型とこれらの関係が科学的に証明されない限り信じるのは時期尚早だ、と血液型と性格を信じている六割の日本人のなかにもいます。

——血液型と性格との関連を遺伝子によって説明できればいいんですよね。

遺伝子の研究が人の性格を明らかにするところまで来ていません。でも、①～⑤、特に⑤についてはダーウィンの進化論の考え方から新しい解答が与えられたと思っています。

▽3　ダーウィンの進化論から考える

——進化論にはいろいろありますね。コンピューターが進化したとか。

ここでの進化は生物についてで、主にダーウィン（一八〇九～一八八二）、ラマルク（一七四四～一八二九）の進化論などです。

——機械論的、分子生物学的進化論など耳にしますよね。

機械論的進化論は進化が因果関係によって前もって決まっているという特に、哲学の分野で使われ、カール・マルクスの原始共産制から封建制、資本主義、そして未来共産制になるというのがそうだと思います。分子生物学的進化論は分子などのミクロな進化で、遺伝子の差異の大きさから個体の発生の年代を推定されたりします。恐竜時代の哺乳類は化石からネズミ位だったとされたのですが、遺伝子の差異からはもっと古いとされていました。最近、中型の化石がみつかったことから、遺伝子の差による年代決定はより正確だと考えられ、今後発展する分野だと思われています。

——弥生人の歯の遺伝子（ＤＮＡ）から年代や縄文人との混血の割合がわかるといいますよね。

ラマルクの進化論は何故キリンの首は長いか、高い木の葉を食べようと首を伸ばしたため長くなり、その形質が子孫に遺伝したからだと考えます。ダーウィンの場合はこの形質遺伝を否定し、首の短いキリンは高い箇所の葉が食べられなくて死んでしまい、首の長い個体だけが生き残って子孫を残し、今のようなキリンになったとするのです。環境に適した個体だけが生き残ることを「自然選択」といい、それには「パートナー（性選択」も含まれます。また遺伝子は日々変異（突然変異を含む）しますが、環境に適した変異のみが生き残り、子孫に伝わるのです。性格についても、子孫を残すことに努力しない生物は自然選択によって滅んでしまったと考えるのです。

――子孫を残すためにだけ生れ出た昆虫がいますよね。生物の半数以上が昆虫というのはたくさんの子孫を残すという生命力の強さですね。

わたしたちが歯を食いしばり必死に生きようとするのは、生きることに淡泊な性格の人はパートナーに無視され、情熱的で辛抱強い人が選ばれたからであり、一方情熱過ぎる人が突然変異で現れたとしても、人々の和を乱し、パートナーに選ばれないか、敵に滅ぼされたからだろうと思います。

――ダーウィンの進化論からすると、生物の形態（キリンの長い首）と同じように、性格もまた環境に適応したもののみが生き残り繁栄したということですよね。

ダーウィンの『種の起源』の出版から一五〇年たち、今でも多くの科学者に支持されることから、

(1)　性格は生物が環境に適応しながら進化するなかで形作られたと考えます

わたしたちヒトの性格は生命が発生し数一〇億年、単細胞から多細胞、さらに魚類、両生類、昆虫（アリ）、恐竜、鳥類、哺乳類、霊長類への長い進化の過程で形成されてきました。そして、

[1] 環境に適応し生き残った性格が遺伝子に記憶され、また脳に層状に蓄積されていると考えます。

――わたしたちが魚類、両生類、昆虫（アリ）、恐竜、鳥類や哺乳動物の性格を持っているというのですね。

両性類や鳥類、霊長類の形態は全く違うようにみえますが、内部構造、神経系、ホルモン、遺伝子などよく似ていて、性格も進化のつながりから説明できるんです。また、

[2] 各人の性格の差はそれぞれが違う遺伝子と脳を引き継いでいるからなんです。

――日本人の間でも、また家族でも性格が違ったりするからいらだつんですよね。

特に夫婦は他人ですからね。でも違いがお子さんの適応の広さにつながりますから、ひどくなければよいことですよ。

3ストレスがかかったときは脳の奥深くの両生類や昆虫だったときの脳が働くんです。

――両生類や昆虫のときの脳を使うなんて、信じ難いですね。多くの読者は信じないでしょうね。

ヒトと両性類や昆虫類の性格の比較は後で詳しく述べます。ここではヒトの性格がどうのように進化し、蓄積されてきたかについて考えてみます。

(2) 生物の発生とともに生まれた性格が大きく進化した三つの出来事

――大きい進化とは突然変異のことですか。

後世に影響する卵生から胎生になるような出来事で、ヒトの性格については、1有性生殖による卵子と精子の役割分担、2草原での子育て係と繁殖係の分担の発生、3生産活動による農耕、狩猟、遊牧騎馬民の出現になります。

1有性生殖による卵子と精子の役割分担、

単性生殖（無性生殖）が遺伝子を交換する有性生殖になり、最初はすぐ近くの個体間の交換でしたが、遠いほうが優秀で生存に有利であったため、図-1に示すように栄養を蓄えて待つ卵子と、無数で動き回ってパートナーを探す精子の二極化に行き着いたと考えます。

――最初はお父さんが作って売っていた家内工業が、生産と営業に分けたほうが有利になったため、生産部門と営業部門ができたのと同じですね。

そうです。競争に勝ってより多くの商品を売るための合理化ですね。ヒトの性格も含めて有性生殖の動植物はインセストタブー（親近相姦の回避）と競争（生存競争）の二つの原則による進化（合理化）であり、家族を進化論から定義すると、「他人からなるセックスが出来る夫婦とインセストタブーによってできない血縁をもつ祖父母、親、兄弟、孫などの最小の集まり」ということになります。

――遠い遺伝子の交換が生存に有利なことから、インセストタブー（親近相姦の回避）が生まれ、長い月日とともにほとんどの生物が保持するようになったんですね。

近親相姦を続ける植物や動物は感染症などとの生存競争に敗れていなくなったんです。実際、結婚などで競争に強くて、自分と違う性格のパートナーを無意識的に求めているんです。愛犬を撫でながら、この二頭はきょうだいなのに、犬畜生だからセックスをしようとする、と話した人がいましたが、他にパートナーがいないときは、植物は自家受粉しますし、未開の部族のなかに相手がいないと兄妹でもセックスをしたりします。

――生物はそのようにして窮地を乗り越えてきたんですね。

2 草原での子育て係と繁殖係の役割分担の発生

今から四〇〇万年前、草原で暮らすようになったアフリカのアファール人（猿人）が肉食獣のライオンやハイエナのように、天敵から子供を守る子育てとパートナーを探す役割分担がうまれたと考えます。

――卵子の動かない性格が子供の側に留まって見守る性格に進化したと考えたんですね。

3 生産活動による農耕、狩猟、遊牧騎馬の出現

卵子の性格が子育てに進化したように、今から五〇〇〇年前に農耕が始まると子供への思いやりの気持ちが作物を育てる性格につながったと考えます。勿論、精子、繁殖の性格が農耕の性格に結びつくかもしれませんが、動き回り、パートナー探しに必死になる農耕民は意に反しパートナーに選ばれなくて消えたと考えます。

――動き回る精子の性格が繁殖係、さらに狩猟民に進化したと考えるほうが合理的ですね。

同じことが遊牧騎馬民にもいえるため三つに分類すると、

①卵子＋子育て＋農耕系、

②精子＋繁殖（非子育て）＋狩猟系、

③精子＋繁殖（非子育て）＋騎馬系の性格になります。

――わたしたちの基盤の性格はそれぞれどれか一つだけを引き継でいるということですよね。でも、農耕の性格の基盤に卵子、子育ての性格、狩猟系や騎馬系の基盤に精子、繁殖の性格があるというのは不思議ですね。

これが本書の中心テーマですので理解していただけるよう繰り返し述べていきます。

(3) 血液型もまた進化のなかで生まれ、血液型と性格は共進化したと考えます

ここでいう血液型は血球の表面の糖（血液型物質）の凝縮反応をもとに分類したＡＢＯ式（Ａ・Ｏ・Ｂ・ＡＢ型）であり、メンデルの遺伝の法則に従っています。また、Ａ型という表現型とＡＡ型とＡＯ型の遺伝子型がありますが、ここでは表現型の四分類を採用しています。

――どうして表現型だけですか。遺伝子型の六分類にしないのですか。

「血液型と性格」を六分類で研究する人もいますが、血液検査でＡＡとＡＯ、あるいはＢＢとＢＯを区別できないことと、また、まずは四分類でしっかりと理解していただきたいという思いがあります。

性格遺伝子が生命の発生とともに生まれ、変異（突然変異を含む）するなかで環境に適した性格のみが生き残ったように、また、細菌にも血液型物質が存在し、植物のカエデはＯ型、Ａ型、ＡＢ型。ゴボウ、大根は

Ｏ型。ソバはＡ型であり、両生類、爬虫類、馬、牛、サルにも存在することから、血液型もまた環境に適したもののみが生き残り、血液型と性格は共進化したと考えます。

――共進化といえば、ゲームや機械学習、また、消費者や生産者の関係に使ったりしますね。

生物での共進化は二種の個体がお互いに利益（相互利得）を受けながら進化するランの三〇センチほどの距（蜜腺までの長さ）と小さな昆虫スズメガの三〇センチの口吻（くちばし）がとても有名です。

――少しずつ伸ばし合って、蜜と花粉を運んでもらうという利益を独占し合ったんですね。

体長わずか九五センチの姉羽鶴が八〇〇〇メートル級のヒマヤラ山脈を越えてインドに行くのですが、一億年前はテチス海が造山運動で山になり、少しずつ高くなっていくうちに、姉羽鶴も飛翔力をのばしたと考えるのです。山を越えられない鶴はダーウィンのいう自然選択で滅んだということなんです。ニホンウナギはマリアナ諸島海域で産卵することが知られています。最初は日本列島と産卵地が近かったのですが、大洋底の拡大で、一億年かけて少しずつ離れていくうちに、仔（し）魚が三〇〇〇キロも泳ぐ能力を進化させたと考えます。

――泳ぐ能力の優れた仔魚が生き残ったということですね。

同じように、農耕地帯にＡ型の人が多いのは、Ａ型の性格が農耕に適していたからであり、閉鎖された農耕社会が何万年と続けば、最後にはＡ型だけになり、また、狩猟地帯にＯ型、遊牧騎馬地域にＢ型が多いことから同じことがいえます。

――ＡＢＯ式血液型と性格は相互利得による共進化ではなく、たまたま同じ環境に適応し合って生き残ったということですね。ところで、『血液型人生学新書』では共進化ではなく指標とされていましたよね。

勿論、血液型をそれぞれの性格を知るための指標、あるいは幾何学での補助線のように考えてもよいと思います。でも、血液型と性格は環境の変化とともに自然選択され、共に進化したと考えたほうがダーウィンの進化論を理解した人にはわかりやすいですし、血液型と性格の関係が類人猿やサルたちにもみられるので、共進化のほうが納得しやすくなります。

(4) 類人猿やサルたちもまたヒトと同じＡＢＯ式の「血液型と性格」をもっています

サルにもヒトと同じようにＡＢＯ式の血液型がありますが、ご存知でしたか。

――サルだけでなく、亀やクジラや魚にもあると聞いたことがあります。

最初、ドイツではウサギやサルなどの動物の血液型からはじまって、ヒトにもあるんだということになったようです。ただ、サルの血液型についての体系だった研究がみつからないので、『サル学なんでも小辞典』京都大学霊長類研究所（一九九二）から引用してまとめると、表－２のようになります。

農耕地帯にＡ型が多いのはＡ型の性格が適していたからであり、同じ環境が何万年も続けばＡ型だけになると前述しましたが、実際、アフリカ西～北部のサバンナに住むすべてＡ型のパタスザルは天敵の多い草原で暮らすなかで臆病で逃げるが勝ち、というＡ型の性格を発揮し、人類よりはるかに長い七〇〇万年以上も続けているうちに、他の血液型は淘汰・選択されてＡ型だけが生き残ったのです。

――ヒトでも、農耕社会がパタスザルのように七〇〇万年も続けばＡ型だけになるんですね。

一方、Ｏ型だけのゲラダヒヒでは、暮らしていた森林から新天地を求めて移動しているうちに、エチオピアの高原についたときは、チームでの移動が不得手なＡ型、Ｂ型、ＡＢ型はいなくなりＯ型だけになったといえるのです。

また、今から一万五〇〇〇年前の氷河期には海面が一〇〇メートル以上も低下し、陸続きになったユーラシア大陸からアメリカ大陸にベーリング半島を渡った当時の石器人たちの血液型は、ＡＢＯ式のそれぞれがそろっていたものの、獲物を捕りながら移動しているうちに、Ｏ型だけのゲラダヒヒのように、ほとんどがＯ型だけのアメリカインデアンやインディオになったのです。

アフリカの森林で生活するゴリラはＢ型だけですが、Ｂ型の人が多いアラブのように力による支配とハーレム（囲い込み）の単雄複雌が環境に合っていたからだと思われます。

――今の日本の農村ではＡ型が多いのですが、サルのように閉じられた農村社会が何千年も続けば、Ａ型だけになりますよね。

同じ環境が何万年も続けば自然選択によって、狩猟地帯はＯ型だけ、遊牧騎馬地帯はＢ型だけになるということです。

――血液型と性格がヒトとサルと一致することで、さらに新しい展開が生まれたんですよね。

約一二〇〇万年前、サルと類人猿、ヒトが共通の祖先から分かれたときは共通の血液型であったものの、進化の過程でサルはサル、ヒトはヒトと独自の血液型を持つようになり、何故今のようにＡ型、Ｏ型、Ｂ型、ＡＢ型のみの共通の血液型が生き残ったか、と考えたとき、

[1]Ａ型は逃走と多産、Ｏ型は自由恋愛による精子間競争　Ｂ型は力による支配とハーレム、ＡＢ型は最も離れた遺伝子の融合による適応力だったと思われます。

――従来の「血液型と性格」の研究にはない発想ですね。

Ａ型が生き残った理由はいくつもあるでしょうが、パタスザルがＡ型だけになった主なものは、臆病でとにかく走って逃げたこと、またゴリラやチンパンジーが四、五年に一回の出産なのに、毎年であり、天敵の犠牲になる以上の子供を産んだからだと思います。

――ヨーロッパの激戦地だったところにA型の住民が多いというのも、逃走と多産ですか。

理由の一つにはなるでしょうね。O型の場合は、チンパンジーの複雄複雌や、ゲラダヒヒの母系的単雄複雌（ボスの座を追われても群れにお気に入りのメスと共に居残ることができる）のように、自由恋愛による精子間競争という他の血液型より、一つ多い選択の過程があったからだと思います。

――O型欧米の人たちが自由を命より大切する理由は、チンパンジーの自由恋愛からきているんですね。

O型の人たちは多くの優れたパートナーを「自由」に選択し、精子間競争によって生まれた人たちであり、自由を拒否することは自分たちの生存戦略である精子間競争ができないことですからね。B型の人たちはB型ゴリラのように、力の支配によって単雄複雌によるハーレムをつくることで生き残って、アラブの人たちをはじめB型騎馬系の人たちの性格になったといえます。ただ、単純な血液型と複雑な性格を結び付けることを嫌う人がいますので、血液型をはずして

[2]農耕系を（A型＝Agriculture）、狩猟系を（H型＝Hunter）、騎馬系を（C型＝Cavalry）、あるいは、農耕系を多産・ペア（P型＝Pair）、狩猟系を自由恋愛（F型＝Free Love）、騎馬系をハーレム型（HM型＝Harem）の3分類でもよいですが、ABO式を組み合わせた四分類のほうがとてもわかりやすくなります。

――「血液型と性格」には一〇〇年間の研究成果があるから、利用すべきでしょうね。

今後研究がすすむと、一メートルの単位を地球の円周の四万メートルから、真空中をすすむ光の長さに基準を変えたように、性格についても新しい合理的な定義がうまれると思います。ちなみに、ダーウィンの進化論から人間とサルの性格が一致するとわかったことから、

[3]両生類や真社会的動物のアリ、そして植物とも関連付けられると思います。

――人間の脳の深層に両生類やアリの脳があれば、一致するかもしれません。でも、植物にＡＢＯ式の血液型物質があったとしても、植物に性格などないでしょう。

ダーウィンは植物も生存競争をしているはずだと思い、庭の芝地に二〇種類の植物を植えて観察すると九種類の植物が枯れたことから、自然選択があったと考えたのです。

――生存競争ですね。でも、ソバのＡ型、大根のＯ型もヒトの「血液型と性格」と関連があるんですかね。

動物もそうですが、植物は簡単に実験ができ、Ａ型とＢ型をかけ合わせたＡＢ型の植物は病気に強いとか。つる植物はＯ型だったとか。植物の交配によって「血液型と性格」の基本を作り、動・植物で確かめ、ヒトと比較対応させた標準表が作れると思います。

――面白いですね。ダーウィンのいう進化に沿ったまとめですね。

植物の「血液型と性格」については将来の研究者にまかせて、ここで最も基本的で理解して欲しい、性格を進化させる三つの出来事を考慮して、

(5)　ダーウィンの進化論による「血液型と性格」をまとめて記述しますと

①Ａ型は卵子＋子育て（ペア・多産）＋農耕系、
②Ｏ型は精子＋繁殖（自由恋愛）＋狩猟系、
③Ｂ型は精子＋繁殖（ハーレム）＋騎馬系、
④ＡＢ型は卵子・精子＋子育て・繁殖＋地侍または屯田兵系になり、図－１に示すように進化したと考えます。

1 環境に適応する原動力はインセストタブーと競争であった

――卵子と精子が遠い遺伝子の交換のために二極化したんですものね。

最初は近くの遺伝子交換であったが、遠くて違うほうが優秀で生き残れたから、栄養を蓄えて待つ卵子と頭に遺伝子だけをもって無数で探し回る精子とに二極化して現在のわたしたちに引き継がれているんです。

また、

②人それぞれが、①、②、③、④の系列の血液型と性格のどれか一つしか保持していない

血液型は一つの遺伝子で決まり、性格は複数の遺伝子群だから両者が対応するはずがない。O型もAB型も性格は似ていて、境界線など引けないとよくいわれます。また、性格は遺伝だけでなく、育ちにもよるという曖昧さがありますが、大枠で（総合的に）捉えると、個人も社会もそれぞれの系列と一致し、複数にまたがったりしません。

――日本にはO型、B型の人がいますが、大枠で捉えるとA型農耕系の国民性であり、韓国にA型とO型がいますが、総合的にみるとB型騎馬系の国民性だということですね。

これについて後の「血液型人生学・社会学」で詳述します。

③卵子、精子、子育て、繁殖の性格は男性（オス）、女性（メス）に関係しない

ヒトは哺乳類のため、女性が卵子、子育ての性格だと思いがちですが、男性であっても卵子や子育ての性格の人がいますし、女性にも、精子や繁殖（非子育て）の性格を生まれもった人がいるということです。

――我が子を捨てて男性のもとに走る女性がいますが、この女性は精子、繁殖（非子育て）の性格ですね。

現代だけでなく、ギリシャ悲劇のなかの王女メディアは夫への腹いせに夫がかわいがる二人の自分が生んだ子供を殺しましたし、古代中国の則天武后は自分の幼い子供を殺して政敵のせいだとしました。また則天武后はハーレムのなかから政権をとり、西太后も江青夫人も同じことをしています。

――ハーレムには皇帝の子供を産むよりも、権力への足場にしようとする女性がいるんですね。

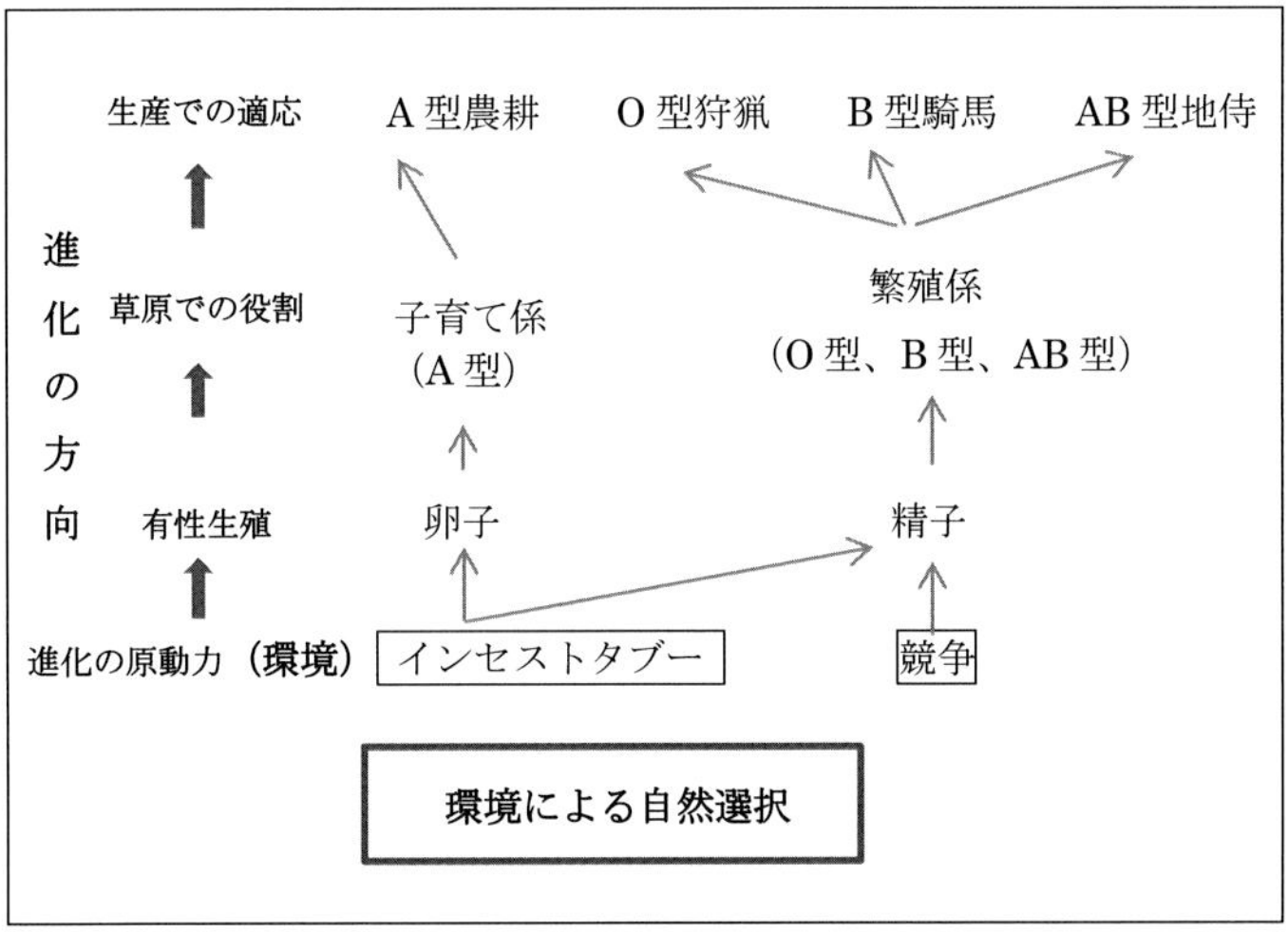

図－１　性格と血液型の進化と共進化の関係

表－２　類人猿やサルたちの血液型と性格

類人猿やサルたち	血液型	性格	備考
チンパンジー	A型とO型	複雄複雌、攻撃的。子殺し行動	人やチンパンジーやゴリラにRh 型があり、テナガザルにはRh 型は全くない、チンパンジーには人にはない、RCEF型、VA B 型、Ch 型があるなどサル固有の血液型が多数あります
ゴリラ	すべてB型	単雄複雌、オス同士の死闘	
オランウータン	A型　B型　A B型	単独行動	
テナガザル	A型　B型　A B型	単雄単雌、オス、メスほぼ同じ体格	
ゲラダヒヒ	すべてO型	複雄複雌自由恋愛	
パタスザル	すべてA型	毎年出産と逃走	
カニクイザル	A型、B型、A B型、O型		

表－３　血液型と性格の進化

血液型	性細胞の誕生	真社会動物（推定）	サルたちの性格	（原人）社会の役割	生産活動ための性格	政治・経済体制	宗教
Ａ型	卵子（定住と待機）	ハキリアリ（キノコの栽培）	Ａ型のみパタスザル（多産と逃避） ボノボ（父性攪乱）	子育て；草食人 相手に合わせストレスを内部に溜め込む。敵と戦うのではなく、逃げる）	湿地帯 Ａ型子育て農耕系	君主共和制 計画経済	プロテスタント 仏教：他力本願
Ｏ型	精子（移動とパートナーの獲得）	アルゼンチンアリ サムライアリ	Ｏ型のみのゲラダヒヒ（大集団）チンパンジー（子殺し）	同性との競争や戦いに勝ち、自分の遺伝子を拡大する：肉食人（敵と戦い、ストレスを外部に吐き出す）	草原地帯 Ｏ型自由恋愛狩猟系	民主主義 議会制 三権分立 資本主義 奴隷制 植民地主義	キリスト教 カトリック
Ｂ型		軍隊アリ	Ｂ型のみのゴリラ（ハーレム）		高原地帯 Ｂ型ハーレム騎馬系	社会主義 寡頭制 独裁 計画経済	イスラム教 南方仏教 道教
ＡＢ型		？			低地帯 ＡＢ型 多婚	君主共和制 計画経済	非宗教的

（表－3の血液型と真社会的動物アリの関係については研究資料をもってないので、推測になっています。）

▽4　性格は遺伝と育った環境で決まる

従来の研究者たちもまた性格は生まれ持った遺伝だけでなく、育った環境も影響すると書いています。環境が裕福で、教育熱心な両親なのか、恵まれないだけでなく虐待などを受けていれば、影響するはずです。極端な例は別にして、一般的な遺伝と育ちの割合に従来の研究者たちはあまり触れていません。ただ、一卵双生児の研究から遺伝と環境の影響は五〇パーセントずつ程度だとされていますが、はたしてそうでしょうか。

わたしは拙書『血液型人生学新書』で、育ちのなかで性格に最も影響するのは嫡子と非嫡子の違いだとして、血液型の四分類に嫡子と非嫡子を加えて八分類にしました。後の章で哲学者について詳述しますが、二〇世紀最後の哲学者、マルティン・ハイデガー（一八八九～一九七六）とジャンポール・サルトル（一九〇五～一九八〇）は同じA型の実存主義者であるものの、ドイツとフランスの環境の違いからでしょう、主張がかなり違っています。

――サルトルはハイデガーの「形而上学とは何か」が理解できなくて、「野蛮で、これほど学術的でない哲学にはついていけない」といったらしいですよね。

『ニホンザルの生態』という同名の著者に河合雅雄（一九六四）と伊沢紘生（一九八二）がいます。河合氏はニホンザルにボスがいて、権威的な家族、民主的な家族がいるとしていますが、伊沢氏はボスザルなどいない、自由気ままに行動しているとして、現在は河合氏が間違っていると考えられています。しかし、前者はニホンザルが戦後しばらくまで狩猟対象にされ、さらに進駐軍によってリクレーション射撃の的になって激減するなかで、復活させようとする頃の調査であり、後者は白山の山奥、あるいは危害どころか餌付けされている現代という、サルを取り巻く環境の違いによると思っています。

――進駐軍に射ち殺されないようにボスを中心に警戒をするのと、餌付けによる生活の保障のもとでは違いますよね。

(1) 社会構造は血液型すなわち遺伝で決まっている

エチオピアの高原にO型だけからなるゲラダヒヒが母系的単雄複雌のユニット(家族)、それらが集まって二〇〇頭前後のバントという二重構造社会を作り、ときにはバンドが集まって六〇〇頭の三重構造の大集団で暮らしています。アフリカの東部の乾燥地帯にマントヒヒが住み、血液型はわかりませんが、恐らくO型でしょう同属のゲラダヒヒと同じ二重、三重構造の大集団を作っています。ゲラダヒヒもマントヒヒも一頭のボスが複数のメスを囲い込んでいますが、ボスに不満があるメスはユニットから出ていき、ゲラダヒヒのボスは追っかけて口頭による説得によって連れ戻します。しかし、マントヒヒは出て行こうとするメスに咬みついて連れ戻します。ゲラダヒヒが天敵の少ない高原に住み、マントヒヒはライオンや豹のいる厳しい草原という生活環境の違いによると思います。

――天敵のいない環境だと話し合いになり、生きるか死ぬかの厳しい環境で話し合いなどしていれば犠牲になるから短時間で解決する暴力になるんですね。

二重、三重の社会構造、単雄複雌、逃げるメスを連れ戻す行為など、すべてが遺伝によるのであって、環境の影響による違いはとても僅かで話し合いか、暴力かでしかないのです。

――基本的な行動のほとんどが遺伝で、環境の影響はごくわずかだということですね。

ゲラダヒヒがなぜO型だけになったか、といえば、最初は四つの血液型がそろっていたものの、移動しているうちにエチオピアの高原についたときは、移動が得意なO型狩猟系だけになり、一方、アメリカインデアンもまた、一～二万年前の氷河期に海水面が一〇〇メートル低下し、ユーラシア大陸からベーリング海峡を渡るとき存在していた四つの血液型が移動してアメリカ大陸の中央に来た頃はO型だけの今のアメリカインデアンになったことについてすでに述べました。

――ゲラダヒヒとアメリカインデアンはどちらも移動しているうちにO型だけになったんですね。

ゲラダヒヒは他のサルにみられないユニットが集まって六〇〇頭にもなるバンド（村）を何故つくることができたか、を考えると、縄張り意識がないからであり、階級制がなくて平等であって他のユニットやバンド同士が干渉したりしないからなんです。北アメリカの東部に居住するイロコイインデアンは不文律の「大いなる法」があり、基本単位はオッティアネ（家族）と複数からなる邦（氏族）が作られ、五つの邦、後には六つになりますが、連邦制で統治し、邦の間に上下はなくてすべてが話し合いで決められています。

――あの氏族は気に入らないから皆で滅ぼそうなどにはならないんですね。

首族長は女性たちが決め、わがままだったりすると交代させられるんです。

――ゲラダヒヒの母系的単雄複雌と同じて、ペナルティもあるんですね。

イロコイインデアンの統治体制がヨーロッパに紹介されると話題になり、飛びついたのがジャン＝ジャック・ルソー（一七一二～一七七八）の人間不平等起源論を書くきっかけになったといわれていますし、カール・マルクスやフリードリッヒ・エンゲルスの原始共産制では差別はなかった、封建制、資本主義を経て、自由で平等な未来共産制という発想の後押しになったと考えられます。

しかし、最も影響をうけたのが、ベンジャミン・フランクリン、トマス・ジェファーソンなどアメリカ建国のときの憲法制定に携わった人たちです。古代からヨーロッパなど統治制度を調べたものの満足できなくて、結局、イロコイインデアンの二重構造の政治体制を参考にしてアメリカの憲法、議会、州政府、連邦政府がつくられたのです。明治維新のとき、伊藤博文等がイギリス、フランスの憲法に満足できなくて、同じA型農耕系のドイツの憲法を参考にしたのと同じなんです。

――ゲラダヒヒ、アメリカインデアン、アメリカ合衆国の統治体制は同じなんですね。同じO型狩猟系の遺伝によるなんて、信じられないですね。

アメリカがアラブ、インド、中国などから来た人たちであれば、O型のアメリカインデアンの統治など参考などせずに力による統治体制を作ったと思います。勿論、B型の人たちであってもユーラシア大陸を移動し、アメリカ大陸に着いたときにO型だけになっていれば別でしょうけどね。

ここで、ゲラダヒヒもアメリカインデアンも合衆国の人たちも同じO型の遺伝子をもち、同じ体制をつくったということであり、サルも未開の人たちも最先端のアメリカの人たちも時代の経過や環境の変化による影響はほとんどないということです。

――環境によるものはゲラダヒヒが草、インデアンがトーモロコシ、アメリカ人がハンバーカーなどの食べ物の差ぐらいですか。

ゲラダヒヒ、イロコイインデアン、アメリカ合衆国の人たちは同じO型でわかりあえるのですが、もう一つ、世界にイロコイインデアンの五連邦と同じ人たちがいますが、わかりますか。それはファイブ・アイズ（Five Eyes：諜報機関同盟）と言われる人たちです。

――米国、英国、カナダ、オーストラリア、ニュージーランドですか。

白人で、英語を話す五か国の人たちはイロコイインデアンの五連邦の人たちと同じで信用し合えるんです。A型の日本、ドイツは当然でしょうが、O型のフランス人、ロシア人も言葉が違うので信用されないいんです。

(2)　ほとんどが遺伝によっている

性格は遺伝と環境（育ち）によるとして、一卵双生児の研究から五〇パーセントずつといわれていますが、A型とB型のそれぞれの一卵双生児の四人を、勿論、A型とO型であってもよいのですが、心理学者夫妻が里親になって観察すれば、血液型という遺伝の差が大きすぎて、一卵双生児間の環境の差は五パーセント以下だと思います。

――日本の里親制度によって確かめる価値がありますね。

ただ、韓国の朴槿恵元大統領の父親の朴正熙元大統領は指導者になれないA型農耕系の末っ子ですが、兄が社会主義者で処刑され、自分も死刑判決をうけるという環境では、意志がとても強くなったと思います。

――和をもって尊しとするA型農耕系の性格が、兄の処刑と自分の死刑判決で変わったんですね。

これも後で述べますが、死を意識すると別人になるのがA型なんです。

▽　5　血液型から個性、相性、職種への適性などがより正確にわかってくる（血液型人生学）

従来の「血液型と性格」は内観・外観から個性、相性、職種の適性について観察されてきましたが、ダーウィンの進化論から、A型は動かない卵子の性格、相手にあわせる子育て、勤勉こそが大切だとする農耕民の性格、O型は動き回る精子、繁殖相手を求めやすい自由を大切にし、チームで狩りをする性格、B型も動き回り、力によって囲い込んで繁殖する騎馬民の性格、AB型はA型農耕とB型騎馬民両方の性格としての地侍など、血液型から性格を読み解く特徴が二〇から三〇にも増えて、間違うことがほとんどなくなり、これこそが従来と違う新しい人間観といえるのです。

▽6　民族性、国民性、政治体制、宗教や紛争の原因などもわかる（血液型社会学）

従来の「血液型と性格」では個人の性格を中心にした研究でしたが、ダーウィンの進化論から読み解くと、図－1あるいは表－3のようにA型の政治・経済体制では君主共和制、計画経済が求められ、宗教ではプロテスタント、仏教では他力本願の浄土真宗などになると思います。

O型の血液型の政治・経済体制では民主主義、議会制、三権分立、資本主義、奴隷制、植民地主義、宗教はキリスト教のなかのカトリックになります。B型の好ましい政治・経済体制は社会主義、寡頭制、独裁、計画経済、宗教では、イスラム教、南方仏教、道教になります。AB型はA型とB型の性格を備えていて、集団の総意である政治・経済体制では君主共和制、計画経済であり、宗教は合理性を重視する考えから汎宗教（汎神論）的、あるいは宗教に関心がないように思われます。

▽7　新しい人間観「血液型と性格」は科学であり、間違いない

今までの研究者は「血液型と性格」にたいして、複雑な性格がわずか四つの血液型で表現できるはずがないといって反論する人たちがいたため、統計と確率による有意とか、危険率を示しながら科学的に正しいんだ、と説得したと前述しました。

また、ダーウィンの進化論からヒトが持つ「血液型と性格」は環境の変化に適応して生き残ったものであり、たとえば、A型農耕系は、大人しくて勤勉、O型狩猟系は社交的で積極的、B型騎馬系は戦闘的で誇り高く、AB型はA型とB型の性格を兼ね備えていると述べました。

この　①ダーウィンの進化論による「血液型と性格」（血液型人生学・社会学）とまた、②従来の一〇〇年間の「血液型と性格」との一致、さらに、③サルたちの「血液型と性格」と一致し、この①、②、③の一致から「血液型と性格」は科学であり、間違いないといえるのです。

――独立した三つの証拠が一致すれば、正しくてまず間違いないということですね。

学生の頃の一九六〇年代でしたが、一億年前の古生代のサンゴ礁を電子顕微鏡で観察した研究者が年輪だけでなく、日々成長する日輪を見付け、一億年前の一年は三六五日ではなく、四〇〇日だったと発表したんです。月が数センチずつ遠ざかっていることから、地球の自転が少しずつ遅くなると数値計算から導きだした数学者がとても喜んだ、といわれていました。

――将来は、地球の自転が遅くなって一日が二五時間になるんですか。自分の研究が別の分野から証明されたとわかったときの喜びがわかりますね。

理論が実験（観察）で確になったんです。ダーウィンの進化論による「血液型と性格」の理論がここ一〇〇年間の観察で証明され、さらに、サルたちの観察による追実験によっても確かめられたんです。今後、多少の微調整はあるかもしれませんが、四つ目、五つ目の証拠がみつかり、さらに奥深くて豊かになると思います。ところで、四つ目の証拠が見つかっていますが、わかりますか。

――おっしゃっていた両生類とか真社会動物のアリなどですか。

もっと重要な分野です。

――遺伝子解析とか、分子進化論などですか。

将来は遺伝子や分子生物学からの解明で誰もが納得するようになると思います。四つ目は哲学者や思想家たちが「血液型と性格」の表現者だということです。

▽8 哲学者や思想家は「血液型と性格」の表現者であり、四つ目の証拠になる

――哲学者や科学者の思想が四つ目の証拠になるのですか。以外ですね。

哲学が四つ目の証拠になったことで、「血液型と性格」の特徴が増え、さらにより広くより深くなったんです。

――哲学は、人間はどう生きるべきかなどの倫理や道徳だけでなく、価値観、政治、宗教、地球や宇宙などと分野がひろいですよね。

血液型と性格の歴史は一〇〇年ですが、哲学は二六〇〇年間の成果があり、血液型と性格のなかに取り込むことで、双方に大きな飛躍がうまれ、また、今までの哲学者・思想家たちは自分自身がわかっていなかったことに気づくと思います。

――哲学者・思想家への挑戦ですか。

ただ、もっと広い観点から総合的に見詰め直すと、哲学の見方が変わって自分自身がみえてきますよ、といいたいだけです。

▽9　誰もごく狭い範囲の専門家でしかなく、人間どころか自分自身さえわかっていない

専門家のほとんどが広い範囲の知識の裏打ちのもとで専門を極めたという自負があって、自分がごく狭い範囲の専門家でしかない、という自覚がないと思うんです。特に、哲学者や専門を極めた思想家に、人間どころか自分自身さえわかっていないといえばどうなると思います?

――「汝自らを知れ」といったソクラテスのように訴えられるかもしれませんね。

恐らく、無視でしょうね。ごく狭い範囲を極めることは大切なんです。でも、社会学者で哲学者のオーギュスト・コント（一七九八〜一八五七）が哲学から天文学、数学、物理学、化学、政治学、宗教学などの諸科学がうまれ、哲学は社会学に吸収されるだろうといったんですが、その哲学から生まれた諸科学を勉強し直せば、見方が変わるといいたいんです。

――専門以外の知識ということですね。一八世紀までの哲学者や思想家は天文、数学、物理、政治学にも詳しかったんですよね。

今は二一世紀なんだぞ、諸科学がどれだけすすんでいるかわかっているのか。読者のなかには、お前は何様だ、ただの地質技術者でしかないのに、世界の知の巨人に失礼ではないか、いかさまだと怒鳴られそうなので、納得していただくためにわたしがどのようにして今の考えに行きついたか説明しなければと思います。

Ⅲ　何故、新しい人間観、社会観「血液型人生学・社会学」に行きついたか

人間について研究したり、知っていると自負する哲学者、生物学者、精神科医、小説家、政治家、マスコミの人たちの人間や人生についての多くの書籍があります。最近、脳科学の進歩のせいでしょう、脳科学者が人々の行動を分析しながら解説するテレビ番組を見かけるようになっています。

わたしは人間についての研究者ではないものの、天文学や数学をはじめ自然科学、心理学、動物行動学、さらに「血液型と性格」を学んだため、学者の皆さんと違う新しい人間観、社会観「血液型人生学・社会学」に行きついたといえば、どう思われるでしょうね。

――諸科学を学んだのはよいにしても、「血液型と性格」を入れると反発されますよね。

「血液型と性格」で人間がわかるか。血液型は占いでしかないじゃないか。生意気だと言われるでしょう。わたしは小説のなかに「血液型と性格」を織り込んで、新しい人間の見方を伝えようとしたのですが、深読みしてくれる人はいなく、俗っぽいといわれていました。

――「血液型と性格」は真面目に考えるものじゃないという風潮がありますね。

「血液型と性格」が理解できないのは、法医学者の浅田一博士がいうように、人を見る眼（内省力）がないからだといえば反感をかうでしょうから、いかにして今の新しい人間観・社会観にたどり着いたか、順序だてて説明させてください。

急に哲学の話になって申し訳ないですが、哲学者クロード・レヴィ＝ストロース（一九〇八～二〇〇九）

をご存知ですか。

――「構造主義」のフランスの哲学者ぐらいしかわかりません。

日本の戦後しばらく、現実存在や自分の実存を凝視する実存主義者であり、「人間は自由だ」というジャンポール・サルトルと、社会主義革命をめざすマルクスの唯物史観が流行っていました。

――新しく登場した大江健三郎、開高健、高橋和己の頃ですね。高橋和己は全共闘の学生たちに読まれましたよね。

その頃に、レヴィ＝ストロースが未開人の研究から、人間は自由だというサルトルとは逆の「人間は自由ではない、掟などの社会の構造にしばわれている」という「構造主義」を提唱したんです。構造主義の発想の基礎には、地層の表面から地下深くの地質構造を読み解く①地質学と、資本家などの上部構造と下部構造の労働者にわけて、下部構造によって社会は動くとする②マルクス主義と、心を意識と無意識にわけて深層の無意識に焦点をあてた③フロイトの精神分析があったといいました。

――レヴィ＝ストロースの構造主義はフランスで盛んであった文化人類学だけでなく、地質学、マルクス、フロイトの思想が影響していたんですか。サルトルはそれでも「人間は自由だ」といい、フロイトの無意識を認めなかったんですよね。

サルトルはフランスの知的エリートで、小説も売れて金持ちになり女性にもてたから当然不自由などと思うはずがないですよ。

――貧しい労働者の息子に生まれれば、たとえ小説が売れても親族や働く友人の厳しい生活を目の当たりにするから、社会が自由などとは思わないでしょうね。

レヴィ＝ストロースは掟にしばられている未開人も人間ではないか、と人間を広くとらえて、現代人と未開人との間の壁を取り除いたのです。わたしは日本で盛んな「血液型と性格」をもとに人類の起源につながる類人猿、旧人、新人（現代人、未開人）も含めて人間をより深く捉えたと思っています。

――レヴィ＝ストロースは文化人類学によって現代人と未開人の間の壁を、チャールス・ダーウィンは進化論によって人間と動物の壁も取り除いたんですよね。

ヒトはサルとどこが違うか。直立二足歩行、道具をつくる、言語を使ったコミュニケーションをする、脳が大きいなどが考えられていました。しかし、サルも道具を作りますし、コミュニケーションもします。エチオピアで三八〇万年前の直立二足歩行で、チンパンジーなみの脳をもつアファール猿人がみつかり、驚いて親しい友達に「人間がチンパンジーと同じか、むしろ小さい脳を持っていたなんて信じられないよ」といったんです。友達は病院に勤めていたからでしょう、「人間はサルの三～四倍の脳があるんだぞ」と軽蔑の眼でみられ、改めて人間の捉え方の違いに気づいたことがあります。

ここで、レヴィ＝ストロースが未開人の研究から「人間は掟などの構造にしばわれて不自由だ」という構造主義に行きつくきっかけになった基礎知識、①地質学はわたしの専門ですし、②マルクス主義は七〇年安保の大学紛争のときから学び続け、③フロイトの精神分析は小説を書くために必要だと思って勉強していたので、この三つに沿って述べたいと思います。

――「構造主義」にいきついたレヴィ＝ストロースの思考に沿った説明ですね。

▽１　地質学を学んでいた

⑴　ダーウィンの進化論を化石から学んでいた

おしゃたように哲学者・社会学者レヴィ＝ストロースは文化人類学によって現代人と未開人の壁を取り除

き、チャールス・ダーウィンは進化論によってヒトと動物の壁を取り払い、ヒトは動物から進化したとしました。

学生のときに化石からダーウィンの進化論を学んでいたため、ヒトの性格もまた生物の発生から、環境への適応の積み重ねで形成されていると違和感なく考えることができています。勿論、進化論のなかに、突然変異（変異）があり、鹿の大きな角などは生き残るための適応度を低くするものの、パートナーが素敵とおもって選ぶ性選択の場合も含みます。

――ダーウィンの進化論を「血液型と性格」だけでなく、社会構造、宗教にまで適用したのは学生のときに学んだ自分の専門のせいですね。社会進化論との関係はどうなんですか。

社会進化論は一九世紀に機械的進化論とラマルクの進化論からうまれて、今でも生きている考え方です。これも含めてダーウィンの進化論は諸科学分野の説明で普通に使われていますので、この機会にⅩⅣ章の理解度確認のための一〇六項目（P⑴）を読み込んで是非理解していただきたいと思います。

⑵　人の性格より複雑な地層を読み解く観察力があった

人の性格はとても複雑です。でも、わたしは地質学を学び、人の性格より複雑な地層を読み解く観察力を身に付けていたのです。すでに述べましたが、多くの人は厚さ八〇メートルの関東ローム層を一様な赤褐色の火山灰層としか見ないでしょうし、これを四つにわけ、活断層をみつけたり、堆積した当時は、海か、湖か、陸地かを知って古地理を明らかにできますし、地下深くの温泉源、鉱物資源、石油をみつけ出す観察力をもっているのです。

――地質学で学んだ観察力があったから、人が持ってうまれた「血液型と性格」が読み解けたというのですね。

観察力は顕微鏡観察など諸科学で必要でしょうが、裸眼による野外調査・研究で身につけたものです。

――裸眼による地層観察の手法が人間の行動や社会構造の解明につながるんですね。

(3) 地質学は歴史総合科学であった

また、地質学は物理、化学、生物学のように独自の知見で掘り下げる学問と違って、自然科学の総合的な知識を取り入れながら、また文系の歴史を軸に地層や地球の成り立ちを考える学問であったため、ヒトや血液型と性格についても進化という歴史的観点から考えるようになっています。

――「血液型と性格」を広い範囲から捉え、また従来と違う歴史的な観点からも分析できたということですね。

(4) 血液型と性格は大陸移動説（プレートテクトニックス理論）の発展に似ていた

地震が起きる度に、テレビでプレートテクトニックス理論による説明がされていますが、「血液型と性格」と単純さと明快さでとてもよく似ているので、プレートテクトニックス論について知ることは地震国に住むわたしたちに無駄ではないと思うので少し話させてください。

――プレートテクトニックス理論は最初一体であった大陸がアフリカ大陸と南米大陸に分裂したというウェーゲナーの大陸移動説から発展した理論ですよね。


わたしが学生の頃、教官たちもそうですが、複雑な地層を扱うからでしょう、大陸移動説（大洋拡大説、プレートテクトニックス理論）があまりにも単純で、また明快すぎて信じられなかったです。テレビで、地球物理学者が、フィリピン沖にあった伊豆半島が移動し、日本列島にぶつかったから縦方向の断層ができている、という説明に、断層の方向は岩盤の種類によったりするので、そんなに単純なものではない、と思っていました。

――おおざっぱ過ぎて科学的でないと思ったのですね。

ウェーゲナーがアフリカ大陸と南米大陸の間の地形、気象、岩石、化石、植生、生物種などあらゆる点で一致し、これは新聞紙を破いて切り離して再度合わせたとき、記事がつながって読めるのと同じだと述べたのですが、大陸を動かすエネルギーがわかなくて注目されなかったんです。

――血液型と性格では、性格だけでなく、国民性、政治、宗教などあらゆる点で一致するのに、遺伝子との関係がはっきりしないから信じないのと同じですね。

おっしゃる通りで、血液型と性格は地震や大陸移動と同じように実験ができないんですよ。

――観測や過去のデーターの分析から推測するしかないんですね。

Ｋ・ラントシュナイターが一九〇〇年に血液型を発見し、血液型と性格に関係があると発表した同じ頃、イギリスの地質学者のエドアルド・ジュースが一九〇二年（ウェーゲナーが大陸移動説を発表する一〇年前）に、今のインド大陸はインド洋の中央から北上してユーラシア大陸にぶつかってヒマヤラ山脈ができたという説を発表したのです。

当時ヒマラヤ山脈の頂上に浅い海の貝の化石があり、地殻が上下運動することが知られていたので、二億から二〇〇〇万年前に地中海とつながっていたテチス海が陸化したと考えられていました。

学生のときインド大陸が北上してユーラシア大陸にぶつかり、ヒマラヤ山脈が出来たという講義に驚き、また、教官が黒板に書いて説明しながらアイデアの新鮮さからでしょうニコッと笑ったことを思い出します。

それから間もなく、地震が発生する度に今のように、日本列島の下に太平洋あるいはフィリピン・プレートが潜り込む映像を使っての地震の発生のメカニズムの説明がされるようになっています。

――島や陸が移動するという考え方が一般的になったからでしょう、当時のテレビに「ひょっこりひょうたん島」という人気アニメがありましたね。

しかし、わたしが社会人になった一九七〇年代になって、中国からの地震の情報が入るようになり、特に、中国の唐山大地震で二五万人の犠牲者がでたとき、日本の地震の研究者たちが、日本のプレート（太平洋プレート、フィリピンプレート）の影響があるはずがないから、中国に何故大地震が起こるのか、わからないと書いていました。

しばらくして今のインド洋の真ん中にあったインド大陸が、ユーラシア大陸にぶつかって、ヒマラヤ山脈が生まれ、今でも押しているから、そのひずみによって中国大陸に地震が起きるといわれるようになっています。

――フィリピン沖にあった伊豆半島が日本列島にぶつかり、明石山脈や富士山ができ、噴火し地震が起こるのとヒマラヤ山脈と中国大陸の地震と起因は同じですよね。

スケールが違いますけどね。中国四川省の地震のほとんどが今でも押され隆起するヒマヤラによるひずみが原因なんです。地震国の日本にとってプレートテクトニックスはとても大切な考え方ですが、地震の正確な予知はまだできません。血液型と性格によって人間や社会の理解はできますが、生まれ持った遺伝子の衝突のためトラブルの解決はまだできていません。まずは血液型から性格についての自分自身の遺伝子を知って欲しいと思っています。

――「血液型と性格」とプレートテクトニックス理論は片方は持って生まれた遺伝子に、もう一方はマントルに支配されていているから、確かに似ていますね。

▽２　カール・マルクスの唯物史観を学んでいた

⑴　きっかけは七〇年安保による大学紛争であった

わたしが地質学を学んだだけでは、今のような新しい人間観・社会観「血液型人生学」はうまれなかったと思います。たまたまですが、大学院生のとき、七〇年安保で大学が封鎖されて実験ができなくなり、マルクスの思想を勉強したせいです。

学部学生のとき友達が実存主義について話し合っているところに居合わせものの、当時の人気作家、大江健三郎やサルトルの『嘔吐』を読んでいたにもかかわらず、実存主義を代表する作家だとわからなくて、その場を逃げるように立ち去りました。大学が封鎖され、学生たちの演説や議論を聞く日々のなか、この機会だと思ってマルクス経済学の研究者になろうとする博士課程の人たちから一年かけてじっくりと学びました。

――当時、全共闘や新左翼といわれた革マル派、中核、社青同解放派、社学同（ブント）派などの学生運動が吹き荒れていたんですよね。

大学の改革を叫ぶ学生たちによってバリケートが作られ、派閥間の暴力沙汰が起きたりで、まさに殺伐としていました。基礎にはマルクスの思想の解釈の違いがあると思って勉強したんです。

当時のフランスでは、マルクスの思想がわからないと知識人でない、と聞かされていたので、わかったと思ったときはとてもうれしかったです。特に理系の人たちは知らないので得意になって話していました。

――マルクスの思想など理工系の人たちには縁遠いですものね。でも、七〇、八〇年代当時はオイルショックがあったものの、高度成長期でマルクスの思想はあまり語られなかったでしょう。

その通りで、わたしはマルクスがいう搾取のない、働きに応じて賃金がもらえる社会がすぐ来るとは思っていませんでした。でも、当時の日本の大企業はあまりにも大きく、企業全体の三パーセントでしかなく、大部分は中小企業で、あまりにも零細なため労働条件が悪いので、改善していくうちに、欧米のように大中小企業のバランスがよくなると思っていました。

――マルクスの思想を信じ切っていたのですね。

しかし、就職して二〇年後に社会主義国、東ドイツ、東欧、そしてソ連までもが崩壊したときは、得意になってマルクスの思想を話していただけに衝撃でした。お前は何を勉強していたんだ。お前を信じたせいで時間を浪費したと友達から非難されると思ったのです。

――東ドイツが崩壊したとき、社会主義者への非難が続きましたからね。責任を感じたのですね。

(2) ベルリンの壁の崩壊で再度マルクスの思想を勉強し直した

最初に、何故、マルクスの思想が正しいと思ったのか述べさせてください。

第①として、わたしは理系だったため、科学実験のように、マルクスが理論をつくり、レーニンがロシアで理論を実現させ、引き続いて東欧や中国が社会主義を再現してみせたから正しいように思えたんです。

――理論が実験で証明され、さらに再現が続いたからですね。

第②は、戦後のマッカーサー元帥による農地解放によって、地主と小作人との葛藤がなくなり、また、誰でも高校に行けるようになり、農村が明るくなったと子供の頃から聞いて育っていたからです。また、実際はバブル経済のせいでしたが、帰省の度に道路はよくなり、農村がロシアのような集団農場になるにちがいない。また、日本の社会主義化で、資本家と労働者の葛藤がへり、工場労働者の福祉はもっとよくなると思っていました。

――実際は、バブルの崩壊後失われた二〇年になってしまい、労働者の実質賃金は下がり、今では発展途上国の労働者の賃金と同じですよね。

日本に出稼ぎにきた労働者は本国の物価が四分の一以下だったりすると、実質日本の労働者の四、五倍の賃金になりますからね。勿論来日するにあたって高利貸しからの借金がなければでしょうけどね。

第③は　マルクスがいうように原始共産制から封建制になり、その封建制が崩壊したように資本主義は、六〇〇〇万年前に地球を席巻した恐竜のように巨大化して環境にあわなくなって崩壊し、平等で労働者を大切にする未来共産制になると思ったんです。

――しかし、崩壊したのは資本主義でなく社会主義国でしたものね。

その通りで、資本主義は人の欲望を掻き立て、消費させて、動けなくなるほどの巨大化によって崩壊するはずだったです。でも、いずれすべての国が資本主義になるはずだったんですが、中国と北朝鮮は生き残っています。

わたしは再度マルクス、さらにヘーゲルを勉強して、マルクスのオリジナルだと思っていた思想のなかで革命を別にすれば、ほとんどをヘーゲルから受けついでいることに気づいたんです。また、ヘーゲルの弁証法（対立する矛盾が解消し、発展する）はダーウィンの進化論と社会と生物という対象の違いがあるものの、同じではないか、と思いはじめ、さらにイマヌエル・カントを勉強してから、後で詳述しますが、「血液型と性格」についての新しい人間観、カントがA型で、ヘーゲルがO型、マルクスがB型、エンゲルスがAB型であり、マルクスの思想はB型の中国、北朝鮮のための政治・経済体制だったんだとわかってきたのです。

――カント、ヘーゲル、マルクスたちはそれぞれが「血液型と性格」（生得的な遺伝子）に制約されているため、全体の三分の一、あるいは四分の一の思考でしかないことに気づいていないんですね。

Ａ型はＡ型農耕系、Ｏ型はＯ型狩猟系、Ｂ型はＢ型騎馬系の思考しかできないのに、自分は人間全体の標準的な思考していると錯覚し、違う血液型の哲学者たちをおかしいといって批判するのです。

――現代の哲学者たちも批判し合っていますが、自分たちが「血液型と性格」の表現者であって、全体の四分の一の思考しかしていないことに気づかないからですね。

(3) フランクフルト学派の思想家たちもまた自分自身がわかっていない

一九八九年のベルリンの壁からはじまった社会主義国の崩壊は大事件であり、世界の多くの思想家がマルクスのどこが間違っていたのか、今後どうすればよいのかについて考えています。特に、フランクフルト学派の思想家たちは一九一七年のロシア革命のとき、何故マルクス思想の発祥の地ドイツではなくロシアだったのかについて分析しています。今後についても検討していて、大きく次の三つからなると考えています。

①マルクスの遺稿の再検討　マルクスは社会主義とダーウィンの進化論と結びつけたのがよくなかった。『資本論』もエンゲルスの思想で書かれているから、再度、マルクスの遺稿を調べて正しい思想を構築し直すべきだと述べています。これはＢ型騎馬系の思想家だと思います。

ダーウィンの進化論は環境に適した個体が生き残ることなのに、マルクスはＢ型の循環史観をＯ型欧米の進歩史観に結び付けて、原始共産制、封建制、資本主義、未来共産制と螺旋状に進歩・発展するとしたんです。

――ダーウィンの進化論には進歩という概念はないですよね。

②ヘーゲル哲学に戻っての検討　ヘーゲルの哲学に戻るべきだという思想家がいました。マルクス主義者はヘーゲルの急進的な左派の人たちなので、原点にかえって見なおすべきだというのです。

――ヘーゲリアン（ヘーゲルの信奉者）でしょうから、Ｏ型の人たちですね。

ヘーゲル右派は革命をかかげる左派と違って、改革によって資本主義の欠点を取り除こうとする穏健派ですから０型であり、修正資本主義かもしれないですね。

③マルクスとフロイトとの融合　前衛的な革命家が指導すれば、労働者は革命に向かうはずでしたが、不当で過大な労働を強いられても、成果があがらないのは自分が悪いと思って過労死するまで働くという自発的服従者がいたのです。まずは労働者の心理を知らねばならないとして、マルクスの理論とフロイトの理論の融合を求めたんです。これはマルクスがＢ型の自分と全く逆で、自発服従的なＡ型子育ての人たちがそれも世界の三分の一もいることがわかっていなかったんです。また、マルクスやフロイトの思想を細かく分析した実証的な研究ではなく、総合的で、ニーチェのように全体的で、アフォリズム的な簡潔な捉え方であるべきだとしたんです。

――ニーチェの「希望は苦痛を長引かせる」などいう表現ですか。

「全体性」とは、人間と社会と自然を一体化した総合的な捉え方ですが、誰もできなかったんです。

――遊牧という自然環境に適したＢ型の人たちに合った政治体制が社会主義であり、共産主義社会ですよね。

その通りで、Ｂ型のマルクスが考え出した共産主義はＢ型の中国、北朝鮮で採用され、また、資本主義は０型の欧米に適していた政治・経済体制であり、ソ連の急速な崩壊は、ロシアが０型の国であり、書記長のゴルバチョフが資本主義をよしとする０型であったからだとわかったのです。

――フランクフルト派の学者が社会主義国の崩壊の原因がわからないのは、自分自身の血液型と性格がわからなかった、ということですね。

繰り返しで申し訳ないですが、哲学者も思想家も自分の血液型と性格の範囲でしか表現できないのに、人々の標準あるいは普遍的な思想の表現者だと錯覚しているのです。血液型と性格は宗教、国民性、民族性、風俗習慣までも規定し、日頃の何気ない発言や行動や格言などもまた民族性や国民性と関連しているのです。

今までは「血液型と性格」は個人の性格、相性が中心でしたが、国民性、さらに社会現象もまた推測できることを知り、後の章で述べますが、①大統領の性格 ②何故バブルが起きるか ③何故欧米は資本主義か、奴隷制や植民地があるのか。④何故中国は覇権的か。⑤何故韓国は大統領を訴追するのか、⑥何故日本は誰も責任をとらないのか。⑦何故韓国は慰安婦問題にこだわるのか、がわかってくるのです。

わたしは誰も狭い範囲の専門家で、人間どころか、自分自身がわかっていない、と不遜に思えることを強調しました。もしわたしがマルクスを勉強しなかったら、また、社会主義国の東ドイツ、東欧、ソ連の崩壊がなければ哲学を勉強することもなく、地質学の専門家として一生を終えたと思います。

――哲学を勉強して不幸になったのですか。

哲学というより、七〇年安保との遭遇がなければ、わたしのきょうだい達のように結婚し、自分の家をもち、二人の子供や孫たちに囲まれる生活をしていると思いますね。

▽3　フロイトの精神分析を、小説を書くために学んだ

七〇年安保による大学紛争が学生側の敗北に終わり、マルクス経済学の専攻生たちは一般大衆からの理解が得られなかったせいだとして論文を書いて訴えるというので、わたしは小説で社会の矛盾を伝えようと思い、民主文学の同人に加わって勉強しはじめたんです。しかし、社会の矛盾は写真やテレビなどの映像にはかなわないから、従来の小説から学んで、人間を書くようにといわれ、そのために人の心理を学ぶべきかも

しれないと思い、精神分析のフロイトや分析心理学のユングの解説書や書籍を読むようになったんです。
そして、フロイトとユングの決別は上昇志向のB型と自由恋愛のO型の違いをお互いに理解できなかったことだとわかりました。また、フロイトにはシェークスピアの知識があり、フロイトの三女、アンナが児童心理分析家になって父親を助けたことから、『リア王』の三女コーデリアに例えましたが、もし、フロイトに古代中国の知識があれば、自分が母親に恋をし、父親を恋敵と思ったのは、遊牧騎馬民の母親と息子が結婚する風習、レビレート婚から自分は騎馬民の性格のせいだとわかったと思いました。

――さらに「血液型と性格」の知識があれば、フロイトはB型の遊牧・騎馬民の性格で、B型だと気づいたということですね。

一九六〇年代、マルクス、ニーチェ、フロイト（Great German Trio）が注目されましたが、三人はまさにB型騎馬系の思想家であり、B型のもつ書籍を書くときの素晴らしい集中力、美食家、おしゃれなどが共通しています。特にフロイトのおしゃれは有名で、毎朝、散髪屋が来て、髭を整えてもらってから、クライエント（患者）を受け入れたといわれています。
わたしは社長をしているB型の友達に会った時、短いあごひげをはやしているので聞くと、毎日手入れをしているというのでフロイトを思い出し、やはりB型なんだと思いました。

――O型の豊臣秀吉は派手好き、伊達男の起源になった伊達政宗はB型だからおしゃれだといえるんですね。

▽４「血液型と性格」は同人誌の人間関係の中で学んだ

学生のとき民主文学の同人になり、小説を通して労働者の現状を訴えようと思うものの、自分は真剣に取り組む人たちの小説を読んで応援する程度しかできないと思っていました。しかし、四〇歳に近くなって指導してくれていた直木賞作家の先生から作家にならないかと言われて、技術者ですし、流行作家で大金持ちになったとしても、小説を書くために昼夜逆転の大変な生活をみていたので逡巡したんです。しかし、急に亡くなられたので、自分もいつ死ぬかわからない、仕事に必要な技術を覚えたから、一〇年ほど小説に取り組んでみようと思い自由契約の技術者になり、直木賞の流行作家より比較的地味で、締め切りに追われない芥川賞の先生を選びました。また、友達から小説に取り組むのであれば、シェークスピアを勉強しなさい、とサマセット・モームがいっているよ、といわれて、シェークスピアは勿論他の文豪たちの小説を読み、シェークスピアに関連したプルタルコスや古代ギリシャだけでなく古代ローマについての文学、歴史についても学ぶことになったのです。

――丁度わたしが会社の同僚や上司の血液型を調べて、楽しんでいた頃ですね。それで、どうでしたか。

芥川賞の先生がO型だったからでしょう、同人のほとんどがO型でした。また、葛藤がないと小説は面白くないといって、B型の人の小説は時々同人誌に載せてもらえるもののA型の人はだめでしたね。載った小説を同人仲間で、批評し合うのですが、O型の人は打たれ強いのでしょう、ひどい批評でも気にしないふうでしたが、B型は誇り高いためすぐ辞めましたね。同人誌仲間の観察によって血液型がわかるようになり、血液型を聞かないうちに亡くなられた直木賞の先生は間違いなくO型だといえるようになりました。

また、古典といわれる小説を読むと、作家の血液型がわかり出しました。シェークスピアはA型ですが、チェーホフの「かもめ」のように主要人物の一人の自殺で終わるときはA型にとっては悲劇ですが、「かもめ」を喜劇として書いたというチェーホフはB型なんです。

――A型とB型は性格が逆ですものね。

Ｂ型の黒沢明映画監督は、Ａ型のシェークスピアの悲劇、『リア王』をエンターテイメントにしていますからね。また、作品が作家から離れると、独立して動き出すとよくいわれるのですが、それぞれが自分の血液型（性格）に合わせて作品を解釈し直すからだとわかりました。小説から血液型がわかるようになったお陰で、哲学者の著書から哲学者の血液型がわかり始めたんです。

▽５　類人猿を含めて動物行動学を学んでいた

人間は自由でなく奥に潜む構造によって拘束されているという構造主義の発想の基礎に地質学、マルクス主義、フロイトの精神分析、もう一つ、未開人についての文化人類学の知識の裏付けがあったんですが、わたしの場合は類人猿やサルたちの知見が大きいと思います。

わたしの学生の頃、サルのイモ洗い行動などから、サルもまた文化を持っているといわれ、日本ザルについての書籍、さらにジェーン・クールドのチンパンジー。ダイアン・フォッシーのゴリラ。ビルーテ・ガルディカスのオランウータンなどを読み、類人猿も道具をつくり、コミュニケーションもする。また、脳の大きさも初期の人類（アファーレンシス）はチンパンジーと同じであり、違いは二足歩行でしかないことに感動をしていました。

――知的な面では、類人猿と初期の人類とあまり違いはないということですね。

勿論、性格的な面でも同じで、類人猿の行動がわかってきたので、なんだ「血液型と性格」は類人猿やサルにもあてはまるんじゃないか、社会や文化も同じだということになったのです。たとえば、Ｂ型アラブとＢ型ゴリラのハーレム社会。Ｏ型欧米とＯ型チンパンジーの自由恋愛（複雄複雌）。Ａ型農耕日本とＡ型パタスザルの多産と逃避社会などでしょうか。似ているところはその他多数です。

――この血液型の書籍も、学生のときからのサルの行動や社会構造に興味を持ち続けた成果なんですね。

▽6　放送大学で三〇年間学んでいた

ご存知のように、ほぼ三〇年前、放送大学の講義が関東地方のテレビとラジオで学べるようになっていました。以前から仕事に関連した数学を学びたいと思っても、面倒だから誰も教えてくれないので、この機会にと思って取り組んだんです。特に、わたしたちは高校で、統計と確率を習っていないから、わかっているようで、理解しづらくて、テレビの高校講座から勉強したりしていました。そのうち、他の諸科学にまで広げて、難しそうでしっかり学んだがよさそうな科目は試験を受けて、一六〇単位ぐらいになっています。

――随分ですね。仕事があるでしょうから、大変だったでしょ。

三〇年かけてですからね。ただ、二〇年目頃からほぼ全科目がわかり、三〇年たつと理解度がとても深まり、今は認知症防止になると思って気楽に続けています。

――放送大学の全科目がわかれば、ごく狭い範囲の専門家と言われなくなるんですね。

多くの専門家から、大学の一般教養でしかないじゃないか、と叱られるかもしれません。確かに、土木関係の仕事をしていたので、土木の講義をみたのですが、すべてが理解でき、経験していることでした。わたしの専門の地質学の分野でも、基本的なことだけの講義でしたが、学生のときの疑問点が究明されたりしていて、学問の進歩に驚きました。

――情報関係の進歩は激しかったでしょう。

ここ三〇年のコンピューターの進歩によって、ソフトの使い方から、今はＣＧをつくる講座になっています。ただ、哲学は今でも、ソクラテス、プラトン、アリストテレスなどが主要な研究の一つになっているので進歩は感じませんでしたね。でも、哲学とは何か、という基本がわからなくて最初は教科書を読むだけだったのが、二世代目の先生の頃になると、紹介されている文献を読むようになり、三世代、四世代目の先生になると、教え方の違いに気づき、また、古典をじっくり読まずに、コピー＆ペーストの時代に育った先生なんだと思ったり、先生の学問への基本姿勢がわかったりしました。

――試験問題から先生方の学問への姿勢がわかるんですね。

放送大学に面接授業があって、哲学の場合、ヘーゲルはこんな講義をしていたかもしれないとか、血液型が予想できる先生がいて、後から聞いて確かめたりしました。

――あたりましたか。

講義だけですので当たらずとも遠からずでした。もう一つ、面接授業の後、講師の教え方はよかったか。十分に準備していたか、などのアンケートの提出があり、これはＯ型欧米の授業料に値する講義だったかというお金を基準にする考えで、Ｂ型中国では知識は皆のもの、先生は尊敬される人であって生徒が評価したりしないです。

――著作権やブランドなどはお金。Ｂ型の中国では皆のものだから、Ｏ型とＢ型の哲学（遺伝子の考え方）の衝突になりますね。

わたしがいた知識をお金に換えるコンサルタント業はＯ型欧米の考え方であり、中国人はお酒を一本持っていけば何でも教えてくれると会社の先輩たちがいっていました。滝田洋二郎監督の映画『壬生義士伝』（二〇〇二年）の最初のシーンで語り手の侍が病気の孫を連れて行った先が、酒を一本持って行けば、診察してくれるお医者さんであり、この医師はB型で、原作の浅田次郎氏もB型にちがいないと思いました。

――確かに、知識をお金にするコンサルタント業は敗戦後欧米から導入された業種でしたよね。

社会学者、哲学者のオーギュスト・コント（一七九八～一八五七）は哲学から天文学、数学、物理、化学などの諸科学が生まれ、近い将来社会学に吸収されるだろうとしています。しかし、もうしばらくは諸科学の基礎として、手に入りやすい、多くの普及版としての哲学書が書店に並ぶでしょうから、この機会に是非学んで欲しいと思います。

――そして、「血液型と性格」と関連していることを確かめて欲しいんですよね。

Ⅳ　哲学者や思想家は「血液型と性格」を語っている

▽1　哲学とは？

哲学という言葉を知っていても哲学とは何か、と聞かれたとき哲学者は別でしょうが、特に理系の人たちは戸惑うと思いますが……。

――大学で哲学を受けたから、何となくわかった気がしています。この間のテレビで「深く考えることが哲学だ」といっていました。

わたしがマルクスの唯物史観を勉強しているときは、哲学とは、人はいかに生きるべきか、の学問だと思っていましたが、ある解説書には、真理、幸福、勇気、自由、神、国家などを探求する学問で、哲学は哲学者の数だけあると書かれていました。

――哲学者の数だけあるんですか。

また哲学は、自分の考えを自分だけの哲学概念を作って、たとえばヘーゲルは人間のことを「精神」、神を「絶対精神」、ハイデガーは人間を「現存在」、神を「存在者」と概念化して展開することだと述べていました。

一方、イマヌエル・カントが弟子にまとめさせた哲学とは、①私は何を認識し得るか（形而上学）。②私は何をすべきか（道徳学）。③私は何を希望してよいか（宗教）。④人間とは何か（人間学）だそうです。これもテキストですが、哲学は諸科学を統一的に捉える包括知（総合知）と、すべての科学に共通する始元を求める根源知（普遍知）だと書いてありました。

――諸科学に共通する普遍法則を求めるんですね。

要するに、哲学者カントがいう形而上学（認識）、道徳学、宗教、人間学について自分が作った概念を用いて、哲学自身の法則と諸科学に共通した法則を明らかにすることだと思います。

――プラトン、アリストテレスから一八世紀のニュートンやライップニッツまでの哲学者・思想家は天文、数学、物理、化学、生物、政治学、神学などの諸科学に通じていましたよね。

同じように二〇世紀までの諸科学を学べば新しく見えてくるものがあると思います。カントの分類からすると「人間学」になるかもしれませんが、前章で述べた経験と知識から、哲学者、思想家は「血液型と性格」を語っているとわかってきました。

▽２　哲学者、思想家は「血液型と性格」の表現者である

――哲学者、政治家、芸術家などの思想が血液型でわかるというのは驚きですね。

不思議ですよね。後で詳述しますが、ニーチェはB型であり、B型のジャマイスさんの考え方と一致し、またB型騎馬系の国、アラブ、インド、中国、モンゴル、北朝鮮の考え方と同じなんです。思想が血液型と関係があると気づいたきっかけは、すでに述べました七〇年安保による大学封鎖のとき、カール・マルクスの社会主義思想を学び、これは科学だと思い、また、八九年のベルリンの壁の崩壊からソ連邦の解体を知って、マルクスだけでなく、ヘーゲル、カントなどを学んでいくうちに、マルクスはB型であり、労働者独裁などの社会主義はB型の国、中国や北朝鮮のための政治体制であり、ソ連の崩壊は最高指導者のゴルバチョフが独裁

を嫌う自由資本主義を理想とするO型だったからだ、とわかったのです。

――ゴルバチョフがB型であれば、ソ連の急激な崩壊はなかったんですね。

そうですね。ロシアは社会主義を嫌うO型の国ですから、いずれは今のような資本主義体制になったでしょうけどね。血液型と哲学や思想との関係について具体的に述べていきます。

▽3　各血液型の哲学や思想

(1)　A型の哲学者・思想家

A型の哲学者や思想家のなかで、日本人に人気があるのがイマヌエル・カントであり、書籍や研究書も多く、特徴がわかりやすいので取り上げます。

イマヌエル・カントの思想とダーウィンの進化論からみてA型の性格は卵子・子育て・農耕系ですので、卵子と子育てと農耕とそれぞれにわけて説明します。

A型カントの散歩は卵子の性格：高校のとき、カントについて教わっていますが、覚えているのが、毎日、決まった時間に散歩する哲学者ということだけです。この決まった時間の散歩が毎月決まって放出される卵子の性格を引き継いだと思うようになりました。

――精子は必要なときはいつでも放出されますが、卵子は栄養を蓄えるため、時間がかかりますものね。でも、散歩と排卵が結びつくなんて不思議ですね。

こじつけのように思われるかもしれませんが、これが想像力ですし、卵子が一か月間に栄養を蓄えたように、カントは毎日の散歩の間にたくさんの思索をし、執筆をして近代を代表する哲学者になれたのです。不定期の卵子の放出では妊娠の可能性が低くなるに違いなく、カントがA型である以上、散歩もできない落ち着かない毎日だったりすれば、哲学書の出版も半減したと思います。

――業績を残すには、生まれ持った性格にあった生活をするということですね。

カントの義務論や定言命法は子育ての教え：子育ての思想

カントの哲学は何々をすべきという義務論だといわれています。親が子供を育てるのは当然の義務という発想の現れだと思います。また、絶対にすべきだとする定言命法のなかに、「自殺してはならない」「嘘をついてはならない」があります。哲学者ヘーゲルが殺人者から逃げてきた人をかくまい、追ってきた殺人者から問われたとき、正直に「いる」と答えるのか。逃げてきた人を救うために、「いません」と嘘をいってもよいではないか。しかしカントはそのときでも嘘をついてはならないとしています。

――カントは子育てのための倫理（道徳）であり、子供に嘘をついてもよいと教えたら、空恐ろしい大人になるでしょうね。

カントはルソーの子育ての書、『エミール』を読んで感銘を受け、人を尊敬するようになったといっています。カントの生まれ持った子育ての性格が発現（目を覚ま）したからだと思います。

カントの結婚観や平和論は農耕民の考え方

農耕民は勤勉で、大人しくて稲や野菜にやさしく、適正な作付け時期の必要から時間を守るなどの性格が要求されます。また、カントは結婚を「性的契約」としましたが、日本の農村社会のお見合い婚を思い出させます。カントの平和論は、当時の植民地主義的な海外進出に反対し、日本の長崎の出島に囚人のように閉じ込めることを称賛しましたから、侵略を恐れる農耕民の思想だといえます。

――カントの思想のすべてはA型・子育て・農耕系の考えであり、日本や北欧、東欧の国民性を表し、一方、ヘー

ゲルはO型欧米人の性格ですから違うんですよね。

(2)　O型の哲学者・思想家

O型ヴィルヘルム・ヘーゲルの思想は精子・繁殖・自由競争と自由恋愛・狩猟系の性格

カール・マルクスを勉強したとき、すごい人だと思いましたが、ヘーゲルを学ぶと、マルクスはほとんどがヘーゲルやカントの受け売りでしかない。またヘーゲルの「現実的なものは理性（合理）的、理性（合理）的なものは現実的」、という考え方が基本にあり、ヘーゲルの弁証法はダーウィンの進化論と対象が社会と生物の違いだけで同じ考えだと思ってます。

また、マルクスはダーウィンの進化論をヘーゲルの弁証法、すなわち正、反、合と内部対立による一方向に発展すると考えたため、資本主義が内部対立（資本家と労働者）による矛盾によって崩壊すると考えてしまいました。勿論、マルクスはヘーゲルの弁証法そのままではなく、既存の体制の中から、新しい集団が生まれて、新しいものが古いものを滅ぼす、すなわち領主（封建制）から資本家（資本主義）がうまれて、領主（古い体制）を新しく生まれた資本家（資本主義）が駆逐したように、資本主義から新しくうまれた大多数の労働者によって打ち負かされて労働者が主人公の社会主義になるという唯物弁証法を作っています。

――ヘーゲルの弁証法は合理的な体制のなかに矛盾がうまれて葛藤し、より合理的な体制ができ、この繰り返しで社会は進歩していく。一方、マルクスの唯物弁証法は既存の体制から新しくうまれた集団による革命（闘争）によって、一つの法則として必然的に古い体制が滅ぼされるということですよね。

ヘーゲルは資本主義のもとでの今のような労働者の悲惨さ、苦悩、格差を知っていたのですが、国家がよくしてくれるだろう、また、植民地政策にもよいところがあるとして是認していたのです。

――マルクスは解決のためには革命しかない。ヘーゲルは矛盾をなくすように改革していけば、より合理的な社会になるということなんですね。

今のグローバル化した資本主義はO型の欧米が主導しています。その主導者たちはヘーゲルと同じ思想の持主ですので、ヘーゲルの性格を是非知って欲しいですね。

――日本の経済の行く末を知るのに必要ですね。

生徒が教師を評価するシートを提出するように求められたり、著作権の死後五〇年から七〇年への延長などもね。

ヘーゲルの精子・繁殖の性格としての職場の移動

ヘーゲルは家庭教師としてベルン、フランクフルトに、また、イエナー大学、ハイデルベルグ大学、ベルリン大学と移り、よく旅行に出かけましたが、パートナーを移動しながら探し求める精子・繁殖の性格を引き継いだからだといえます。

――栄養を蓄えて動かない卵子の性格であるカントは一生生まれ育ったカーニングベルクに居続け、精子の性格のヘーゲルは五回も移動したですね。

O型の欧米人は職場を移ることによって出世し、A型の日本では同じ会社に居続けることで業績を残すのも、精子と卵子の性格の違いだと思います。

ヘーゲルの繁殖（パートナー戦略）、自由競争：資本主義の是認と労働者独裁の嫌悪：

ヘーゲルは貧富の差が生まれたとしても自由競争の資本主義や欧米の海外進出も認め、植民地主義も狩猟系の性格から来ているといえます。

――また、労働者独裁などという管理を嫌う思想ですね。

自由と独裁は真逆であり、アメリカが反共だったのはヘーゲルと同じで、典型的なO型の国だったからです。

ヘーゲルの繁殖戦略・自由恋愛：外交が得意で、嘘が好き：大人のための思想：カントの結婚観が性的契約であるのに、ヘーゲルは家柄などではなく、今のわたしたちとおなじように、当事者同士の自由な恋愛によるとしています。また人類を自由の拡大の歴史としてみるのも、自由恋愛の性格からうまれたと思います。

――欧米の政治家が自由は命より大切だというのは、自由恋愛による精子間競争によって生まれた人達だから、自由を奪う独裁を嫌うのもよくわかります。

カントが定言命法で「嘘ついてはならない」というのに、嘘をついてもよいときがある、といったのは、まさに、大人の男女間の自由な恋愛、狐と狸の化かし合い、からうまれたと思います。

わたしは三人の小説家の先生の指導をうけ、最初の先生の恐らくAB型ではないか、二人目はO型で豊かな想像力で読者を楽しませるんだといい、三人目はやはりO型で、O型の作家の伝記を書いたからでしょう、小説家が言ったり、書いたりすることは嘘ばかりだとよく話題にされました。

――自由恋愛とはできるだけ多くのパートナーと愛し合うことであり、そのためには嘘をついてもよいというわけですね。

O型の国、イギリスの二枚舌、三枚舌外交につながり、まさにエプレルフールは欧米の発想であり、小説は作り話であってやはりB型の中国ではなく、O型の欧米が得意とする分野だと思います。

ヘーゲルの狩猟系の考え：自然より人間が偉い：近代西洋哲学の三本柱（欧米人の基本思想）、人間至上主義（ヒューマニズム）、理性（合理）主義、進歩史観がありますが、O型のヘーゲルはその代表者といえます。そのうちの人間至上主義は動物や自然よりも人間が優れているという思いは、動物を食する狩猟民の合理性につながりますし、A型農耕のカントは人間がつくった芸術より、自然美のほうが優れていると考え、O型狩猟のヘーゲルは自然美よりも人間による芸術が上だとしています。

――今でも世界はO型欧米の価値観に従っていますから、O型のヘーゲルの思想を再度整理してみる必要がありますね。

(3) B型の哲学者・思想家

B型騎馬系の哲学者といえば、「生の哲学」といわれる、ショーペンハウアー、ニーチェ、ベルクソン、ジンメル、デルタイ、また、思想家では、一九六〇年代にドイツ三大思想家として注目された、マルクス、ニーチェ、フロイトであり、B型騎馬系の国民性は、アラブ、インド、モンゴル、中国、北朝鮮、韓国の人々だといえます。

B型の哲学者の代表、フリードリッヒ・ニーチェについては後で話しますので、ショーペンハウアーをとりあげたいと思います。ただ、日本ではニーチェほど知られていませんが、生の哲学の開祖だといわれ、ニーチェと、心理学者フロイトに最も影響をあたえた哲学者です。

ショーペンハウアーはB型・精子・繁殖・ハーレム・騎馬系の思想

B型ショーペンハウアーの精子・繁殖の性格：放浪性

ショーペンハウアーは学者になりたかったようですが、父親が豪商であったため、少年の頃から父親についてヨーロッパ各地をまわり、また商人になるためのフランス語、英語などの語学教育を受けています。一七歳のとき父親が変死し、父親の後を継ごうとしますがなじめず、一九歳のとき学者になるための学校にいきます。最初医学部に行きますが、哲学にうつり、二三歳のとき、人生は複雑怪奇なので、生涯を生についての哲学をすることに決めたようです。

女性への違和感：父親が亡くなると、母は妹をつれてハンブルグからワイマールにうつり、二五歳のとき母親が開いているサロンで文豪ゲーテに会い、才能をみとめられて、ゲーテが取り組んでいた『色彩論』を研究するように懇請されています。三一歳のとき、父の遺産を預けていた銀行が倒産し、ミラノからワイマールに戻ると、ベルリン大学の哲学部に職を求め、翌年講師として迎えられます。ここで、ヘーゲルへの対抗意識が生まれ、四三歳のとき、コレラの流行を恐れてベルリンを逃げ出し、このとき、ヘーゲルがコレラで亡くなっています。四五歳で初めてフランクフルトに戻って定住し、隠遁生活に入り、放浪生活はおわることになります。

女性への恋：放浪の間、ヴェネツィアで恋におちたり、またベルリンでも結婚を真剣に考えたものの踏み切れないで終わっています。ニーチェと同じように母と妹のいさかいが女性と暮らすことへの躊躇につながったと思いますし、妹が生涯未婚で終わったのも、不可解な兄の影響のように思います。でも、ショーペンハウアーは晩年、以前の恋人と暮らしはじめます。

――ニーチェもショーペンハウアーも女性とうまくいっていないようですね。哲学者のせいですかね。

わたしの想像ですが、B型同士のためであってA型の母親、妹であれば違ったと思います。

B型ショーペンハウアーのハーレム・騎馬系の考え

B型騎馬民は高エネルギー：B型騎馬民は部族間の戦いに勝ち、また近親ではなくて略奪結婚するエネルギーをもった人たちであり、日常ではその高いエネルギーを持て余し、コントロールが難しいようです。

ショーペンハウワーの思想は主著『意志と表象としての世界』のなかに、人生は苦しみに満ちている。人の欲望ははてしなく、非合理的な力で突き動かされ、コントロールできないとしています。B型のニーチェの『力への意志』であり、この悩みを救うのが、「超人」になることであり、B型のジーグムント・フロイトであれば心理学会の会長などトップになることなのです。

心の安定のためのヨガ、太極拳、漢方治療、精神分析：誰も超人やトップなどになれるわけがないので、日常的な盲目的で非合理的な欲望による不安定化のため、B型のインドや中国では、呼吸を整えるヨガをやり、ゆっくりした動作の太極拳、体と心の調和をめざす漢方治療があり、欧米にいるB型の人はフロイトの精神分析によって心の安らぎを取り戻すことになります。

魂の救済のための芸術、特に音楽：心の不安定化を芸術、特に音楽で取り除けますが、もっと強い不安定な悩みの救済として、倫理や宗教があります。B型アラブではアラーの神に従い、イスラムの教え（倫理）を求めます。しかし、B型のショーペンハウアーはO型のキリスト教徒のため、イスラム教徒のような効果はないので、芸術、特に音楽に求めています。

――B型のニーチェもまた、苦しみからの救済が音楽でしたよね。

エネルギーレベルの低いA型農民にとって音楽はお祭りのときのように自分を鼓舞するものであり、O型狩猟系にとっては威風堂々とした行進曲のような効果をあたえますが、B型騎馬系にとっては、苦しみがく魂を救済するとても重要なものだと思います。

(4) AB型の哲学者・思想家

AB型の歴史的人物：栄養を蓄えた卵子と、遺伝子だけを頭にもって無数で探しまわる精子とに二極化したのは、最も遠い遺伝子の融合が優秀だったからであり、AB型はその最も性格の違うA型とB型の融合として、歴史的人物の最高のカリスマ性、イエス・キリストがいます。

――日本では藤原四代の初代、藤原清衡、三代藤原秀衡、上杉謙信がＡＢ型でしたよね。

哲学者・思想家：また、ＡＢ型の卵子・精子・子育て・繁殖・地侍系の性格を表現した哲学者は多いと思いますが、自信をもっていえるのはバートランド・ラッセル卿であり、また、思想家としてアメリカではＡＢ型が四パーセントしかいないのに偉大な政治家、エブラハム・リンカーン、ジョン・Ｆ・ケネディー、ビル・クリントン、バラク・オバマ大統領を輩出したことに触れてみます。

バートランド・ラッセル卿はＡＢ型・精子・子育て・地侍系の思想

ＡＢ型ラッセル卿の精子・子育ての性格

バランス感覚：ラッセル卿はＡＢ型ではないか、と思ったのは、著書『幸福論』を読んだときでした。要は、不幸の原因は情熱や関心を自分の内に向けるからで、好奇心を外部に向け、他の人と友好的になり、仕事の喜びをみつけ、愛情や気晴らしを活用して、快活に生きるよう努力することだとしていました。

――常識的な考えですね。

Ａ型農耕系のわたしなどは、エネルギーレベルが低いからでしょうか、外に好奇心を向けるとすぐ疲れてしまい、また、知らないＯ型やＢ型の人に会ったりすると、攻撃を受けそうな気がして無理ですね。

――Ｂ型、Ｏ型は動き回る精子のエネルギーを持つから、Ａ型は疲れますよね。

結婚：さらにバートランド・ラッセルが四回結婚・離婚を繰り返えされているのに驚きました。Ａ型の知識人であれば、一回離婚すると消耗してしまい、再婚しないまま一人で過ごすのではないか。Ｏ型であれば二回離婚すると後は面倒になり、多くの自由恋愛を楽しみながら暮らし、Ｂ型であれば、離婚しないまま愛人をもつだろうと思っていたので、律儀に結婚と離婚を繰り返すラッセル卿はＡＢ型だと思いました。

――知識人のなかに、四回も結婚と離婚を繰り返す人がいますね。

作家、ヘミングウェイーも四回離婚と結婚をしていますので、ＡＢ型の気がしましたが、ＡＢ型は自殺しないので、Ａ型かもしれないと思っています。

――もてるかどうかも影響しますね。

Ｏ型との相性の悪さ：そしてＡＢ型に間違いないと思ったのは、ラッセル卿がＯ型の哲学者ヘーゲルを「私はヘーゲルの学説はほとんどすべて誤りであると信じる」と述べていると知ったときでした。

――ＡＢ型とＯ型の相性は最も悪いですものね。

ＡＢ型同士の相性のよさ：一九五五年、科学者が集まったパグウォッシュ会議での世界平和と核の禁止に関するラッセル＝アインシュタインの声明もＡＢ型同士の相性のよさからであり、ラッセルがＡＢ型だという考えへの後押しになりましたね。

――アインシュタインはＡＢ型だからお互い意気投合したんですね。

君子豹変：またアインシュタインは第二次大戦以前に平和主義者でしたが、戦争がはじまると推進者になり、ラッセルは第一次大戦では戦争反対、第二次大戦ではヒトラーに反対するとして戦争に賛成するなど全く逆の主張をしています。

――ＡＢ型は君子豹変するんでしたよね。

わたしの小説のＯ型の先生は、太平洋戦争のときの推進者が八月一五日を境にして平和主義者になった人たちを、反省がないとして不快に思っていました。終戦とともにＧＨＱが乗り込んでくると、ある出版社のＡＢ型の社長はアメリカ兵を招待して毎晩のようにダンスパーティーをしてＧＨＱからの呼び出しを逃れましたが、文芸春秋社の社長、Ｏ型の菊池寛は呼び出されて戦争に協力したとして叱責を受けています。

――O型は君子豹変できないのでしょうね。

哲学者は若い頃と晩年と多少考え方が変わりますが、ラッセル卿は自説を頻繁に撤回しているので、何年のときのラッセルの思想といわないとわからないそうですよ。

――不合理だと思えば、すぐ変えるんですね。

前述のB型のショーペンハウアーはたくさんの論文を書くものの、主著『意志と表象としての世界』の考え方を補強するだけで、変わっていません。ニーチェの場合も新しい概念を追加したりするものの、ほとんどが表現を変えながら繰り返しているだけなんですよ。

――ニーチェのいう「永遠回帰」ですね。

B型の循環史観の現れだとすれば、そうかもしれません。AB型は合理的な考えに変えることが喜びであり、発展と考えるんでしょうね。

AB型ラッセル卿の地侍の思想

弱者のための戦い：バートランド・ラッセル卿については学生のとき、九〇歳を目前にしてベトナム戦争反対の座り込み、若い人たちに混じって白髪を乱してのデモへの参加、逮捕、投獄などのニュースの映像をみたのが最初でした。

――ベトナム戦争では知恵を振り絞って可能な限りの爆弾類を作って使用し、大量の枯葉剤の散布で森林を破壊し、農地を不毛にし、あらゆる生物を苦しめながら死に追いやっていますからね。

ベトナムは東南アジアであり、稲作民でしたから、日本人の心を暗くしましたよね。

――その後のイラク、シリアの戦争と気分的に違いますね。

学生当時、ベトナム戦争の話をしているとき、「徴兵制のないのは日本だけだよね」と感慨深そうにいう友達がいました。また、別の友達が羽毛の素晴らしい寝袋をもっているので、聞くと、ベトナムで戦死した米兵を寝袋に入れて沖縄に運び、洗ったもので、安く手に入ったんだ、といっていました。

――戦争が身近だったと思いますね。

ラッセル卿の第一次大戦への反対、でも第二次大戦では賛成、大戦後の核戦争禁止運動、ベトナム戦争反対、ソ連軍のチェコ侵入への抗議など、すべてが弱者への同情から生まれていますし、これが、わたしがＡＢ型を地侍とした理由です。ＡＢ型の一貫した思想は強い人たちの攻撃から弱い人たちを守ることなんです。

Ｂ型あるいはＯ型による暗殺または抹殺：勿論、Ｂ型もＯ型にも強いものから弱者を守ろうとする気持ちはありますが、ＡＢ型は特に強いと思います。古代中国の墨家集団は強国に攻められる弱国の人たちをまもろうとするＡＢ型の集団だと思いますが、最後にはＢ型の秦の始皇帝によって地上から消えています。また、日本の地侍はＯ型の豊臣秀吉の刀狩りによって消えてしまいました。

二〇〇九年頃に、正月を越せない人たちが集まった年越し派遣村が日比谷公園にでき、当時の鳩山由紀夫首相が訪れたのには驚きました。鳩山由紀夫首相がＯ型のせいか、それとも裕福な人には貧しい人がかわいそうに思えるせいかわかりませんが、沖縄には基地が多すぎるとして本土への分散を考えたものの、沖縄の人たちの不満を表面化させただけで官僚の圧力に屈したことから、持って生まれたＯ型の外交的性格のせいだと思いました。

――ＡＢ型であれば、本土に基地を移せたのですかね。

ＡＢ型は現実的ですから、本土並みなどとは言わなかったと思いますし、いえば、最後まで弱者の味方をして暗殺されたと思います。

――アインシュタインもラッセル卿も政治家であれば、暗殺されたんですかね。

アインシュタインは確実だと思います。ＡＢ型はＡ型とＢ型と全く逆の遺伝子、インセストタブーからして理想的な融合のため、許容量が大きくてカリスマ性、バランス感覚、徹底した合理性がうまれるのですが、どうしてか弱者に最後まで味方をしてしまい、強者に恨まれるのに、許容量が大きいせいで、楽天的で、暗殺されたり抹殺されて、少数派の血液型に留まるんですね。

アメリカのＡＢ型は四パーセントしかいなく、また、ＡＢ型と最も相性の悪いＯ型の国民性の国なのに、ＡＢ型の名大統領、エブラハム・リンカーン、ジョン・Ｆ・ケネディー、ビル・クリントン、バラク・オバマ大統領を輩出していますので、何故なのかを考えてみることも大切だと思います。

アメリカ大統領：当拙書の「はじめに」でＡ型のトランプ大統領について話題にしましたが、アメリカの指導者は世界のリーダーなので、日本の首相以上に注目すべきだと考えてここで思想家として再度とりあげます。

ＡＢ型の大統領の特徴：

特徴１、カリスマ性：ＡＢ型の最も優れているのがカリスマ性です。ＡＢ型にはＡ型農耕とＢ型騎馬と最も離れた遺伝子の融合による性格の幅の広さと許容量の大きさがあると思います。

ＡＢ型のオバマ大統領はＡ型とＢ型の融合だけなく、白人と黒人、ハワイとアフリカという地球の裏と表という大きな地域差の融合でもあるのです。

肌の黒い大統領の出現は、一九六四年、ジョン・Ｆ・ケネディーの遺志による公民権法、（人種差別を完全に撤廃・禁止する法律）が成立し、平等な地位を得たとしても相当な年月がかかるか、あるいは無理かもしれないと考えられていました。しかし、四五年後にオバマ大統領によって実現したのです。

O型のアメリカではA型のリーダーは物足りないでしょうね、A型のニクソン、カーター、ブッシュ（父親）大統領たちは一期だけでした。

――トランプ大統領もA型だから一期だけだという予想が当たりましたね。

AB型のオバマ大統領は二期を務めたのです。そして、反対派の多い議会を説得して、国民健康保険制度・オバマケアの実現、また、核兵器のない世界をめざしての、ロシアとの間の核ミサイルの削減、キューバとの国交回復に尽力しています。

――現役最初の大統領として被爆地広島に訪問されましたよね。

特徴2、中道を行く：エブラハム・リンカーン大統領は奴隷制解放で有名ですが、実際は連邦を維持するためであって、奴隷制の解放ではないとして過激派を失望させ、また、南北の和平という穏健派でもなかったのです。ケネディー大統領もまた、平和主義者であり、キューバ危機の打開、ロシアとの対決と友好、強硬と妥協の中間をいっています。ビル・クリントンの場合も、アーカンソーの知事のとき、貧しい黒人層の教育の改善につとめ、大統領になるためには当然かもしれませんが、中間層にシフトしたため、黒人活動家をがっかりさせています。

――方針を変えて、中間を行くのはAB型のもつ合理性かもしれないですね。

画家、ラファエロが描いたアテナイの学堂の絵をご存知ですか。

――中央にプラトンとアリストテレスがいて、当時の哲学者たちだけでなくピタゴラス、アレキサンドロス大王、ミケランゼロ、ラファエロ自身も描かれているという絵ですよね。

中央のプラトンは指を上に向けていますので、上昇志向であり、民主主義が嫌いで、政治家になりたがっていたからB型騎馬系だとすぐわります。アリストテレスは指を下にむけていますので、もしO型狩猟系であれば前方を指さすでしょうから、Ａ型農耕だと思うものの、ＡＢ型の可能性だってある、と思って迷っていました。またアリストテレスは幸福になるためには中庸が必要で、両極端を足して二で割るのではなく、フローネシス（賢慮）によって判断するとしていましたので、ＡＢ型のように思えてきました。

――中道を行くというのはＡＢ型ですものね。

でも、アリストテレスはプラトンが死ぬと、塾長ではなく、友達と去って行き、アレキサンドロス大王の家庭教師した後、アテナイに戻ると、学校リュケーオンを創設するのですが、大王が亡くなると、不敬罪で告発され、母の出身地カルキスに逃げ帰り、逃避の生活をしたんです。

――Ａ型の逃げるが勝ちなんですね。

アリストテレスはＡ型なんだと思ったとき、Ａ型の特徴が次々と浮かんできたんです。まず、彼の『ニコマス倫理学』は世界最初の道徳書であり、人間の最高善は幸福になることだとしています。子育てに道徳は必死ですし、将来幸福になって欲しいと思って子育てをします。また、Ａ型のカントもそうですが、子供が大人になった将来を考えるから、どうしても形式論理になるんです。

――ヘーゲルのように自由恋愛であれば、常に対人を意識し、嘘も方便のような実践的な道徳（処世術）になるんでしたよね。

アリストテレスは晩年、Ａ型のニュートン、Ａ型のカントもそうですが、貯えたお金を親族の学費のために配っています。

――Ａ型は農民の穀物のようにお金を貯え、親族にわけあたえるんですよね。愛人に分け与えたり、家族に借金を残す血液型は何型でしょうね。

調べると面白いかもしれないですね。最近ですが、アリストテレスが奴隷制を是認していたと聞いたときはショックでした。でも、恐らくA型農耕系のため、下働きをする召使が不幸にみえなかったと思います。わたしは泥まみれになりはいつくばって田植えをする農民が不幸に見えないんです。医療などが今と同じで、江戸時代の農民に生まれていればよかったのにと、今でも思っています。

――まわりの奴隷たちの仕事が、適材適所にみえたかもしれないですね。

奴隷制を認めていた初代大統領ジョージ・ワシントンが、奴隷に自由と金を与えるよう遺言したように、アリストテレスもまた親族だけでなく、奴隷に自分が研究し、書籍を残せたのは彼らのお陰と感謝してお金を残しています。

――アリストテレスはA型なのに、中庸の思想もつのはＡＢ型への憧れでしょうかね。

ＡＢ型の中庸（中道を行く）は、能見俊賢さんがいうＡＢ型の園児がバイキング料理で、すべてを均等にとること、また、ＡＢ型のプレゼンテーション（発表）の平板化にもつながるのかもしれません。

特徴３：演説がうまい　書籍『アメリカを動かした演説　リンカーンからオバマまで』のなかに八人が取り上げられ、そのうち、エブラハム・リンカーン、ジョン・Ｆ・ケネディー、ジョージ・ワシントン、ロナルド・Ｗ・レーガン、バラク・Ｈ・オバマ、フランクリン・Ｄ・ルーズベルト、ビル・クリントンと六人の大統領と、後の二人は、バージニア州知事で名弁護士のパトリック・ヘンリー（一七三六～一七九九）の「自由でなければ死を」と、マーチン・ルーサー・キング牧師のあの有名な「わたしには夢がある」の演説になっています。

独立戦争のとき、初代大統領のジョージ・ワシントンは連戦連敗、また担ぎ上げられての義務感で大統領になり、三期目は蹴って自分の農場に帰ったからA型農耕系であり、ロナルド・Ｗ・レーガン、フランクリン・Ｄ・ルーズベルト、そして、自由を死よりも大切にするパトリック・ヘンリーはO型でしょうから、O型狩猟系が三人。マーチン・ルーサー・キング牧師を含めると、半数の四人がＡＢ型になります。

そのうち、最も有名な演説として、南北戦争の激戦地、ゲデスバークでのリンカーンの演説が最初に、次がケネディーの就任演説が載っています。また、演説に影響を与えたとして、リンカーンには同じＡＢ型のイエス・キリストの聖書を引用した第二回目の就任演説があり、オバマ大領領はリンカーンの演説を、また、ビル・クリントンはケネディーの演説を研究し、参考にしています。

――ＡＢ型の大統領はＡＢ型の先人を参考にしたというのですね。

ＡＢ型同士、響き合うものがあったと思います。また、ジョン・Ｆ・ケネディーの弟、ロバート・ケネディーはＡ型だからでしょう演説が兄より見劣りがし、本人も悩んだようですし、ケネディー以降の、ジョンソン、ニクソン、カーターなどＡ型の大統領は世代を越えて心に残る演説はしていないようです。

特徴４：女性問題：アメリカ大統領の女性問題を扱った書籍『プレジデンシャル・セックス―ジョージ・ワシントンからビル・クリントンまで』があり、一三人の大統領をとりあげ、著者のウエスリー・Ｏ・ハグッドは、そのうち、ジョージ・ワシントン、ジョン・Ｆ・ケネディー、リンドン・Ｂ・ジョンソン、フランクリン・Ｄ・ルーズベルト、ドワイト・アイゼンハワー、ビル・クリントンの六人について特に詳しく触れています。

ウォレン・Ｇ・ハーディング大統領の業績についてよく知らないため血液型の推測ができないのですが、オハイオ州の医師の息子として生まれ、父が所有した地方紙『スター』で働き、六歳上の女性と結婚し、夫人が販売部長になると販売部数が増え、政治活動への余裕ができて、大統領に上り詰め、二人の愛人をもち、その一人とホワイトハウスのクローゼットのなかで情事を繰り返したといいます。

Ａ型のジョージ・ワシントンは友達の夫人にラブレターを出し、またＡ型だとおもえるドワイト・アイゼンハワーは司令官でイギリスに滞在中、運転手の女性と愛人関係になっています。二人の大統領ともＡ型特有の躊躇しながらの稚拙な恋をしていますが、Ａ型のリンドン・Ｂ・ジョンソンは少し違うようです。

ジョンソンはテキサス州の地方政治家の息子としてうまれ、結婚は二つの学士号をもつ聡明で、父親が裕福な農場主、商人の娘であり、連邦下院議員の選挙のときは義父から資金を受けて当選しています。若い頃から女癖が悪いといわれることを誇って隠すこともなかったというのは西部という育った環境のせいかもしれません。また、選ぶ女性はA型の子育て遺伝子なのでしょう、子供のような飛び切りかわいい女性だったようです。

ケネディー政権の副大統領のとき、「ケネディーはこっちがシャカリキになって働いているのに、奴はセックス三昧だ」といって怒り、「でも、ものにした女性は自分のほうが多い」といったといいます。また、執務室で秘書との情事を夫人に見つかった最初の大統領のようですが、夫人を深く愛し、夫人も満足していたため、マスコミも大きくはとりあげなかったといいます。

O型のフランクリン・D・ルーズベルト大統領は妻の秘書と関係をもっていたことが秘書からのラブレターをエレノア夫人が偶然みつけ、子供たちへの影響を考えて、離婚を思いとどまったもののベットをともにしなくなり、また、大統領は三人の愛人をもったものの、亡くなったときはかつての秘書が傍にいたと書いています。また、不倫の事実は死後一年たって公表されたとしています。

最も派手な不倫といえば、AB型のジョン・F・ケネディーとビル・クリントン大統領ですが、テレビやインターネットなどメディアの多様化によって情報が伝わりやすくなったこと、また、愛人による暴露本の出版も影響していると思います。

ケネディーはミス・コンテストの女王、ストリッパー、コール・ガール、知人、秘書、社交界の有名人、女優、その他大勢と三人プレーのセックスがお気に入りだったようです。またセクシー女優、マリリン・モンローとは同じAB型だからでしょうか、八年間続いています。ジャクリーヌ夫人はうすうす気づき、一五歳のべビーシッターを妊娠させたこと、夫が売春宿から出る写真をみたこと、ジャクリーヌが入院しているとき地中海のヨットの上で女性と戯れていたこと、そのいずれか、すべかもしれませんが、離婚しようとしたとき、義父のジョセフ・ケネディーが百万ドル（約一億円）を渡し、大統領の選挙中、またホワイトハウスにいる間、思いとどまるように頼み、ジャクリーヌは「税抜きであれば手をうちましょう」と答えたと書いています。

大統領選のとき、女性問題は致命的になるため、側近が心配するのに対して、対立候補のニクソンは女性スキャンダルをとりあげる男ではない、といっています。ケネディーに投票したうち、三分の一が女性関係を知っていれば、投票しなかったと述べています。

――相手がニクソンでよかったですね。

大統領になってからも情事は続き、弟のロバート・ケネディーが火消し役をし、司法長官の地位をつかって、「記事にすれば、反トラスト訴訟を起こす」と脅し、マリリン・モンローのときは、ミイラとりがミイラになっています。また、ＦＢＩのフーバー長官はケネディーの情事を監視し、盗聴することで解任を免れています。

ケネディー大統領は日本軍との戦いで痛めた背中のアジソン病（両副腎の機能が九〇パーセント損なわれる難病）のせいで四〇歳まで生きられない、という思いと、頻繁に注射を受け、毎日の薬の服用、また、三か月に一回の太ももへの丸薬の埋め込みなどが性的欲求を刺激するからだ、といわれて、歴代のなかで、最も多くのセックスパートナーをもった大統領になるだろうと結んでいます。

ジャクリーヌ夫人も夫に対抗したからでしょうか、また、「颯爽としたイタリア人伯爵との火遊びに興じ、ダラスで夫が暗殺されたときには、一か月前からアリストテレス・オナシス（後の夫）との熱烈な情事に身を焦がしていた」とジャクリーヌの秘書が証言したと書いています。

一方、ＡＢ型のビル・クリントンはアーカンソー州で一九四六年に生まれたものの、父親は自動車事故で亡くなり、再婚した義父は酒飲みで両親との喧嘩は絶えないなかで育っています。高校ではジャズ・トリオのなかでサックスを担当し、また、ボーイズネイションの代表に選ばれ、ジョン・Ｆ・ケネディー大統領と握手する機会を得てから、政治家になると決めたといいます。そして、ジョージタウン大学、オックスフォード大学、エール大学のロースクルーでの四年後、結婚するヒラリー・ビクトリア・ロダムに出会っています。

クリントンは喜んで身を投げ出す女性が多いのに驚き、またその不倫のため、夫婦の仲はよくなく、二人でカウンセリングに行ったりして関係が壊れないようにしていますが、クリントンの不倫は続き、大統領になってから、アーカンソー州知事のときのセクシャル・ハラスメントで訴えられた最初の大統領だといいます。

アメリカには、大統領を罷免できる弾劾裁判があり、ニクソンはウオーター事件で弾劾裁判にかけられる前に辞任しましたが、クリントンはホワイトハウス実習生との不倫疑惑で告発されて弾劾裁判にかけられたものの無罪に終わっています。

――当時、話題になっていましたから思い出しますね。

特徴５：暗殺：アメリカの大統領で暗殺されたリンカーン、ガーフィールズ、マッキンレイー、ケネディーの四人のうち、ＡＢ型だとわかるのは二人で、君子豹変、楽天的、弱い方に味方するという性格によると考えられます。Ｏ型のロナルド・Ｗ・レーガンのように未遂におわった大統領は何人かいます。

――アバマ大統領のときも暗殺されるという噂がありましたね。

黒人大統領であり、ＡＢ型ですからね。ヒラリー・クリントンは大統領選のとき、オバマ候補は暗殺されるといってひんしゅくをかっていましたね。治安対策が強化されたのではないでしょうかね。バラク・オバマ大統領のとき、ヒラリー・クリントンは国務長官であり、どちらもＡＢ型だからうまくいったと思います。

応用編

マルクスがＢ型で騎馬系の思考だとわかったときはすぐに納得できたのですが、ニーチェについては内容が豊富であり、また、すでに述べたジャマイスさんの『Ｂ型自分の説明書』の記載とあまりにも一致していたので驚き、ショックでした。

Ａ型とＢ型は全く逆の性格だと知っていたのですが、親族にＢ型がいなかったこと、また友達の多くがＯ型であったため、能見俊賢さんの「血液型テスト」で、Ｏ型とＢ型を間違えていたことから、ニーチェとジャマイスさんを知ったことはまさに目からうろこでしたので次にまとめてみました。

Ⅴ　Ｂ型騎馬系のニーチェとジャマイスさんの性格の一致（表Ⅰ‐5参照）

ニーチェの『ツァラトゥストラ』のなかの「人間とは猿（子供）から超人へむかって張り渡された綱をわたる曲芸師である」とされていますが、これがＢ型の人間観です。わたしはニホンザルの書籍を読み、また映像をみていて、ニホンザルは餓鬼大将を中心にしたわたしの子供の頃の振る舞いと同じだと思いました。勿論、大人になった会社での人間関係も子供の頃と同じですが、Ｂ型のいう超人（トップ）とは、大学であれば学長、会社であれば社長、イスラムならスルタン、中国なら、皇帝に向かう曲芸師だといえます。

ニーチェの象徴的で詩的な表現の魅力からみていきます。

▽１　哲学者ニーチェの魅力

日本で人気のある哲学者はイマヌエル・カントとフリードリヒ・ニーチェだと思います。

――小説家の三島由紀夫や太宰治はニーチェを勉強していますよね。

ニーチェに魅力があるからで、その①として、簡潔な批判や逆説、詩的で多様なアフォリズム（箴言）という独特の表現にあると思います。②は人間を中心にした記載であり、非哲学者あるいは芸術・詩人哲学者といわれています。③は幅のある解釈ができることです。

――ニーチェの箴言から、今の世情にあった言葉だけをとりだした若者向けの読本を手にしたことがあります。

④はアフォリズムという抽象表現のせいでしょうが、解釈の汲み尽くしがたさがあります。ニーチェを研究したハイデガーはまだニーチェを読み解く段階にきていない、といっています。ハイデガーは自分自身がＡ型の思考だと気づかなければ、Ｂ型のニーチェは永遠に理解できないと思います。ニーチェを研究したＡ型の和辻哲郎も同じでした。

――和辻哲郎はＡ型ですか。

そうだと思います。後でとりあげます。

――要は自分自身の「血液型と性格」が理解できないと正しい解釈ができないということですね。

繰り返すようですが、哲学者は深く考えるため持って生まれた「血液型と性格」の表現者なのです。評論家の小林秀雄はＢ型だからでしょうＢ型のニーチェやベルクソンに心酔していたようですが、自分の性格がＢ型だとわからなければ、当然Ｏ型のヘーゲルやＡ型のカントの思考を正しく理解できないのです。

⑤として、ニーチェがＢ型とわかることで、アフォリズムからＢ型のアラブ、中東、インド、中国、モンゴ

ル、韓国の人たちの性格（思考・行動様式）がわかってきます。勿論、B型にはさっき述べたマルクス、フロイトもいますが、ニーチェがもっともわかりやすいという魅力があります。

表－４　卵子と精子の性格の進化と哲学者・思想家への発現

分類	性細胞の性格		草原での性格		生産活動での性格		哲学者・思想家の性格への出現
草食男子・女子	卵子	①定住 ②栄養を蓄える ③定期的に移動 ④待つ（忍耐） ⑤不安（臆病）	子育て	①定住 ②果樹根菜類の採集 ③定期的な食事 ④子供を守る不安（警戒心）	A型農耕業	①定住 ②穀物を蓄える ③太陽暦に合わせて行動 ④作物の成長を待つ ⑤穀物を奪われないか不安	イマエル・カント ①定住（旅行しない） ②書物に知識を蓄える ③定期的に散歩 ④結婚を優柔不断のため逃がす ⑤国際社会に不安 キルケゴールは上の四つを満たし、⑤の不安は大きくて実存思想の祖になる
肉食男子・女子	精子	①積極的に動き回る ②身軽で動きやすい ③競争心が強い ④楽天的	繁殖	①よいパートナーがいれば飛んでいく ②家族のことなど考えない ③誰にも負けたくない ④またチャンスがくると思う	O型狩猟	①獲物を求めて動き回る ②自由競争 ③拘束を嫌う	ヘーゲルのすべて 功利主義者 民主主義者
					B型遊牧騎馬業	①移動しながらの生活 ②力の論理 ③最高指導者が目標	ニーチェの思想のすべて ジャマイスさん マルクスの革命思想
					AB型地侍	①弱者を守る正義感 ②楽天的	エンゲルス、アインシュタインの遺灰を海や川に捨てる 唯物史観

▽２　B型のニーチェの箴言とO型欧米やA型日本との価値観の違い

わたしたちは欧米のO型狩猟系の文化や価値観にどっぷりつかり、またA型農耕系の日本の価値観で生活しています。ここで、ニーチェの書籍からB型騎馬系がO型やA型とどのように違うか、自由、勤勉、希望、ルサンチマンなどから考えてみます。、

自由：についてですが、O型狩猟系の欧米の人たちには、自由は命より大切といい、ニーチェは「自由などには関心などない」と言い切っています。

――自由は全人類の共通の価値ではないということですね。

勤勉：A型農耕民には生きていくために絶対必要な勤勉をニーチェは、「逃避であり、自分を忘れようとする意志にすぎない」。また、「仕事人間は自分をどうしてよいかわからない人間だ」としています。

――勤勉はA型農耕民にとって最高の価値でしょうが、B型騎馬民にとっては戦いに勝つことなんでしょうね。

希望：ギリシャ神話に、パンドラが箱を開けると、人間の病気を含めてすべての苦悩がこの世界に飛び出したが、だた一つ箱の底に「希望が残った」とされます。O型欧米人にとって希望は生きるための心の支えですがニーチェは「希望は人間の苦痛を引き延ばす」と書いています。

――二〇一〇年、チュニジアで起き、北アフリカを席巻した「アラブの春」という民主化への希望が混乱を招いて、B型のアラブの若者の苦悩を長引かせたんですね。

シリア国にまで飛び火して、アメリカ、ロシア、トルコの大国の干渉によって翻弄され、民族・宗教対立による内戦、ヨーロッパへの大量難民、ＩＳ（イスラム国）の成立、アメリカが手を引いてやっと落ち着いた感じです。「アラブの春」という希望（幻想）がなければ、一〇年も続くシリア国民の苦難はなかったのにね。

——中国は自由を求めた学生が起こした天安門事件をうまく解決しましたね。

O型欧米人の自由の押し売りは生まれ持った性格から来ているから、嫌でも、もうしばらく続くでしょうね。

ルサンチマン（妬み、恨み）：妬みや恨みは血液型と関係なく誰にもありますが、特にB型は強いのでしょうニーチェは「人間が復讐心から解放されることが最高の希望」だと書いています。

何故待てないのか：B型は即決できるため、管理職に向いているといわれます。即決しないこと、即ち「長く待たせることで人を怒らせ、悪い考えを思い浮かばせて人を不道徳にする」としています。

趣味：仕事は生活のために自分の性格を無視して就くことがありますが、趣味は生まれ持った性格の表現ですので、ニーチェは「趣味は意見より重大である」だとし、定年後の小学校の同窓会のとき、B型の友達が、皆の前で「趣味を大切にしなさい」といったので、ニーチェの言葉を思い出してやはりB型なんだと思ったことがあります。

思想：思想家は持って生まれた性格の表現者であり、ニーチェは「思想は感覚の影である」といっています。

疲労：A型は過労死につながりますが、全く逆の性格のB型のニーチェは「疲労は平等と友愛の一番の近道」と述べ、肯定します。

——エネルギーレベルが低いA型は過労死、高いレベルのB型は過労によって安定するんですね。

忠告者：敏感で誇り高い病人は忠告者を自分の病気以上に憎む、と書いています。

——誇り高いB型は同情されたくないんですね。

A型と真逆ですよね。

情熱：「魂の動きや情熱は虚栄心によって包まれている」としています。和辻哲郎をＡ型にしましたが、同時代の哲学者、三木清は何型だろうと思い、『哲学ノート』を読み、虚栄心が苦悩を呼ぶとしていたので、Ｂ型だと思いました。

――情熱と虚栄心はＡ型農耕民になくてＢ型騎馬民の特徴の一つなんですね。

同情：つらいときなどＡ型のわたしなどは同情して欲しいと思いますが、Ｂ型のニーチェは「同情で幸福を覚える憐れみ深い人たちを好まない」といっています。

最も人間的なこと：は「誰にも恥をかかせないこと」としていますが、Ｂ型の人にとってルサンチマンを持ったり、持たれたりしないことのようです。

生きること：は「自然とは別な仕方で存在しようとすること」だとしていますので、大衆的ではなく、独自の生き方をすることかもしれません。

――ニーチェのような生き方ですかね。

ニーチェが価値観の違う欧州でなく、Ｂ型のアラブや中国に生れていれば幸せだったと思います。

善と悪と幸福：について「善とは力、悪は弱さ、幸福は力が大きくなり、抵抗を克服する感情と書いていますので、善、悪、幸福は力の大きさの関数によって決まるのでしょうか。

――力がないということは災いであり、最悪だということでしょうね。

エネルギーと生活と苦痛：Ｂ型騎馬系の一番の特徴はエネルギーレベルが高いということであり、ニーチェは「少ないエネルギーでの生活を知らねばならない。苦痛はエネルギーを減らすべき時が来たことを知らせる、としています。

――高エネルギーの人たちの悩みですね。

菜食主義：B型の人がもっとも多いインドは菜食ですし、B型ゴリラも菜食であり、ニーチェも菜食を理想として試みますが、B型はA型の草食人と違って肉食人ですので長続きしません。でも、菜食は「世界を救う」としています。

ディオニュソス：ギリシャ神話で、理性的な神のアポロン（太陽の神）と感情的なディオニュソス（お酒の神）が対比されますが、ニーチェはディオニュソスを理想とするものの、「力が過剰」だといっています。

――B型は力が最も大切で、少なすぎても、多すぎてもよくないんですね。

▽３　偉人ニーチェと日本の一市民ジャマイスさんとの比較

日常的に自分と違う血液型と接触したことのない人、たとえば、O型の夫婦はO型の子供しかいないので、A型やB型の本当の性格はわからない気がします。わたしの場合、父がA型で、母がO型でしたので、O型はなんとなくわかりますが、B型は騎馬系だからエネルギーレベルが高くて、俊敏で、戦闘的で、マイペースなどを想像していました。

また、すでに述べましたが、ニーチェの概念：ニヒリズム。神が死んだ。ルサンチマン（恨み、妬み）。超人。力への意志。畜群。永遠回帰などすべてがB型の人の性格を表し、イスラム、インド、モンゴル、中国、韓国などの国民性をしめすことに気づいていました。

しかし、ジャマイスさんの『B型自分の説明書』を手にしたとき、B型の人のうまれもった性格が具体的に書かれていたため、改めてA型の自分と全く違うんだ、と思い、また当然でしょうが、ニーチェの考え方・見方と一致するのに驚きました。

——一九世紀の世界的な哲学者と日本の一市民との一致ですね。

「群盲巨象をなでる」ということわざがありますが、一か所か二か所を撫でて判断するから間違うのであって、全体を大枠の概念にわけ、さらに二三個の特徴の一致を記述すれば、B型の正しい性格を描くことができ、理解を深めていただけるものと思います。

——ここで、ニーチェとジャマイスさんの性格の一致だけでなく、B型の国民性をしめしてくれるんですね。

（１）反O型狩猟系（欧米）としてのニーチェの概念は表－５に示すようにニヒリスム、神が死んだ、永遠回帰であり、これに対して、ジャマイスさんの記述から、①**判断の基準**：右といわれれば左という。それが基本。価値あるモノに価値をつけない。価値のないモノに価値をつける。また、本など自分が選ぶ、とあります。

——ジャマイスさんはニーチェと同じように反欧米的ですね。

②**グループ**：グループ制作は苦手。グループデスカッションは嫌い。集団行動のなかで一人だけフラフラ散歩したりする。

——O型が得意とするグループ行動は、B型は苦手なんですね。

A型はグループでいないと不安であり、日本人がグループの行動を得意とするのは、A型が多いからですよ。

③**非社交的**：B型は自分をうまく説明できない。口ベタ。傷つきやすい。

（２）騎馬系の（高エネルギー）上昇志向として、ニーチェは、超人、力への意志、畜群、ルサンチマンにたいして、ジャマイスさんは④**上昇志向**：歩いている時、意味なく真上を見上げる。歩いているとき、道のでっぱりに上る・木登りが好き、屋根に上ってみたい。上った。と書いています。

A型のわたしはいつも下を向いて歩き、井戸などあると覗き込んだりします。

――やはりA型とB型は逆なんですね。

⑤**集中力と記憶力**：集中力と記憶力に自信、集中しているときは誰も話しかけてくるな。⑥**復讐**：笛吹男がネズミを退治したのに、ハーメルンの人たちが約束を反故にして、報酬を払わなかったため、一三〇人の子供たちを隠してしまった例をあげて、ジャマイスさんもまた、裏切られれば、子供を隠し、三倍返しをする。

――B型の人はやはりルサンチマンの人なんですね。

（3）B型騎馬系の遊牧的性格から、ニーチェはドイツ、レッケンで牧師の子としてうまれ、スイスのバーゼル、シルス・マリア、イタリアのローマ、ジェノバ、トリノとヨーロッパを動き回っていた。ジャマイスさんのもつ遊牧的特徴として、⑦**動物**：道で野良猫とかハトをみるとうずうずしてくる。もうおさえられない。「わぁ！」って追いかけたくなちゃう。ホワイトタイガーとか鷹やふくろうを飼ってみたい。

――B型は動物が好きなんですね。ニーチェも動物に例えた表現がありますよね。

能見俊賢氏によるとペットのしつけで、O型は厳しく、B型はまあまあだと書いています。A型の場合、B型やO型ほど動物に興味がなく、むしろ観葉植物や花に興味があります。また、昆虫については採集する人は楽しいにちがいないから、肉食系の人だと思いますし、わたしのようなA型は、楽しそうに飛んでいるチョウチョウを捕らえるなんて、かわいそうじゃないか、と思うんです。

⑧**居場所**：自分の居場所の中で「一人になれる空間」を探しちゃう。自分の部屋に他人を入れたくない。

⑨**旅**：放浪したい。途中下車の旅「一人」でしたい。

――B型の人は猫科の動物のように単独が好きなんですね。

（4）反A型農民性として、ニーチェはB型の特徴である誇り高くて、おしゃれで、美食家で、実際は肉食系のため徹底することは難しかったのですが、菜食主義者だったのです。

一方、ジャマイスさんは：⑩**判断**：白か黒か！ Yes か No か！好きか嫌いか、（あいまいにすんなっ）反対意見は大嫌い。

――Ａ型の日本人は、Ｎｏ（ノー）といえないですし、引き分けが好きですよね。

⑪**謝罪**：「ごめん」は自分から言わない。言えない。

――Ａ型は子育て遺伝子ですから当然かもしれないですが、「ごめん、ごめん」と何でも謝る謝罪文化であり、慰安婦問題で謝り続けるんですよ。

⑫**行動**：駿足。足速い⑬**努力**：努力している姿は人に見せない。⑭**遠慮**：道を歩いているとき、人のためによけない。あいにく「ゆずり合い精神」は持ち合わせておりません。お前がどきなさい。

――Ａ型はよけますから、これもＢ型と真逆ですね。

⑮**非子育て**：外で赤ちゃんを見かけると、なんでもかんでもリアクションする人はヤダ。⑯**友達**：Ｂ型はＢ型が好き。⑰**血液型と性格**：Ａ型に間違われるときがある。（Ａ型と間違う人なんかキライ）

――男女間は別でしょうけど、Ｂ型はＡ型が嫌いですね。土俗的で野暮ったいんでしょうね。

Ａ型とＢ型は全く逆の性格ですが、似ているように見えたりするんです。Ａ型のキルケゴールとＢ型のニーチェは全く逆なのに、実存主義の思想だという哲学者がいますし、右翼（保守派）と左翼（進歩派）も全く逆なのに、反政府という点で似ているので、間違うのと同じですよね。

⑱**恋愛**：愛よりも恋が好き。⑲**視線**：人間でも動物でもジッとみられると引っ叩きたくなる衝動にかられる。

能見俊賢さんによるとニホンザルは多くのＢ型と少しのＯ型からなると書いています。ニホンザルは目をみると怒り出すといいますから、やはりＢ型が多いのでしょう。Ａ型のわたしは怖いから、常に下をみて相手を見ないようにしています。

⑳**会話**：話しかけてこないと最後まで無言。㉑**言葉**：四字熟語にひかれる。B型の貴ノ花親方は弟子が大関や横綱になるとき、意味が凝縮され、また歯切れがよいからでしょう四字熟語を使った口上を述べていました。しかし、A型の千代の富士は四字熟語を嫌っていましたね。

㉒**怒り**：腹がたったらモノにあたる。モノを投げる。㉓**待機**：じれったいのは大嫌い。

――会社でもB型の管理職がよいとされるのは、即決即断ができるからでしょうね。

ジャマイスさんの書籍からニーチェの哲学的概念と対比させながら、気づいた二三の特徴をあげましたが、さらに、おしゃれで、高価な靴を履くとか、美食家、芸術（音楽や絵など）の愛好家、菜食主義者（B型の場合度が過ぎると病気になる）、虫歯に弱い（能見俊賢さんの意見）などの特徴を加えると、三〇を超えてしまい、このうち二、三個あてはならないとしても、育った環境による場合があるので、環境を調べれば原因がわかってくることになります。

V　B型騎馬系のニーチェとジャマイスさんの性格の一致（表－５参照）

表－５　B型遊牧騎馬民の性格の特徴　＝ニーチェとジャマイスの場合＝

	ニーチェ	ジャマイスさんの性格
反O型狩猟性	ニヒリズム 神が死んだ 永遠回帰	①**判断の基準**：右といわれれば左という。それが基本。価値あるモノに価値をつけない。価値のないモノに価値をつける。本など自分が選ぶ。②**グループ**：グループ制作は苦手。グループデスカッションは嫌い。集団行動のなかで1人だけフラフラ散歩したりする。グループ行動はO型が最も得意ですよね。③**社交性**：B型は自分をうまく説明できない。口ベタ。傷つきやすい。じれったいのは大嫌い。人の話は聞かない。あまり人になつかない。
B型騎馬性（高エネルギー）	超人 力への意志 畜群 ルサンチマン（恨）	④**上昇志向**：歩いている時、意味なく真上を見上げる。歩いているとき、道のでっぱりに上る・木登りが好き、屋根に上ってみたい。上った。（A型のわたしはいつも下を向いて歩き、井戸などあると覗き込んだりする）⑤**集中力と記憶力**：集中力と記憶力に自信、集中しているときは誰も話しかけてくるな。⑥**復讐**：笛吹男がネズミを退治したのに、ハーメルンの人たちが約束を反故にして、報酬を払わなかったため、130人の子供たちを隠してしまった例をあげて、裏切られれば、子供を隠し、3倍返しをする。
B型遊牧性	ドイツに生まれ、スイス、イタリアと放浪し故郷のレッケンで死す	⑦**動物**：道で野良猫とかハトをみるとうずうずしてくる。もうおさえられない。「わぁ！」って追いかけたくなちゃう。ホワイトタイガーとか鷹やふくろうを飼ってみたい。⑧**居場所**：自分の居場所の中で「1人になれる空間」を探しちゃう。自分の部屋に他人を入れたくない。⑨**旅**：放浪したい。途中下車の旅「1人」でしたい。
反A型農民性	誇り高い おしゃれ 美食家 菜食主義 反謝罪 反譲歩 A型嫌い B型好き 愛より恋 凝視に怒り	⑩**判断**：白か黒か！　Yes か No か！　好きか嫌いか、（あいまいにすんなっ！）反対意見は大嫌い。⑪**謝罪**：「ごめん」は自分から言わない。言えない。⑫**行動**：駿足。足速い⑬**努力**：努力している姿は人に見せない。⑭**遠慮**：道を歩いているとき、人のためによけない。あいにく「ゆずり合い精神」は持ち合わせておりません。お前がどきなさい。⑮**非子育て**：外で赤ちゃんを見かけると、なんでもかんでもリアクションする人はヤダ。⑯**友達**：B型はB型が好き。⑰**血液型と性格**：A型に間違われるときがある。（A型と間違う人なんかキライ）⑱**恋愛**：愛よりも恋が好き⑲**視線**：人間でも動物でもジッとみられると引っ叩きたくなる衝動にかられる。A型は常に下をみて相手を見ない。⑳会話：話しかけてこないと最後まで無言。㉑**言葉**：四字熟語にひかれる。㉒**怒り**：腹がたったらモノにあたる。モノを投げる。㉓**待機**：じれったいのは大嫌い。

VI　A型マルティン・ハイデガー、アドルフ・ヒトラー、ドナルド・トランプ元大統領

世界的哲学者B型のニーチェと日本の一市民B型のジャマイスさんの性格が一致すると述べましたが、ここではA型の二〇世紀最大の哲学者の一人、マルティン・ハイデガーと悪名高いA型のヒトラーと、何を言い出すかわからない予測不能といわれていたA型トランプ大統領をとりあげます。

▽1　A型マルティン・ハイデガー（一八八九〜一九七六）

すでに述べたようにこの世は不合理だとする実存主義者はA型の特徴をもつシェーリング、キルケゴール、ハイデガー、ヤスパース、サルトルなどです。日本ではキルケゴールが実存の祖としてよく知られていていますが、ハイデガーは二〇世紀に活躍した存在論（形而上学）の哲学者であり、ヒトラーの政権を支持するナチ党員、ユダヤ人女性の有名な政治哲学者ハンナ・アーレントを愛人にしていたという話題性があります。またわたしと同じA型、次男ですので、主著『存在と時間』を読む前でも、他の哲学書の解説のなかの僅かな記載だけで、わたしの考え方を理論化し、代弁してくれていると思うほど理解できます。

イマヌエル・カントはA型卵子・子育ての性格として、移動することなくケーニヒスベルク大学で講師、教授、学長になって一生を終えたと述べました。ハイデガーもまた フライブルク大学を卒業し、奉職するとミュンヘン大学、ベルリン大学からの招聘を二回とも断って同大学で学長になり八六歳で亡くなってい

ます。

ハイデガーがO型、B型であれば常に良い職場を求めて移動する哲学者ヘーゲルあるいはフィヒテのようにベルリン大学の学長になったと思いますし、AB型であっても、アインシュタインが一九〇五年に特殊相対論を発表するとオランダ、オーストリアの大学から招請されましたものの、当時ベルリン大学の学長であった理論物理学者マックス・プランクの招きに応じたようにベルリン大学にいったと思います。

――ハイデガーはA型農耕系だからカントと同じで有名大学からの招聘を断ったんですね。

ハイデガーの哲学、存在論についてですが、キルケゴールは人間を産み出したのは神だとしたのに対して、ハイデガーは存在者だといい、人間のことを現存在だと概念化しています。またわたしたち人間（現存在）は好むと好まざるにかかわらずこの世に投げ出されたという被投企性があるから、この世が不合理だとしても運命だと思って諦め、可能性に向かって企投（計画）し努力しなければならないとしています。

――「血液型と性格」からすると、A型、O型、B型、AB型のいずれかの一つをもって現存在（人間として誕生）してしまったから、それぞれの血液型の性格にあった生き方をしろということですよね。

今自分がいる世の中の価値観に合わせて生きなさい、さらにできれば自分の性格にあうよう計画的に生きなさいということだと思います。わたしの場合はA型農耕系として農村に生まれ、農村で暮らしていれば矛盾など感じなかったのに、O型欧米のグローバル化によるA型の「和」ではなく「競争」を良しとする価値観のもとで生きらねばならなくなった。運命だと諦めて、O型だけでなく、A型と真逆なB型の性格（価値観）を研究し、A型の長所（群れで協力する性格）を活かし、短所（不得意な恋愛や戦い）をカバーする企投（計画）によって生きるべきだということになります。

また、ハイデガーはA型独特の概念として、人は気遣いをし、また他者への良心（責任）は人間の証しだとしています。気遣いや良心はO型狩猟系やB型騎馬系にもありますが、恋愛や出世のためのカムフラージュ的なものであり、子育てが目的のA型にとって気遣いは本質的で最も大切な性格なのです。

――A型日本人の特徴「空気を読む」につながるでしょうね。

さらに自我（人間）にとっての最も脅威なのが他人と死だとしています。A型子育てにとっての他者は子供ですから攻撃される心配などなく、むしろ戦う遺伝子などあってはならないのです。

――幼児虐待につながりますものね。

O型やB型にとって他人は自分の遺伝子を残すために攻撃し、討ち勝たねばならい相手ですから、戦う遺伝子のないA型は自分がターゲットにされる気がして不安になるんです。

――O型やB型にとって、A型を含めてすべての他人は競争や戦いに討ち勝つ相手であり、他人が不安だとか脅威だと思うA型の気持ちなど理解できないでしょうね。

その通りで、ハイデガーは「アリストテレスを越える存在論哲学者であり完成者だ」という評価にたいして、O型欧米系の合理主義哲学者は「存在論（存在一般の意味への問い）」に根拠があるのか、巧妙な山師ではないかというんです。またハイデガーは、死は他の人と交替できない存在であり、人間は死を迎えて完成するから日常的に忘れている死を考えて決断する先駆的決意性が必要だとしています。

――O型やB型にとって死は自分ではなく、戦う相手に与えるものですよね。

一九八〇年代、わたしがまだ三〇歳代の頃は作家が必要であり、出版社から頼まれたんでしょうね直木賞作家の先生からプロの作家にならないか勧められたんです。わたしはエンジニアであり、自信もなかったのでもう少し様子を見てからと思っていると、急に亡くなられたんです。自分も死ぬかもしれないという思いに急にとらわれて、周りに合わせるA型の生き方を捨て、冒険的な決断しているんです。

――O型やB型の人は指導者が亡くなれば、冒険はしないでしょうね。

流行作家になれば大金持ちになってキャデラックを乗り回せられるだろうけど、命を縮めるからやめて、芥川賞作家の先生をみつけて書いたものの、同人作家のまま計画の一〇年以上がたち、もう一度本格的に仕事をしようとしたとき、病気になってしまい、発展途上国の現場であれば死ぬかもしれない、死なないにしてもチームの人たちに迷惑をかけるからと計画を変えてしまったんです。

――ハイデガーがいう先駆的決意性とは、A型の人は持って生まれた子育て、即ち目線を下げて相手にあわせる生活が、死を考えると新しい別の決断ができるということですね。

A型子育て農耕系の性格は死を考えたときハッとして我に返り新しい決断をする特徴があると思います。

ドイツの一九三三年はナチス政権が誕生し、同じ年にハイデガーはナチ党員、フライブルク大学学長になっての大学改革構想『ドイツの大学の自己主張』についての演説で、「民族―大学―共同体」を打ち出し、教官や学生に「勤労―国防―知的―奉仕」を訴え、勤勉、労働を最も重視し、知的労働と肉体労働を同列にしたんです。

――一九六〇年代に東大の学長が「太った豚より痩せたソクラテスになれ!」といったといわれていますね。

学長であれば、学問の自由、知的エリートを育てる学問の府というべきなのに、勤勉や勤労奉仕とは何事だ、ドイツの大学を国民（国家）社会主義のナチ党に組み入れようとするのか、けしからんと批判されています。

わたしは七〇年安保に反対する学生たちによる大学封鎖を経験しましたが、当時はベトナム戦争、カンボジア侵攻がある頃で、大学が産軍学が協同し、戦争に加担しているのではないか、国家権力から学問の自由を守ることが議論され、教授と民主化を求める助手、学生たちの対立になり、収拾がつかなくなって国家権力である警察によって解かれてしまったのです。教官や学生たちが必死に抵抗した産軍学協同研究を今はいかに効率よく行うかが重要になっているのが不思議です。

――今は学問の自由ではなく、個人、国家間での競争に打ち勝つことですからね。

わたしは教員免許をとるために教育実習を受けたのですが、専門ではない道徳について急に話すことになり、O型、B型であれば、大きな夢を持つこと、あるいは挑戦といったでしょうが、わたしはハイデガーと同じで「勤勉」が大切だと生徒たちにいったことを覚えています。

――A型農耕民の考え方ですね。

A型実存主義者の特徴に不安があると述べました。わたしの場合は肉食系の他者の攻撃が原因だと思っていますが、勤勉に働いていると不安が薄らぐ感じがするんです。

――B型のニーチェは、勤勉は「逃避であり、自分を忘れようとする意志にすぎない」と言っていましたね。

A型のわたしにとって勤勉は喜びであり、ストレス解消なんですね。わたしは農家の養子になっていれば、朝早くから夜遅くまで草取りなどを含めて勤勉に働いたと思います。都会に出て、新書程度ですが、本を読んでいると孤独がまぎれることもあるでしょうが、とにかく安心するんです。勤勉な日常から、哲学をふくめて仕事と関係のない諸科学の知識が得られたと思っています。ハイデガーが知的労働と肉体労働を同列にする気持ちがわかります。

――知的労働と肉体労働を一緒にするのはA型農耕民の特徴なんですね。

A型のハイデガーにとって農夫と大学の学長とが一緒に思えたんですよ。ただ、今の日本はA型の勤勉なんてダラダラして鈍くさく、時代遅れにみえて、O型の人はパートナーが喜ぶカッコよい方を選択し、B型は誇り高いから、知的労働が上だと思いますよ。

また、土下座を苦痛に感じるのはO型、B型の人であり、わたしは少しも苦ではありません。わたしは江戸時代の支配者である侍から勤勉に働いているところを褒められ、また間違っていたとき土下座して許された記憶の詰まった農夫の遺伝子を引き継いでいると思うことがよくあります。

——A型にとって勤勉と土下座は安心感につながり、ストレス解消になるんですよね。

江戸時代であれば攻撃されないと思いますが、でも、今はグローバル競争によるストレス社会ですので、土下座すれば頭を踏みつけられたり蹴上げられたりする不安というより恐怖になっています。

——江戸時代は士農工商で上から二番目のランクですから、A型農耕系にとって理想に近い体制だったかもしれないですね。

日本の時代小説といえば江戸時代なので、明治あるは室町時代を舞台にできないかと思い、友達に話すと、日本人が求めているのは江戸時代の小説だからだといわれ、A型の日本人はわたしと同じように無意識のうちに江戸の人間関係に憧れていると気づき、韓国は五〇〇年続いた李朝（李氏朝鮮）なんだと思いました。

——A型の日本は江戸時代、B型の韓国は李朝体制が理想だから、ドラマの舞台になるんですね。

価値観の違うO型欧米の進出によって、日本も韓国も体制がゆがめられて苦慮しているんです。

ハイデガーの学長演説「勤労—国防—知的—奉仕」に戻りますが、A型が五〇パーセントのスイスはまさに勤勉で、国民皆兵で、金融や時計、創薬など知的な労働を重視するハイデガーがめざす国なのです。

——日本のA型が五〇パーセントであれば今より勤勉で、外国労働者に頼る必要がなく、国民皆兵制で攻められない軍事力をもち、戦う遺伝子のないA型が安心して暮らせる国になるんですね。

江戸時代にA型が五〇パーセントであれば、明治維新に征韓論も生まれなかったでしょうし、日清、日露、太平洋戦争もなく、今は核兵器をもつ安心できる国になっていますよ。

——皆兵制、広い海洋の島々に核兵器を配備し、報復できるようにすれば、O型の国、アメリカ、ロシアの脅威は薄らぐでしょうね。また日本の全国民が銃をもって一糸乱れない行動をとれば、攻めようとしないと思いますよね。

ヘミングウェイの小説にオーストリア兵を見ても気にならないのに、ドイツ兵をみると恐怖を感じると書かれていたのですが、機械のように一糸乱れない行動による気がしますね。

——黒船の来航依頼、外国人にとって日本刀を持ち歩く武士や切腹の習慣は侵略への抑止力になったかもしれないですね。

切腹は古代中国が農耕民だった頃の責任の取り方であり、日本に伝わり、中国が騎馬民になると消えてしまい、日本はA型農耕の文化の一つになって残ったと思います。切腹はA型カントの、嘘をついてはならない、という性格によって俺は正直なんだ、裏切ったりしないという最大の自己アピールでしょうね。

——切腹や核の保持などといえば、気違いだと思われるからやめましょう。

ハイデガーは三五歳マールブルク大学教授のとき、後に政治哲学者として著名になる一八歳のユダヤ人の女子学生、ハンナ・アーレント（一九〇六～一九七五）に声をかけ、師弟を越えた関係になっています。しかし、A型のため臆病風が吹いたのでしょう、彼女を途中ハイデルベルグ大学の実存主義者の友人ヤスパースに頼み込み、学位を取らせています。

アーレントはナチによる国会議事堂放火事件が起きると反ナチ活動に参加するようになり、フランスに亡命し、第二次大戦がはじまると、強制収容所に入れられ、逃げ出してアメリカにわたり、出版社の編集長の後、大学の教授職に就き、二人目の夫もハーバード大学の教授になっています。

アーレントを著名にしたのが、『全体主義の起源』であり、続いての『人間の条件』によって世界的な哲学者になっています。また、戦後ハイデガーがナチス政権に党員として積極的にかかわっていたことが公になった中で、恩師と再会し、非難しながらも和解し、さらにユダヤ人哲学者としてアイヒマン裁判を傍聴し、『イスラエルのアイヒマン――悪の陳腐さについての報告』を発表し、スケープゴード的裁判を非難し、アイヒマンは平凡な役人でしかない、人間は誰でも悪魔になりうるとして衝撃をあたえています。

アーレントの哲学は「思考」と「生きること」の二つがテーマになっていると思います。思考は恩師ハイデガーから引き継ぎ、思考しないと誰でも悪魔になり、またハイデガーが死についての哲学に対してアーレントは死から生を意識し蘇る哲学であり、恩師を乗り越えたと思っている気がします。

――生の哲学であれば、B型ですか。

アーレントに『革命について』『暴力について』の書籍があります。A型農耕民は保守的ですので、革命や暴力をとても嫌います。わたしがマルクスを勉強している時、「革命は暴力だよ」と教えてくれた友達はB型だと思いますし、また、マルクスのいう平等社会について、平等になれば、誰も働らかなくなるんじゃない、と言う人がいて、適性に合わない仕事だからだと思ったのですが、今はできるだけ働きたくないと思う人がかなりいることがわかっています。

また、アーレントはA型農耕系でないからでしょう、誇り高く、目線も高く、第二次大戦の五年後に、荒廃しきったかつての祖国ドイツを訪れて、「愚かしいほど必死に働いている」という書簡があります。自分が哲学者として成功したのはハイデガーの教えによると思い、著作を送っていますが、ハイデガーは返事を出していません。

日本の哲学者が老齢のハイデガーに会いにいき、哲学を話題にしたとき、米国の哲学者は「土着性を欠いている」といったと書いています。

――アーレントを意識したときの、A型農耕的なハイデガーの感想ですね。

ハイデガーには他に「技術論」「哲学の終焉」などの記述がありますが、すべてがA型農耕の発想なんです。わたし自身の思考、行動もA型農耕でしかなく、恋愛も稚拙、社交もだめ、得意とする「勤勉」も攻撃的な人たちから、愚かしくて陳腐な行為としかみられていないと思うと嫌で死にたくなります。

――持ってうまれた性格は変えられないですものね。

▽2 A型アドルフ・ヒトラーの経済政策

ヒトラーと聞いただけで、ナチス政権、アウシュヴィッツの強制収容所をつくった極悪非道の政治家だといわれるでしょう。確かにそうですが、ナチス政権は最も民主的といわれたワイマール憲法による、それも選挙の不正もなくドイツ国民の圧倒的な支持によって第一党になっているのです。

何故なのか。第一次大戦の休戦条約によって無数の機関車、自動車、船舶さらに使用可能なものすべてを没収され、占領軍の維持費を払わされ、ベルサイユ条約で農地の一五パーセント、鉄鉱石の七五パーセントを含む領土を失い、さらに賠償金は国家の税収の数一〇年分であり、賠償を確実にするため占領軍が中央銀行の総裁になったためドイツ国民は憤慨し、絶望的になっています。ドイツは追いかけてきた世界恐慌のためマルクが下落して国家予算の半分を賠償金にあてることになり、利子を二一世紀まで払い続けたといわれています。

――日本は日露戦争のロスチャイルド社への負債を第一次大戦まで払い続けたといわれていますよね。

日本は一〇数年ですが、ドイツは六〇年間ですよ。「ハイパーインフレーション」「大不況」「財政破綻」「通貨危機」「大量失業」とドイツ国民とヒトラーは資本主義経済で起こりうる問題をそれも集中して経験したのです。ナチスは「国家社会主義ドイツ労働者党」であり、二五か条の綱領には労働者、中小企業などの弱者救済と再軍備などのナショナリズムからなり、私的財産や私的経済活動を認めています。ドイツ国民はロシアのような私有財産を認めない社会主義よりナチス党に政治を託したのです。

ヒトラーは六〇〇万人の失業者をなくすため公共事業を増やし、また建設費の四六パーセントを労働者に支払うようにし、少子化対策として結婚建設費貸付法によって給料の半年分の資金を貸し付け、子供が四人できると免除することで解決し、女性を家庭に戻し、若者を職につけさせることで社会不安を無くしています。また、中小企業対策として貸し渋り、貸しはがしを禁止、零細農家には世襲農場法による借金の凍結によって保護しました。天下りを禁止し、有給休暇、健康診断、至りつくせりの労働環境をつくり、第一次大戦で荒廃した国から世界恐慌をどの国より速く回復させているのです。

――日本のバブル経済の崩壊による失われた二〇年と比較してどうなんですかね。

ヒトラーには経済的センスがあり、オリンピックのスタジアム建設費を三倍に増額させて豪華にし、多くの観光客を集めたことで六倍もの利益をあげ、アウトバーン（速度無制限の高速道路）の建設によって建設費の二五パーセントの失業手当の支払いが減ると計算していました。日本のバブルの回復に二〇年の歳月が失われましたが、ドイツは四、五年ですんだのです。

――ヒトラーはモッタイナイ、といってケチるだけのA型とは違うんですね。

日本の特に二〇一六年から一年ずつ六人の首相が交代したんですが、当時のドイツも首相が次々と交わったため、ヒトラーは議論だけで終わる国会などいらないと思ったんです。

――そして国会議事堂を焼いた。

O型の人たちは女性のおしゃべりと一緒でオキシトシン（快感物質）がでるんですよ。A型は、B型も同じだと思いますが、政策を打ち出せない議論などいらない、研究費の配分のように良識者が集まって将来を見通して最も効果的な分野に予算を配分し、活性化すればよいではないかと思うんです。

今の日本は資本主義、民主主義ですので国会を通じて、安倍政権のときは、まず資本家や金持ちが豊かになり、その落ちこぼれを享受する政策をとっていますが、ヒトラーはお金を与えれば生活のために必ず消費する労働者に焦点をあてて成功したんです。

――スムースに実施するために、反対派や自分を支持してくれた突撃隊を粛清してしまったんですよね。

経済のめざましい回復の影に、やはりドイツの天文学的なハイパーインフレーションを独特の金融政策で解決した財政家のヒャルマール・シャハトがいたんです。ヒトラーの『わが闘争』を読んで感銘して近づき、財界人と結び付け、ヒトラーが政権をとると、ドイツのマルクのハイパーインフレーションを解決したシャハトをドイツ帝国銀行総裁、経済相に据え、シャハトは経済には理念などがない、そのときに一番効率的な方法を選ぶことだとして世界恐慌をみごとに乗り切ったんです。

しかし、ヒトラーは経済の成功に自信を得て、戦争をはじめると財政が破綻するとシャハトは反対し続けて辞任することになります。

ヒトラーを戦争に向かわせたのは、恐らく、オーストリア人のせいでドイツは強いという思い込みがあり、一〇～一八世紀までドイツ、チェコ、オーストリア、北イタリアをドイツの皇帝が統括した「神聖ローマ帝国」の再来を考えていたと思います。しかし、A型農耕系のヒトラーには戦う遺伝子がなく、一人っ子で育ったため「慢心したお坊ちゃん」による時代錯誤よって悲惨な結果になったのです。

スターリンはヒトラーが自分の支持母体であった突撃隊の幹部たちをすべて粛清する「レーム事件」を評価したものの、侵略を始めると限界を知らない男だといったようです。

――スターリンのほうが指導者としては上だということでしょうかね。

スターリンはヒトラーと同じ一人っ子ですけど、血液型が違うんでしょうね。とにかく、スターリンはO型ロシアを含めてO型欧米の連合国とともにドイツ、日本、イタリアの枢軸国と戦って勝ったのです。O型のイタリアは途中で撤退しA型のドイツ、日本だけが壊滅するまで戦ったのですが、A型農耕系の稚拙な外交や戦争のせいであり、もう一つ、世界的趨勢の交易より自給自足にこだわる欠点があったのです。

わたしが子供の頃、松の幹にV字状の切れ込みがあり、松脂をとって石油のかわりにするためだと聞き、子供心に出来るはずがないと思ったことがあります。また、戦時中、人工石油を作るように科学者にいうと、できないといわれたと東条英機が怒ったと聞いたことあり、この時もできるはずないのにと思っていました。

しかし、ドイツは大戦の一〇数年前に石炭のガス化によって成功し、戦争で使用する半分をまかない、天然より良質なため飛行機に使っています。しかし、天然の四倍高くつき財政の負担になり、自給自足を主張するヒトラーや側近のゲーリングにヒャルマール・シャハトは反対し続けています。

――シャハトはニュルンベルグ（戦犯）裁判で無罪になっていますよね。

一票差で死刑になるところでしたよ。

▽３　A型ドナルド・トランプ元大統領

ドナルド・トランプ大統領はA型農耕系の性格だとすでに述べました。選挙中、あるいは大統領と決まると特異な性格にマスコミが戸惑い、雑誌のなかで、恐らくO型狩猟系のジャーナリストだと思いますが、日本にもグローバリスムの批判を繰り返す人がいます、これは事実に反し、非論理的で、隣人が豊かになることを妬む自己中心的な卑しい差別主義ですという主旨の文章を見ています。大統領の政策が二年も続き、落ち着きがみられる頃になっても、テレビなどで「悪の混沌」という言葉を聞いたりしています。

A型のトランプ元大統領はA型のヒトラーと同じ性格なので、比較しながら考えてみます。

(1) 労働者を大切にする

ヒトラーの経済政策は困っている労働者や農民に仕事を与えると、生活保護費が減り、必ず金を使うので経済が活性化し、それによって金持ちや資本家も潤うというものでした。A型トランプ大統領のメキシコ国境に壁をつくるという公約は外国人（発展途上国からの不法移民）に職を奪われた労働者に同情した結果であって、トランプさんのA型農民系の遺伝子が同じ遺伝子の労働者や農民の困窮を見ていられなかったのです。

――会社は株主のものだ。労働者はどうでもよい、利益をあげてくれればよいというのがO型の考えですものね。

B型の安倍晋三首相のアベノミックスはA型のヒトラーやトランプさんと真逆で、金持ちや資本家が豊かになれば、おこぼれで労働者が潤うものなんです。

――鄧小平主席はB型ですかね。豊かになれるものからなればよい、といいましたね。

安倍首相もB型で同じ考えなんです。でも、B型の中国は外国との合弁会社をつくって技術や製造のノーハウを学び終えると潰してしまい、そして中国人だけの会社を作り直して急成長するんです。

――略奪結婚で遺伝子の違うパートナーを得ることで生き伸びた騎馬系の人たちだから奪うのが得意ですね。

日本の金持ちや資本家はA型の人がいるのか、A型の文化のせいか、バブルに備えるといって金を溜めるだけで、未来への投資をしないんです。

――労働者へのおちこぼれがないからがっかりですね。

日本の金持ちや資本家はこれもA型の文化ですかね。労働者と同じように貧乏ですよ、というふりをするから、アメリカと違って誰が大金持ちかわかりにくいんです。

(2)　アメリカファースト（ナショナリズム）

トランプ大統領の就任演説のなかにアメリカファースト（自国第一主義）が二回出てきて、それぞれ似たような表現で、強く、豊かに、誇りに、安全な国にすることが述べられています。また、格調高いオバマ大統領の演説と違って平易な英文でわかりやすくて、株価が上がった理由がわかります。

――労働者向けの就任演説だったんですね。

A型の人であれば納得し喜ぶと思います。自国第一主義はA型だけでなく、O型、B型の国にもありますが、ヒトラーと同じ自給自足で、貿易も自由ではなく農民的な平等を考えるんです。

――平等こそがウインウイン（両者が得する）関係なんですね。

蓄えを美徳とするA型には貿易収支の大幅な赤字は耐えられないんです。

(3)　強い国にする

トランプ大統領はアメリカを再び強い国にすると述べていますが、パクス・アメリカーナ（超大国アメリカ合衆国の覇権による平和）ではなく、A型は臆病だから、攻撃される不安を少なくしたいため、防衛の面から攻撃されない軍事力を持とうとするんです。

大統領選のテレビ討論でヒラリークリトン候補が話していると大男のトランプ候補がすぐ後ろをうろうろしていて気持ち悪かったと述べています。わたしと同じA型なのでトランプ候補は気が小さくて、緊張感に耐えられなくてうろうろする気持ちがわかります。

――日本の「寄らば大樹の陰」ということわざはA型の人の心（不安）の表現ですね。

アメリカでの銃乱射事件が三日に一度起き、フロリダ州の高校生一七人が犠牲になった事件について、トランプ大統領は教師が武装していれば防げたと述べたとして非難されました。また全米ライフル協会（NRA）から選挙資金を受けていたからだと報道されていました。

しかし、トランプ大統領は民主主義体制では個人の安全は守れない、自分を守るために心の底から銃の所持を支持していると思います。

銃による事件は派手であり、日本の殺人よりはるかに多いが、自殺者が三万人を超えている頃、殺害と自殺者とを合わせた人数を人口割りにすると日本の方が多かったことを覚えています。また、オレオレ詐欺など個人の責任になっていますが、頭脳明晰で、最先端の情報技術を使われたら、特にお年寄りはどうすることもできないんです。一九八五年にお年寄りの虎の子金をねらった金取引の二〇〇〇億円にものぼる詐欺商法をした豊田商事の永田会長がマスコミの報道中に怒ったお年寄りの日本刀で殺害される事件が起きました。同じように詐欺をして隠れていた別の犯人たちが殺されたらたまらないと思ったのでしょうね、すぐに自首しています。

――お年寄りは老練ですし、銃を持てば身が守れて、復讐もできますので、オレオレ詐欺が少なくなるかもしれないですね。でも、誰もが銃をもてば怖くないですか。

江戸時代の武士の刀と同じで、厳しいルールをつくって許可制にすれば、安全になりますよ。

民主主義のもとでの自由は犯罪者も自由に振舞い、戦う遺伝子のないA型はターゲットにされると不安を無意識に感じとるので、二〇世紀の偉大な数学者クルト・ゲーデルはA型の次男のため、強いアメリカを希望して、ヨーロッパの最高総司令官であったアイゼンハワーに投票しています。トランプ大統領はA型次男ですので、就任演説で、Together, we will make America strong again.（一緒に、アメリカを再び強くしましょう）と述べ、また、さっき述べた高校乱射事件で、教師が銃を持てばたちまちに終わると心の底から考えています。いずれもA型次男のもつ防衛本能のあらわれだと思います。

――トランプ大統領はA型、次男なので、銃保持に賛成ですね。

(4)　人種差別

ここでの人種は白人、有色人などを含むものの、主に血液型が違う人のことであり、誰も少しは差別をもっていると思います。B型のジャマイスさんは自分をA型と間違える人を嫌だと書いていましたが、A型はB型の積極制に憧れています。

――でも、B型をやりすぎだと思うんですよね。

ヒトラーはB型のユダヤ人を嫌いましたが、トランプ大統領はユダヤ人ではなく、B型のイラン、中国であり、B型のイスラム教徒の一部の人たちです。また中米、南米からの不法侵入者たちがアメリカの労働者の職を奪うので、強く反発しています。

O型の人たちは自由恋愛ですので、遺伝子の違う人たちを喜んでうけいれますが、そこにも差別はあります。A型のハイデガーはO型のアメリカの哲学者には土着性がないと批判し、A型の農耕系の考えがわからない欧米の哲学者はハイデガーは山師だといっています。

また、アメリカで出世するのは、ＷＡＳＰ（ワスプ）（白人でアングロ＝サクソン系でプロテスタント信者）だといわれますし、国際的には、ＮＳＡ（アメリカ国防総省の諜報機関）の情報を共有し合う白人で英語を話すファイブアイズ（豪州、ニュージランド、カナダ、英国、米国）であり、ドイツは白人でもドイツ語ですし、日本は黄色人種で、日本語ですから、心からは信用されていないんです。

――メルケル首相の携帯が盗聴されていましたよね。

アメリカの情報活動を告発した元ＣＩＡ職員のエドワード・スノーデン氏がwindowsは勿論のこと、日本のインフラをも混乱させるウイルスをすでに侵入させているといっています。

――日本の原子力施設もですか。

明言していませんが、そうだと思います。病院や船舶の運航などオンライン化しているので危険だといっています。

――どうすればいいですか。

大砲の時代に高い壁をつくっても無駄ですので、同じような大砲をつくる必要があるように、ウイルス（xkeyscore）の攻撃を受けたとき、短期間に回復できる技術をもつことです。ただ、こちらから真珠湾の奇襲のような攻撃をしてはいけません。ファイブアイズの国々との戦いですから必ず負けますので、常日頃から情報を蓄積し、準備しておくことです。

――日本はいつも悩まされる台風や地震のように、情報攻撃にも備えることですか。悲しいですね。

(5) マスコミ批判

トランプ大統領の特徴の一つに自分が気にいらないＣＮＮなどのメディアをフェークニースといって攻撃

することがあり、メディアは総力を挙げて反撃しました。

――それでも大統領の支持率はオバマ大統領のときよりうわまわっていますよね。

A型の小泉純一郎首相のときは反対意見の政治家を抵抗勢力といって攻撃し八〇パーセント近くの支持率を得ていました。抵抗勢力という敵をつくってみせることで、A型、AB型、また今までのO型、B型による政治への不満を持つ人たちの心をとらえるのです。ヒトラーはA型農耕および労働者の遺伝子をもつので、労働者にわかるような簡単な言葉で、繰り返し演説しました。トランプ大統領のフェークニュースはマスコミに騙されてきたと思う人たちにとって心に響く言葉だと思います。

――日本ではトップの政治家がマスコミ攻撃をするなど考えられないですよね。

政治経験のない不動産屋が大統領になったからだ、日本は投票によって議員になり、その議員の投票による二重の選抜だからマスコミと衝突するような首相など生まれないというでしょう。しかし、アメリカの人たちは日本には記者会見があり、非難するマスコミを締め出せる慣習によって政治家がコントロールできるからだといいうと思います。

――A型のトランプ大統領はマスコミを、一方、A型の小泉元首相は抵抗する政治家をターゲットにしましたが。政治システムの違いなんでしょうね。

アメリカのような成熟した民主主義の国であっても、国民の願いから離れた政治家が選ばれることだってあると思います。わたしが羨ましいと思うのは将官になるような軍人は政治家が推薦することです。

日本は実力主義ですので、貧しい人たちから栄光を目指して将官になった人たちは既存の政治家を無能として自分が国民を支配できる政治家になろうとします。しかし、アメリカは実力ではなく国民から選ばれた政治家が軍人を推薦し、将官になるから推薦してくれた政治家を無視し、かっての日本のように武力で政治家にとって変わろうなどとは思わないのです。

ヒトラーがアメリカの政治システムであれば、一期でおわったと思います。またヒトラーがA型の一人っ子だったため、A型の性格が強調されたのですが、トランプ大統領は次男なため協調できる性格であるものの、恐らく歴代のA型の大統領のように、一期で終わると予想していました。

――アメリカはO型が多いですし、これからもA型の大統領は一期だけでしょうね。

Ⅶ　O型欧米の議会制民主主義、自由資本主義、フロンテイア精神、植民地主義、奴隷制

トランプ元大統領のA型の性格と政策の関連について述べましたが、今はO型欧米が主導するグローバル化の時代であり、O型狩猟系の生まれ持った政策を考えることは大切なので、O型の哲学者ヘーゲル、あるいはO型のゲラダヒヒなどの行動を参照しながらまとめてみました。

▽1　人間至上主義（ヒューマニズム：人道主義）

O型欧米人はヒューマニズム（人道主義）という人間を大切にする素晴らしい思想をもっています。ただ、中国、北朝鮮などのB型の国は国民を抑圧して非人道的だ、といって干渉する欠点があります。また、O型のヘーゲルはキリスト教信者ですが、神は人間が作ったものだと思う考えがあり、すでに述べましたが、神が作った自然の芸術より人間が作った芸術の方が素晴らしいといいます。

――キリスト教はイエス・キリストという人間がつくり、哲学を体系だて完成させた自分（人間）は素晴らしいということですね。

勿論、A型農耕系のカントは逆で、人間よりも自然の芸術が美しいといっています。海外でダムの地質調査するとき、日本人は調査機器を解体して現地で組み立て、森林を壊さないようにしますが、欧豪の人はブルドーザーで道を作り、ジープで乗り込み、ほって置けば回復するだろうと思うのでしょうね、終わるとそ

のままにして引き上げます。

第二次大戦の終盤で、フィリピンのマニラで日本と米国との市街戦があり、日本軍は山に逃げ、米軍は山を崩して広い道路をつくって攻め上って来たため驚いたようですよ。

日本軍は飛行場建設に人海戦術で一ヶ月半かかり、米軍はブルドーザーで一週間だったといいます。技術の差というより自然にたいするA型農耕系とO型狩猟系の遺伝子の違いがあると思いますね

——古代ギリシャ人は山を切り開いて禿山にしたため、海が貧栄養になり、魚が捕れなくなったことも衰退した理由の一つのようですね。

古代メソポタミア文明もまた森林を破壊して衰退しましたから、B型もまた自然を大切にしないんですよ。イギリスはO型の国ですが、自然を大切にするA型農耕民が四割近くいるので、森林を伐採して燃料にしてしまうと、今度は石炭を使うことで、森林破壊を防止し、古代ギリシャのような衰退ではなく、産業革命につなげられたといえます。

日本の江戸時代は森林を保護し、韓国は床暖房であるオンドルパン（温突房）に薪を使ったため禿山になり、戦後、石炭からのタドン（炭団）によって回復しています。

——今は石炭や石油などの化石燃料の使い過ぎによる温暖化ですね。

基礎には自然は人間が征服し、克服するものだというO型欧米の人間至上主義の考え方があると思います。

▽ 2　理性（合理）主義

理性とは合理的に考える能力ですので、合理主義と同義にしてよいと思います。

O型のヘーゲルは、現実（この世の中）は合理的で、合理的なものは現実的だといっています。

――ヘーゲルは合理的だというけど、A型は価値観の違うO型の世の中に生まれ、非合理であり、理不尽じゃないか、といいだしたのが実存主義者たちでしたよね。

そうです。フランスの数学者、哲学者、ルネ・デカルトは合理主義哲学の祖といわれ、欧米の人たちは産業革命そして今の科学技術は欧州の合理主義からうまれていると誇っています。

日本の七〇年安保の大学封鎖のきっかけになった一九六八年のパリの学生たちが主導する五月危機（革命）のとき、恐らく、フランスの植民地だったベトナムがアメリカ軍によって徹底的に破壊されたからでしょう、何が近代科学だ、と近代科学の基になった合理哲学の祖、デカルトを非難するプラカードを学生たちが掲げてデモする映像をみています。

――ベトナム戦争で核以外は考えられ得るあらゆる兵器を使いましたものね。

近代科学は間違っている、殺りく兵器を作って人々を殺し文明を破壊しているんではないか、と学生たちが怒ってデモする気持ちがわかります。

――これからはB型の中国とO型欧米のもつ合理性の戦いになるでしょうが、どうなるんですかね。

O型は精子間競争という他の血液型の人より一つ多い選択肢があって外交に長け、戦上手ですから必ず勝ちますよ。ヒトラーはO型欧米の強さがわかっていれば、と残念ですし、O型欧米といかに付き合うかが指導者に今まで以上に求められますね。

▽3　進歩史観

O型欧米人に歴史は進歩するという進歩史観の考え方があります。哲学者、社会学者の祖オーギュスト・コントが学問は進歩の歴史だといい、ヘーゲルは、人間は自由の拡大・進歩の歴史だとしました。B型のマルクスは経済は進歩発展するとしましたが、B型の生まれ持った循環史観のせいでしょう、原始共産制、封建制、資本主義、未来共産制という螺旋状に進歩すると考えています。

――B型騎馬系は円環あるいは循環史観でしたものね。

O型欧米は古代、中世、近代、現代と歴史の流れを直線として考えますが、B型中国は、殷、秦、隋、唐、漢、明、清などの王朝の繰り返しであり、今の習近平主席も中華民国王朝の皇帝の一人になり、循環の歴史になります。O型の人は過去、現在、未来と区別しますが、B型の人は円循環のため現在、過去、未来も同じだと考えます。韓国の朴槿恵元大統領が、「日本への恨みは一〇〇〇年たっても消えない」というのはB型だからですよ。O型の全斗煥元大統領であればいわないと思います。イスラエルの人たちが三〇〇〇年前はわたしたちの土地だったといって奪い返そうとするのはB型のせいで過去と現在を区別しないからです。

――A型農耕の日本はどうなんですか。

畑作に連作もありますが、稲作は毎年の繰り返しですので、一年単位が連続する欧米の進歩史観に近いと思います。「日本への恨みは一〇〇〇年たっても消えない」といわれれば、日本人は驚きますし、三〇〇〇年前は俺の土地だという主張に違和感があると思います。中国が尖閣諸島は元《げん》王朝のとき我が国の土地だったというのと同じですよ。歴史家の岡田英弘氏がアラブや中国に歴史はない、必要に応じてその時々に作られると書いていました。

一人ひとりが自分の願いをこめて一票を投じる民主主義が最も普遍的な政治システムと考えているようですが、果たしてそうでしょうか。

▽4　民主主義

経済学者ケネス・アロー（一九二一〜一九一七）がすべての人を満足させる投票方式はない、と不可能性定理によって証明しています。民主主義は完璧ではないのです。

――O型狩猟系のシステムであって、B型狩猟系では混乱するだけだということでしたよね。

古代ギリシャの都市国家、貴族制のスパルタにたいしてアテナイは民主制であり、スパルタとメロポネス戦争中に、ペリクレスが戦没者葬送演説において民主主義を絶賛しました。しかし、一方で中立を主張するメロス島の人たちに戦争をしかけ若者はすべて殺し、婦女子を奴隷にしているのです。高校生であった六〇年安保当時、日本はアメリカにも、ソ連にもつかない中立であるべきという友達が多かったのですが、もしそうなっていればメロス島民のようになっていたように思えてゾッとします。

――O型欧米が主導する民主主義は自由という飴と報復という鞭を使ってくる恐ろしさがありますよね。

ここでO型狩猟系の性格とアメリカの民主主義のシステム、議会制、連邦制について知ることは大切ですので、再度考えてみます。

社会構造は持って生まれた民族の性格が決め、表面的な違いは生息する環境の差異によるとして、O型のみのゲラダヒヒの二重構造、三重構造について述べました。同属のマントヒヒも同じ構造であり、ボスがハーレムをつくり、逃げようとするメスを話し合いで引き留め、マントヒヒは暴力を使って連れ戻しますが、ゲラダヒヒは比較的安全な高原に住み、マントヒヒはライオンや豹がすむ草原の違いによると思います。

アメリカインデアンのほとんどがO型であり、六つの部族がお互いの部族を攻撃しない、話し合いによる全部族の一致で決定するという一〇〇〇年前からイロコイ連邦をつくっていました。当時イロコイインデアンを管理していたフランクリン・ベンジャミンはイロコイインデアンの連合が気に入り、アメリカの憲法に連邦制と独立した州制度として取り入れています。

——O型のゲラダヒヒ、O型のアメリカインデアン、O型のアメリカの民主制度が同じだというのですよね。

B型のアラブあるいは中国の人たちはO型のアメリカインデアンの話し合いによる決定などにそっぽを向いたと思います。B型は自己主張が強いので、纏まらなくなるから民主主義は適さないのです。

——民主主義はヒヒたちも含めて、O型の性格の遺伝子から生まれたとわかりました。A型の日本人はどうですかね。

民主主義の話し合いは気にいるでしょう。でも、A型はO型のように議論によってオキシトシン（快感物質）が出ないから、面倒くさくて官僚の人たちが決めてくださいよ。私たちは合わせるからというでしょうね。

——他力本願ですか。

子育て遺伝子だから、自分が決めるのではなく、相手に決めさせる危うさがあります。しっかりとしたチェックが必要でしょうね。

▽5 競争の推進（自由資本主義、格差の是認）

わたしが専攻した地質学（地球学）の最も大切な原理は過去も現在と同じだとする斉一説であり、もう一つあげれば上部の地層が下部より新しいという累重の法則になります。化石などから上部地層が古いことになれば、断層あるいは地殻変動によって逆転したことになります。

一方、ヒトを含めてほとんどの生物の最も大切な原理は、近親間での結合は感染症などで滅びるので、回避するインセストタブー（近親相姦回避）であり、このシステムは同株の雄しべと雌しべの成長の差、女子が男子より速く成長し、遠くにお嫁に行くという現象にみられます。

大切なもう一つとして、競争があります。特にO型は多くの優秀な精子を集めて、精子間競争に勝った人たちであるため、できるだけ多くを集めることを可能にする「自由」と精子を競わせる「競争」こそがO型の人の基本法則だといえます。

——O型の人たちの自由のために戦うなど、また独占を禁止し競争を盛んにする政策になるんですね。

自由資本主義はO型欧米の自由と競争からうまれ、格差を是認する経済システムなんです。B型騎馬系は格差や上下関係を固定化し、安定社会にするのですが、格差を問題視するのがA型農耕系なんです。

ノーベル経済学賞候補といわれた宇沢弘文元シカゴ大学教授は恐らくA型かAB型なのでしょう格差を研究するために帰国しています。テレビで、一緒に研究したことのあるノーベル経済学賞のジョセフ・ステングリッツ博士が当時アメリカで格差を問題にする人がいなかった、と述べていました。

——川上肇の『貧乏物語』を読んで数学科から経済に移ったようですから、A型かAB型でしょうね。

B型は同情しないですし、宇沢弘文氏がO型であれば、アメリカに残って自由資本主義の研究をしたのでしょうね。

▽6 フロンテイア精神（O型の希望と自殺）

O型欧米人、またO型の人は社交的で、自由を命より大切にし、また恋愛上の化かし合いが上手なのでユーモア的な嘘がうまいんです。また、打たれ強いため相手も強いと思って平気で批判しますし、資本主義の競争からうまれた格差にも強いのに、自殺者がA型に次いで多いのは何故だろうかと思ったことがあります。

ギリシャ神話に、開けてはならないパンドラの箱を開けたため、詰まっていた災いが出てしまい、慌てて閉めると希望だけが残ったという話があり、欧米人はたとえ困難（災い）があっても希望があれば生きられることだと思います。

――欧米人の希望はアメリカ人がいうフロンテイア精神ですか。

「血液型と性格」の研究者のA型の能見俊賢さんとすべて同じですが、ただ芥川龍之介をO型、川端康成をA型にされたところが違います。芥川龍之介は自殺したこと、息子たちの血液型、奥さんに気遣いがないと叱ったこと、英語の教師をした海軍機関学校の生徒に暴力が嫌いだというなどA型としか思えないです。川端康成も自殺しましたが、AB型の太宰治と肌が合わなかったこと、また、自殺はノーベル文学賞をとってから希望（目標）を失ったように思えてならないのです。

――川端康成は頂点に立って希望を失くして自殺したんですね。

能見俊賢さんが生きていらっしゃれば議論できたのにと思うと残念です。勿論、B型であれば希望はニーチェがいうように苦痛を長びかせますけどね。

――B型アラブの若者がもった「アラブの春」という希望によって、一〇年も苦悩が続きましたものね。

世界の関心の的であったA型のトランプ大統領を知っていただくために、A型ハイデガーの哲学、A型ヒトラーの政策をとりあげました。A型、B型になくて、O型欧米だけがもつ思想がありますが、知っていますか。

▽7　永久機関の思想（植民地主義、奴隷制）

――錬金術ですか。

確かに、ヨーロッパで普通の金属から貴金属を作ろうとする研究が盛んで、一時アイザック・ニートンも取組み、一六世紀の錬金術が一七世紀の自然科学を生み出したという歴史学者もいました。しかし生まれたのが一〇世紀のアラビアですし、中国では練丹術として定着しています。

東洋になくて西洋にある唯一つの思想は、外部からエネルギーを受け取ることなく仕事をするという永久機関なんです。一度動かせば永久に働き続ける機械の設計図がたくさん欧米に残っています。

――アメリカの短編作家O・ヘンリーのお父さんが永久機関の思想にのめり込んだため、貧しい少年時代を過ごしたと聞いたことがあります。

エネルギー保存の法則がうまれてから永久機関は無理だとわかって消えたんです。しかし、O型欧米人の心の奥から消えることはなく、その思想からうまれたのが植民地であり奴隷制だと思います。

――植民地や奴隷の人たちは自分で食事をし、子孫をつくって永久に働き続けてくれるんですものね。まさに永久機関ですね。

O型のヘーゲルは欧米の海外進出に賛成であり、地球規模の平和を願っていたA型のカントは当然ですが反対でした。古代ギリシャの都市国家アテナイ、スパルタ、さらに古代ローマの文化の隆盛もまた植民地や奴隷制に支えられていました。

――古代日本や中国にも奴隷がいましたよね。

規模が違いますよ。どうして欧米人に植民地や奴隷の思想があるかと考えると真社会動物のアリの遺伝子による気がします。一六〇〇年前に出版されたダーウィンの『種の起源』のなかにイギリスの奴隷アリについてかなり詳しく記載されています。また、黒人のオバマ大統領になった頃から、日本のサムライアリがクロヤマアリの巣を襲ってさなぎを奪って育て奴隷にしているという記事をみかけるようになっています。

――サムライアリはO型で、クロヤマアリはA型かもしれないですね。

奴隷にされたクロヤマアリはどんな血液型でしょうね。現在存在しない血液型かもしれないので、調べてみたいですね。

――子供にやさしいはずのA型の日本より、自由恋愛の欧米のほうの里親制度が盛んだというのが不思議でしたが、里親制度に他所の子供を育てて奴隷にしようという深層心理があるのかもしれないですね。

貧しい人が里親になればそうなるかもしれないですね。人間を実験につかうわけにいかないですからね。民主主義の一票は、自分を奴隷にするような指導者を選ばないためだという人がいますが、永久機関（奴隷）の思想をもった人の発想かもしれないですね。欧米人の会社は株主のもの、また特許権、著作権、複写権なども最初だけ働けば収入が得られる永久機関の具現化だと思います。

――B型の中国では、お酒一本持って行けば何でも教えてくれますよね。

でも騎馬系の中国は略奪結婚と一緒で合弁会社を作らせて企業秘密をすべて奪いとりますからね。

Ⅷ 「血液型人生学・社会学」をどのように生かすか

わたしの願いは、ここ一〇〇年間の「血液型と性格」の研究成果を理解し、何故正しいのか、また思想や政治、経済にも当てはまることを納得していただき、「血液型人生学・社会学」を是非生活のなかに生かして欲しいということです。

――血液型と性格は真実であり、多方面で役立ちますものね。

わたしはもし若いときに今の血液型人生学の知識に触れていれば、血液型から職業選択、パートナー選び、上司、あるいは同僚との相性などの有益な情報になり、もっと良い人生がおくれたのに、と思って後悔しています。

――「血液型と性格」は占いではなくて生活に必要ですので、嫌ったり軽くみたりすべきでないですよ。

血液型が占いだと思う人は、農耕系、狩猟系、騎馬系、地侍系の性格としてとらえてもよいのです。「血液型と性格」は間違いなく真実であり、一〇〇年の血液型の研究成果や哲学者や思想家を「血液型と性格」の表現者だとわかることで政治、経済、宗教の理解に必ず役立ちますので、次の二点を考えてください。

▽1 血液型から自分自身の性格を正しく知ること

まず、血液型を通して自分自身は人々の四分の一の性格でしかないこと、A型農耕系、O型狩猟系、B型騎馬系、ＡＢ型地侍系は持って生まれた性格であって他の血液型の性格になれないこと、Ａ型とＢ型は全く逆の性格であり、またO型とB型は似ていますが、プライドやエネルギーレベルが違うなど、細かくは三〇以上もの特徴を知る事です。そのために、表－６に基本的な性格をまとめてみました。

――自分自身の特徴を知ってはじめて、職業やパートナー選び、上司や同僚との相性などがわかって役立つということですね。

血液型と性格がわからなくても人々とうまくつきあってきた、という人もいると思います。人は感情の動物といって持ってうまれた感情（感覚）により、好きな人、嫌な奴などと判断できます。しかし、血液型と性格を知ることで、理性によって体系的に捉えることができ、さらには二六〇〇年の哲学の歴史に新解釈を与えた「血液型人生学・社会学」を理解すれば、自分の人生、また幸福度があがってきますし、民族性、国民性、政治、宗教などや国際紛争の原因もわかってくるのです。

――自分自身を知ることだけでなく、どんな環境にいるかということも大切ではないですか。

性格は育った環境も影響し、環境のなかで捉えることも大切ですが、Ａ型の人は厳しい判断に迫られる金融や駆け引きが必要な政治の世界はあわないですが、だからといって、

▽２　生まれ持った性格は変えられないので、血液型と性格にあう環境をつくること

――自分の性格を環境に合うように変えようとした人は、日常的なストレスによって早死にしますということですね。

環境が「血液型と性格」に合うかとどうかは大切で、たとえば哲学者A型のカントが、もし国境を越えて移

動する激動の時代に生きていれば、落ち着いて思考もできなかから業績も少なく、また八〇歳まで生きられなかったと思います。O型のヘーゲルは最も適したO型欧州の文化の中で思索したため素晴らしい業績を残したものの、O型が最もかかりやすいコレラにかかってしまい、もしショーペンハウアーのように逃げていれば、六一歳で亡くなることはなく、後二〇年は生きていたと思います。

B型のマルクス、ニーチェはO型欧米の文化のなかにいたため、苦悶し、それぞれ六五歳、五六歳で亡くなっています。もしB型のアラブ、中国などで活躍できれば、苦悶も少なくてもっと長い生きできたと思います。

――でも、日本にいるO型やB型が、日本は村社会で窮屈だからといって、O型のアメリカやB型の中国に移住することはどうですかね。

そうすれば幸せだと思います。自分の血液型にあった国に移住する時代がくるかもしれません。しかし実際に今は、A型の農耕文化が嫌だからって日本から脱出はできないですし、A型の人は日本がA型の国だから幸せかといえば、日本はO型の欧米文化のなかにいますので、必ずしもそうとはいえません。環境を自分の性格にあったように変えることについてまずA型農耕系のわたしの考えを例にして具体的に述べてみます。

(1) A型農耕系が気をつけること

A型は攻撃を受けやすいからといって、一人は避けたほうがよい

A型は子育ての性格のため目線を下げ、相手に思いやる性格をもっていますが、これがO型やB型の人には弱いと思われ、攻撃を受け傷ついたりして、一人でいるほうがよいと思っています。しかし、一人は避け

表－６　進化論からみた血液型と哲学者・思想家たち

性細胞	役割分担	血液型	生産形態	国家	哲学者思想家	ことわざ
卵子	子育て	A型	農耕民	日本、スイス、北欧、東欧	カント、キルケゴール、新カント派、実存主義 古川竹二 能見俊賢 トランプ大統領	＊負けるが勝ち ＊寄らば大樹の陰
精子	繁殖（自分の遺伝子の拡大）	O型	狩猟民	欧米、ロシア、南米、アフリカ、フィリピン	ヘーゲル、ルソー、功利主義者、ホッブス、ロックなど社会契約派、浅田一	＊自由は命より大切 ＊フロンテア精神
		B型	遊牧・騎馬民	イスラエル、アラブ諸国、インド、モンゴル、中国、韓国、タイ	マルクス・ニーチェ、フロイト ヒューム、エルンスト・マッハ 生の哲学ショーペンハウアー、ニーチェ、ベルクソン、ジンメル、デルタイ	＊攻撃は最大の防御 ＊先手必勝 ＊七人の敵がいる
		AB型	地侍または屯田兵		カエサル、キリスト、エンゲルス、アインシュタイン、バートランド・ラッセル 古畑種基 オバマ元大統領	＊君子豹変 ＊義を見てせざるは勇なきなり

るべきだと思います。かなり前になりますが、登山家、植村直己（一九四一〜一九八四）さんをご存知ですか。

——世界初の五大陸最高峰登頂者であり、冬のマッキンレイの登山中に遭難した人ですよね。

テレビで松浦輝夫さんでしたが、日本で最初のエベレストに登頂した登山隊のなかから、二人が選ばれて、先に進んでいた直己さんが頂上を目の前にしたとき、どうぞ、といって最初の登頂を譲ってくれた、といったのを聞き、すぐ相手に気をつかうA型であり、まわりに気をつかう自分が嫌になって単独登頂するようになったと思いました。

——B型の人も単独行動をするんじゃないですか。

B型が先頭であれば、最初の登頂という名誉を人に譲ったりしないと思います。アメリカの登山家がこれもテレビでしたが、エベレストなどの山々は五合目ぐらいから登るけど、マッキンレイだけは地平からであり、それも冬はストレスがひどくて西洋人は単独では登れない、植村さんには東洋人の思想があったからだといっていました。

――東洋の思想ではなく、周りに気をつかうのが嫌になったA型だったからだというんですね。

A型は周りに気をつかうため疲れるので一人のほうがよいと思うんです。わたしがスーパーでよく会う近所の奥さんがご主人と一緒でしたので、近所だからご主人を紹介してもらい、知り合っていたほうがよいかもしれないと思いながら奥さんと話していると、他の商品をみていたご主人が飛んできて奥さんをかばうような態度をしてわたしを睨んだんです。すぐ、ご主人はB型だと思いました。

――B型は人の妻を略奪してもよく、また、略奪から妻を守らねばならい遺伝子を持っているからですね。

A型のわたしは人の妻を奪うほどの情熱もないですし、当時多少若かったけれど、自分は鈍臭くて魅力が全くないのに、信用してくれていないと思って悲しくなりました。でも、ご主人を不快にしたことは確かですし、仕事関係でも自分の思いやりのなさを悔やむことが多く、一人のほうがいいと思うことがよくあります。

A型の人は一人で生きられるでしょうが、天敵の多い草原に一匹オオカミがいたとしても、一匹インパラや一匹ガゼルがいないことを思い出し、今のグローバル化による弱肉強食の時代では特にA型は一人になるべきでなく、パタスザルが多産と集団で逃げることでA型のみが生き延びたことを教訓にすべきだと思います。

――天敵と戦ったO型、B型、AB型のパタスザルはすべて殺されて、逃げたA型のみが今、生き残っているんですね。

それも、一匹ではなく、群れになって逃げたからですよ。今、アダルトビデオ（ＡＶ）の女優がいなくて、女性の履いている靴から性格を判断して、言葉たくみに誘い込み監視する、とテレビで話していました。なかには悪い友達もいなくて、小さな家族のなかだけで育ったのでしょうアダルトビデオを知らない女性もいたといいます。

――A型で、田舎出身がAVハンターに狙われるというのですね。

ハンターは警察に訴えない、諦めて従ってくる服従的な女性を勘（本能）によって一瞬にみきわめるんです。一人でなく、また監視されていても多くの友達がいれば救ってもらえたりするのです。

――A型は一人になりたがるけど、一人は危ないということがわかりました。

そのためには同じ血液型の人のグループに加わることです。Ｂ型のご主人に睨まれてから、自分と同じＡ型で、非嫡子の友達をつくるようにしました。同じ性格ですから、言い合いをすることもなく、喧嘩してもすぐわかりあえるから安心しています。

――B型のゴルフ仲間はほとんどがB型だとか、O型のまわりはほとんどがO型だという話はよく聞きますね。類は友を呼ぶんですね。

Ａ型の人は特に、面倒かもしれないけど、意識してＡ型かＡＢ型を友にしてほしいですね。日本の親はお金を子供や孫のために使いますが、フィリピンは兄弟に使うのが不思議でした。Ｏ型の国のせいであり、横のつながりがあるからオレオレ詐欺を防げると思います。また、Ｂ型の中国では親族が集まって住んだりしているんです。

――攻撃的なO型やB型の国家では兄弟や親族を大切にし、より快適な生活をするということですね。

養子、また里親でもよいから、大家族をつくり、親族が集まるようにする。Ａ型は大人しいので、トラブルに巻き込まれやすいのですが、子育てが得意ですから、できるだけ大家族をつくるべきだと思います。

――それが結論ですか。

わたしには子供も家族もいませんからね。自分の子供がもてないのであれば、養子、あるいは里親でもよかったと思います。ある女性の政治家がアメリカで精子の提供を受けるとき、肌の色は関係ないから、血液型だけは同じにしてくれといったといわれています。同じ血液型であれば、共通の価値観がもて、また自分の経験が生かせ、さらなる生き甲斐になると思います。

――グローバル化によるストレス社会ですから、A型だけでなく、O型のフィリピンやB型の中国の家族を研究して、信頼できる人たちが集まって助け合う必要があるかもしれませんね。

(2) O型狩猟系が気をつけること

O型の人は社交的で世界的には一番多い血液型であってO型欧米の価値観、自由競争、自由資本主義のルールのもとで暮らしているため違和感がなく、また、打たれ強いので、他の血液型の人も打たれ強いと思って平気で批判し、理解できないときは攻撃してしまう短所を忘れてはなりません。

――O型には厳しいですね。

個人的には見えにくいのですが、世界の紛争のほとんどがO型欧米の攻撃によると思いますよ。自分たちが標準であり、皆が自分たちに従うべきだと錯覚しているんです。持って生まれた性格だから難しいでしょうが、自分自身が全体の三五～四〇パーセントのO型狩猟系の性格でしかないことを自覚すべきなんです。

――気づいているO型はいないですか。

うすうすは気づいているんでしょうが、強い立場にたつと自分の意見が通るから反省しない気がします。

会社の部長が計画をO型の社長に説明したとき、基本からの変更を求められたといって困っていると、課長たちがあの社長は一度言い出したら後にひかないですからね、と同情していました。

――O型の夫は一度言い出したら後に引かない、といわれるのと同じですね。

また、民主主義、資本主義、奴隷制度はO型の性格が作り出した制度であることを知って欲しいと思います。O型欧米には永久機関（永久に働いてくれる機械を作る）の思想があり、そこから生まれたのが、奴隷制、植民地、また、民主主義は自分が奴隷にならないための指導者を選ぶ（あるいは自由を阻害する独裁者を避ける）制度ですし、資本主義も資本を持つことで汗水流す労働から解放されるシステムで、著作権が五〇年が七〇年になり、さらに一〇〇年になるかもしれませんが、これもO型欧米が作り出した永久機関の思想の現れだと思います。

――中国にはもともとアイデアは皆のものであって、著作権などという思想はないんですよね。今の世界はO型欧米のシステムなんですけど、民主主義、資本主義はA型農耕系の日本でも受け入れられていますよね。

日本にO型の人が三割強いるからですし、A型には江戸時代のような安定した文化国家が適しています。

――グローバル化（黒船）によってA型のカントが褒めていた鎖国は無理だったということですか。

A型からすると、近現代の日本は最初がペルーによる江戸幕府の解体、次が太平洋戦争による政治体制の破壊、一九八〇年代のバブル崩壊後、日本の年功序列、終身雇用などの企業体制の消滅だといえるのです。

――A型の人が作り出した体制をO型欧米が破壊したということですか。A型にとってはつらいですね。

また、自由はO型の自由恋愛からの持って生まれた考え方ですので、B型などの他者に押し売りしないで欲しいんです。

――自由が命より大切、という考え方は自由恋愛（自由なパートナー選択、自由な精子間競争）というO型の人の

みが持つ思想であり、B型の中国やアラブに押し付けてはならないということですね。

イギリスのO型のサッチャー首相は自由は命より大切だといって、一九八二年のフォークランド戦争で原子力空母を派遣し奪還しているんです。

――自由だけでなく、法による秩序、人権などもありますね。中国にはB型の人権があり、守られないときは革命が起き、新しい王朝ができるんですよね。

B型のニーチェがいうように、B型の人には自由など関心がなく、大衆を畜群だといって無視しています。一方、O型欧米は自由がないことや大衆の無視、革命もまた野蛮だとして攻撃するんです。

――イラクの民主化やアラブの春もそうですし、B型の人たちを治めるには強い力が必要だとわかっていないですね。

O型には他の血液型の性格を理解しようとしない上に、理解できない相手を攻撃する習性があり、また、社交的なため他の血液型からすると心が読みにくいのです。

――十字軍の遠征や、O型イギリスの二枚舌、三枚舌外交ですか。

太平洋戦争もA型の日本がO型のアメリカが理解できなくて起こした戦争だと思いますし、もし、日本がO型であれば、イタリアのように政変を起こして和睦し、戦勝国になったと思いますね。

――賠償金はとられたでしょうが、周辺国から七〇年過ぎた今でも非難されることはなかったでしょうね。

またO型の人は、O型のアメリカを含めて、他の血液型からすると人当たりがよく社交的なのでわかりにくいんです。

――東条英機は敗戦が確実になると、日本軍が負けるとは思わなかった、といい、別の将官はアメリカが戦争を仕掛けるとは思わなかったとぼやいていますね。

イラク戦争のとき、サダム・フセイーンが捕らわれ、アメリカが攻めてくるとは思わなかったといったらしいですよ。

――イラン・イラク戦争ではアメリカと協力してイランと戦ったですものね。

わたしは若いとき、ゴルフをする機会があったのですが、当時はゴルフといえばアーノルド・パーマーで、いつしかタイ人とアメリカ人のハイビリッド（混血）のタイガーウッズが活躍すようになり、テレビでよく見ていました。しかし、週刊誌でタイガーウッズが関係した女性の写真がならび、また離婚したという記事に驚きました。タイガーウッズは自由恋愛であるO型の遺伝子をもっているので、多くの女性との関係は当然かもしれませんが、スタンフォード大学卒であり、肉体的にも精神的にも優れ、バランスのとれたアスリートだと思っていたのです。

――日本の横綱の品格ですか。

タイガーウッズについてもっと調べようと思ってインターネットを見たとき、2010/01/31の書き込みでしたが、「私もO型ですが、腹黒く、したたかで八方美人なO型を知っています。本当にたちが悪くて嫌いです。絶対に仲良くなんて出来ないし、関わりたくありません。ただ、誠実で真面目なO型も何人かいます。人生でかけがえのない大切な人達です」という記載があり、全くその通りだ、O型の人はO型の性格がよくわかるんだ、と思ってメモをしました。フランスのシャブル・コブト襲撃事件（二〇一五年一月）で一二人が殺害されたとき、日本のテレビの討論会で、人の多様性を認めるべきだ、という発言を聞き、この人はO型であり、多様性とはO型の内のことでしかないと思いました。

――O型は他の血液型のことはわからないということですか。

O型は他の血液型が理解できないだけでなく、時と場合によっては誠実で真面目になったり、腹黒くなったりするということです。

――O型のアメリカはA型の日本を日露戦争のときは助けた一方、太平洋戦争のときは滅ぼしたということですか。

O型の古代ローマ帝国が、カルタゴを何故、どのようにして滅したか、を調べてから、大国O型のアメリカの無理難題でも、ご無理ご尤もといって従うしかないと思うようになっています。

――どうしてか、O型に対して厳しいんですね。

O型は世界のリーダーであり、中東の紛争の火種をO型の欧米がつくっているからですよ。

――影響力が大きいから、それなりの自覚をして欲しいということですね。

O型が一度言い出したら、A型やB型の意見など聞かないから、従うしかないですよ。安倍首相、菅首相は日本の誇りを捨てて、トランプ大統領、バイデン大統領に自発的服従をしていますが、アメリカがO型の大国である以上、今の日本の力では悔しいけど従うしかないと思っています。次の大統領も同じです。

――屈折した感じですね。要するに、一度言い出したO型の夫に、自発的服従しかないと思うA型、B型、AB型の妻の気持ちなんでしょ。

民主主義国の手本、都市国家アテナイが中立を望むメロス島との外交交渉、戦争の結果を調べてみてくださいよ。空恐ろしくなりますから。

――トゥキディデスの『戦史』を読めということですね。

(3)　B型騎馬系が気をつけること

B型の人は誇り高いのはいいですが、O型に攻撃されると混乱し、恨み（ルサンチマン）を持ち、そのストレスを弱い方に吐き出しがちですので、O型の特徴を理解し、攻撃されないようにして欲しいと思います。

——今までの話からするとO型からの攻撃は理解しずらいから難しいのではないですか。

B型は上昇志向の性格を全開にしてできるだけリーダーになることだと思います。O型は強い力のある人には遠慮しますからね。

——哲学者ニーチェのいう超人になることですね。

超人に近い人になるんです。B型のユダヤ人は日本の一〇分の一ほどの人口でしかないものの、お金、知力など常にトップですので、存在感があります。

——でも、自己主張が強すぎるためA型のなかには嫌う人がいますよ。

バランスの問題でしょうが、B型の人は高いプライドを自覚し、O型から攻撃されてもルサンチマンを持たないようにして欲しいです。

——攻撃されたらどうすればよいですか。

O型は打たれ強いため、相手も打たれ強いと思って攻撃するから反発することだと思います。

——O型の古代ローマ帝国に反発したB型のイスラエルは滅ぼされましたよね。

力の差があり過ぎたのですよ。わたしがいうのは、O型のアメリカとB型の中国のことであり、日本は力がないうえに、A型のため、アメリカからはマッカーサー司令官がいうように一二歳の少年のように見られていますからね。

——マッカーサーがいった日本人は一二歳の少年だというのはショックでしたね。マッカーサーの真意は、正直でまだ成長することだと善意にうけとる人がいますね。

日本人はA型子育てだから一二歳の少年に見えるんです。

――マッカーサーに中国人はどのように見えたのでしょうね。すばしこくて油断がならない老練な人でしょうかね。

やはり、自分の性格（特徴）を知って行動することでしょうね。アメリカの自然療法医のダダモ博士が日本では中間管理職のためにB型が採用されると書いていました。B型は決断が早いからでしょうが、待てないことを自覚すべきですね。哲学者ニーチェについての解説書の著者ですから、B型でしょうが、妻の帰宅が遅いので、交通事故にあったかもしれないと思って、警察に電話したりしているうちに、友達と話が長くなって遅くなったといって帰ってきた、と書いていました。

――B型の哲学者ニーチェのいう「待つと悪い考えが浮かぶ」というまさにその例ですね。

テレビで、妻が遅く帰ったら、殴られた女性をＤＶ（家庭内暴力）として放映していましたが、夫は待てないB型だと思いました。B型の人は略奪結婚などの厳しい環境のため、妻を守らねばならない、という無意識があり、「こんなに遅く帰ったのでは、守ってやれないじゃないか」と思っているんです。自由に行動することこそ最高と思うO型の人には理解できるはずがなく、暴力を振るわれたと思うんです。

――B型の性格を理解できないトラブルですね。暴力については、哲学者ショーペンハアーで話されましたが、B型の人は部族間の戦いで勝ち残った高いエネルギーレベルの人たちであり、日常では、不安定化するので、趣味、芸術などで心を落ちつかせる必要があるということですよね。

そうです。B型の暴力だけでなくトップをめざすとき、ルサンチマンを避ける方法として、孔子の直系の子孫の孔健さんが、B型中国でのベストな生き方として、奢らないこと、三分が商売で、七分が人情と誠意であり、派手な生活をしないことだと書いています。

――理想ですね。

(4)　ＡＢ型地侍系が気をつけること

農村から漁村の中学校に転勤になった先生が、農村の人は毎日決まったように働くだけですが、漁村の人たちの大漁のときの集中力と活気はすごいと驚いて話すのを聞いたことがあります。このＡ型農耕系の農民とＢ型騎馬系の漁民と全く逆の性格の融合がＡＢ型であり、許容量が大きく、カリスマ性と楽天性がうまれたと思います。

――卵子と精子が二極化したのは、遠くて違う遺伝子が出会うためであり、両極端の融合は優秀なんですよね。

そのため、ＡＢ型の人にはカリスマ性と楽天性があるから、Ａ型と違って組織や社会を変えようとする力があるんです。すでに述べましたが、イエス・キリストは民族宗教であるユダヤ教をキリスト教という世界宗教にしています。また、エブラハム・リンカーンが黒人の解放、一五〇年後にバラク・オバマが初の黒人大統領になっています。これは全く逆の、最も遠く離れた遺伝子の融合ＡＢ型の成果だといえます。

――オバマ大統領は黒人と白人のハイブリッドである点も留意すべきですよね。

また、ＡＢ型はＢ型の攻とＡ型の守による戦上手ですが、弱い者に味方するためＯ型とＢ型に嫌われて攻撃を受けるんです。

――ひどいときは暗殺されるんですよね。

恨まれても気にしませんからね。でも、これからは暴力が否定され、暗殺はなくなりますし、それにＡ型と違って自殺しませんしね。

――Ａ型からみればＡＢ型は理想ですか。

ＡＢ型にはＯ型の人と結婚したときなど、それなりの悩みがあるかもしれませんが、Ａ型のわたしには羨ましいですね。

――O型はどうですか。

勿論、羨ましいですよ。わたしが農業をしていればA型でよかったと思うかもしれないが、都会でのサラリーマンのため、臆病で、それを見透かされている自分が嫌で、母親からO型をもらっていれば、とよく思っていました。また、小学生のとき、ドッチボールがあり、逃げるのが得意で一度もボールを受け取ったことがなく、最後にいつも一人になると目立ちますし、投げて来たボールを受け取って、何故味方に渡すことができないのか、と自分の臆病さが嫌になり、わたしがAB型であれば、こんな情けない思いはしなかったのに、と思います。

――AB型はA型にとって、暗殺を除けば理想ですか。

農業はA型、狩猟はO型、遊牧騎馬はB型が最も適しています。でも、今の世界はそれらが複合し、特に合理的に作られた都会は能見俊賢氏がいうようにAB型が向いていると思います。わたしが農村ではなく都会に住んでいるからAB型を特に羨ましいと思うのかもしれません。

表－7　血液型人生学の基本的な特徴

血液型	A型（卵子・子育て・農業）	O型（精子・自由恋愛・狩猟）	B型（精子・ハーレム・遊牧騎馬）	AB型（A型とB型の融合；地侍）
何故A・O・B・AB型が生き残ったか	多産によって優れた者のみが残った	選ばれた精子間競争による選別	戦いに勝った者による選別	離れたA型とB型の融合
基本的な性格の長所（○）と短所（×）	（○）勤勉 （×）過労死、飛躍したアイデアがでない （○）時間を守る （×）融通がない （○）大人しくて目線を下げ寄り添う （×）戦う遺伝子がなくて臆病、ストレスを溜めて屈折する	（○）自由競争 （×）弱者を思いやるものの差別を認める （○）社交的 （×）社交的でないA型、B型を屈服させる （○）戦上手、打たれ強い （×）理解できないA型やB型を批判・攻撃する	（○）力の支配 （×）敗者の屈折 （○）プライドが高い （×）批判に弱く、ルサンチマン（恨み）をもつ （○）上昇志向 （×）上下関係の容認 （○）早い決断 （×）待てない	（○）弱い者を守るという正義感 （×）O型、B型に理解できなくて攻撃をうける （○）合理性からくる君子豹変 （×）理解されないことがある （○）攻守を駆使する戦上手 （×）O型、B型に恨まれたりする
相性のよさとパートナー選び；	＊A型同士とAB型；A型同士の家庭に育った子供は大人すぎることがある	＊O型同士とA型 ＊O型とAB型は最悪；遺伝子の違いが大きいため子供たちは優秀	＊B型同士、次がA型、AB型、そしてO型；A型とは遺伝子が最も離れているので優秀	＊AB型同士、次がA型、B型、そしてO型とは最悪、しかし、子供は優秀
ストレスの解消と自殺	子育てのため、ストレスを内部に溜め込み自殺	ストレスを外部に放出；夢や希望をなくしたとき自殺	ストレスを外部に放出し、自殺はほとんどしない	内部に溜めたり、放出したりする。でも自殺はない
職業選択	農業などの現地での生産、教育・介護など	金融、マスコミ、商社などのグローバル企業	管理職、企業家	どの分野でも一通り適応できる
教育	目線を下げ愛情をもって、他の人の子供でも育てる	企業などで、狩猟犬のように厳格に育てる	牧羊犬のように大まかに育てるが我が子にはトップになるように叱責	教育熱心、バランスのとれた弱者への思いやり；（オバマケアのように）
趣味（血液型と性格の表現であり、心の支えになる）	室内スポーツ、柔道など 村の祭り	ボールを使ったり走ったりするスポーツ	一人で楽しむ釣り；俊敏な格闘技、剣道、空手など	オールマイティで、なんでもこなす

血液型	A型(卵子・子育て・農業)	O型(精子・自由恋愛・狩猟)	B型(精子・ハーレム・遊牧騎馬)	AB型(A型とB型の融合;地侍)
政治・経済	江戸時代的な平和で安定した体制	民主主義、自由資本主義	強力な中央集権国家	どの体制でも適応できる
血液型人生学(20世紀のグローバル化はO型欧米の資本主義の市場をめぐっての戦いと植民地支配、21世紀はB型の中国、インド、アラブが加わっての激動。そのストレスの中で、A型、O型、B型、AB型は何に気をつけて、どのように生活すべきか)	A型は子育て農耕系のため攻撃を受けて傷つきやすいので、屈折し、一人になろうとするがかえってよくない A型は得意な家族を育て、それも大家族にすべきだ(寄らば大樹の陰)また同じA型のグループに入るべきだ(他の血液型からの攻撃を避けられる)	O型は自由競争を得意とし、社交的であり、また打たれ強いため、今の社会に最も適しているが、A型、B型、AB型の考え方を理解しようとせずに、攻撃する。今の中東の紛争はO型欧米が起こしている 趣味のスポーツで攻撃性を弱めて欲しい	B型は上昇志向を伸ばし、リーダーになって欲しい。また、誇り高いため、O型に攻撃されると、混乱し、ルサンチマン(恨み)をもち、弱い方に怒りを向けがちなので、O型を理解し、攻撃されないようにして欲しい ヨガ、太極拳また芸術では、特に音楽で心を安定化させて欲しい	AB型のカリスマ性と楽天性は素晴らしいが、O型とB型の性格を理解し、攻撃を避けるようにして欲しい AB型にはA型と違って組織や社会を変えようとする力がある。 *イエス・キリスト(民族宗教から世界宗教へ) *エブラハム・リンカーン(黒人の解放) *バラク・オバマ(初の黒人大統領)

Ⅸ　新しい人間観・社会観「血液型人生・社会学」によって解けた疑問

子供の頃、野球をしていて、高く上がったボールを取ろうとしたとき、ボールが黒い塊になって落ちてくるように見えて頭を抱え込んでしゃがんでしまいました。わたしは兄たちの世代のように飛来するアメリカの爆撃機Ｂ29から逃げ回った経験がないのに、今でも、投下する爆弾の映像をみたりすると思い出してしまうぐらいですから、野球はまったくだめでした。

――仏教的にいえば前世（遺伝子）のトラウマかもしれないですね。

ある有名なＡＢ型の独身の女性政治家でしたが、母親からお父さんが暴力をふるうので離婚したいけど、お前がいるから我慢している、と母から言われ続け、また、父が田んぼを売って大学に行かせてくれたと聞き、その父親は教育熱心なＢ型なんだと思いました。わたしの父もまた教育は必要だと思っていましたが、田んぼを売るようなことはしません。

――農民は教育より土地が大切ですからね。

わたしはほったらかしで育った気がしますが、ただ、病気したとき、両親がとても心配してくれるのが不思議でした。恐らく、当時の田舎ではまだ病気で死ぬ子供がいたからかもしれません。Ａ型農耕民は、受精卵を孵化まで天敵から守りながら、必死に酸素を送り続ける魚のように、たくさんの子供を産み育て、家を出れば本人の努力と運に任せる遺伝子を持っていたにちがいない、と思うようになりました。

――O型は自由恋愛による精子間競争という選択肢、B型はより強い力によるハーレムという選択肢、AB型はよ

り遠い、インセストタブーの理想の選択肢。しかし、A型は選択せずに子供をたくさん産んで、この世で自然淘汰してもらうということですね。

喜寿の同窓生のなかに生涯未婚の三人の男性いたのですが、いずれもA型だったのです。自然淘汰（選択）されたんですよ。気づいたのはそれだけなく、「血液型人生学」で述べたようにわたしがA型・子育て・農民系の性格だとわかったことで、子供の頃、さらには、結婚、相性、思想、政治、国民性について感じていた疑問が解けてきました。以下の記述はO型、B型、AB型の人にとっても、かつて感じていた疑問の解決の参考になると思います。

▽１　子供の頃の疑問

(1)　何故、小学生のとき女性は頭がよかったのに、高校生になると男性が追いつくのか

小学生の五、六年のとき、クラスに特に頭のいい女性が何人かいて、また体も大きくてとても羨ましくて憧れていたんです。しかし、高校生になると他の頭のいい男性たちと同じになったので、男性は家業をつぐため、勉強させられるけど、女性は家事や農作業の手伝いをさせられるからだ、と思っているうちに、遠くの村にお嫁に行ってしまいました。

――悲しかったですか。

遠くから眺めているだけでしたから、心の傷は浅かったです。今は、男女の成長の差は進化の過程で自然選択され、プログラム化されたインセストタブー（近親相姦の禁忌）の現れだとわかっています。

――植物が自家受粉しないための、雄しべと雌しべの成長の差とおなじなんですよね。

映画などで、幼馴染との別れの場面を見たりしたときなど、インセットタブーは残酷だと思うことがあります。

――それはA型だけが感じるんじゃないですか。

(2) 何故、子供のとき、上級生がなぐりかかろうとしたのか

わたしは子供の頃から小心でしたが、学校帰りに近くの家の上級生に会うと、服従の姿勢をとって道を空けるものの、殴りかかろうとするので、走ってあぜ道を逃げました。どうして殴りかかろうとするのかわかりませんでした。わたしがニホンザルの映像を見ているとき、ボスザルが隅でうつむいているサルを威嚇し、驚いて逃げるサルをみて、これがかっての自分だと思いました。

――子供の頃とニホンザルの世界が同じだと思ったんですね。

今の子供たちと違って戦後まもない田舎では、まだ戦争ごっこをするなど本能丸出しだったんです。威嚇する上級生はわたしが気に入らなかったからだと思いますが、もしわたしがA型農耕でなければ、威嚇されることはなく、また、上級生がA型やAB型の人であれば、殴りかかろうとしなかったと思います。恐らく、怖くて逃げるのをみて、ストレスを発散できたからであり、上級生の血液型はB型か、O型ではないか、と思っています。

――今のいじめの問題につながるかもしれませんね。逃げるあぜ道があってよかったですね。

(3) 何故、お茶ノ水博士は歩きながら考えるのか

わたしの中学生の頃、漫画本、手塚治虫の『鉄腕アトム』を貸本屋で立ち読みするのが楽しみでした。ただ

鉄腕アトムの父親役のお茶ノ水博士が、難問が舞い込んでくると、いつも部屋の中を動き回って考えるので、動き回ったりすれば、落ち着かなくてよい考えがうかばないではないかといつも不思議でした。

わたしはA型農耕民だから、部屋で動かずじっとして考えるからなんだ。AB型の人は布団のなかで横になって考える人が多く、手塚治虫はB型（A型だという人もいる）であり、O型の人も狩猟系だから、動きながら考えると思います。

AB型のアインシュタインは布団のなかで横になって、O型の湯川秀樹博士は部屋のなかを歩き回り、A型の朝永振一郎博士は机に向かって静かに考え、A型の作詞家のなかにし礼氏は部屋を暗くして考えられたようです。

――B型の人もO型のように動き回るんですか。

ストレスの強さと緊急度によるかもしれないですね。太平洋戦争の勝敗の分け目のミッドウェイ海戦に向かうレイモンド・スプルーアンス司令官は、O型だったのでしょう空母の甲板を参謀と歩きながら作戦を練っているんです。一方、南雲忠一中将、山口多門少将、草鹿参謀長は、恐らくB型なのでしょう集中力とひらめきに頼って、悠然と構えていたんです。

――B型のニーチェのアイデアも、突然襲ってくるひらめきでしたよね。

B型のノーベル賞学者山中伸也さんはシャワーを浴びている時の突然のひらめに、B型白川英樹さんとB型田中耕一さんは実験の失敗からのひらめきだったようです。

(4)　何故、死刑を執行した人が、受刑者が皆さんを許す、といったとアナウンスするのか

日本のテレビでみたアメリカのニュースでしたが、アメリカでかなり注目された犯罪者だったのでしょ

う、何時、何分に処刑されました、といった後、「皆さんを許すといっていました」とつけ足したのです。そのような付け足しを日本の死刑執行で聞いたことがなかったので不思議でした。また、マリーアントワネットが処刑台の上で、皆さんを許します、といったことについても何故なのかわかりませんでした。

しかし、B型の国、中国では政治犯だけかもしれませんが、自白しなければ死刑にならないため、文化大革命のとき、劉少奇主席は自白を拒否して拷問に耐えて処刑ではなく牢獄中で亡くなっています。親族のルサンチマン（恨み）による復讐を恐れるから自白が必要なんです。

――文化大革命のとき、自白しないと処刑されないと知っていて、他にも、拷問に耐えて生き残った人がいたと聞いています。

日本は罪を犯していないのに自白する冤罪事件が起きたりしますが、証拠があっても自白しなければ処刑されないというのは、やはり不思議ですよ。A型の日本とB型の中国との違いですか。

――ルサンチマンの恐ろしさはわたしたちにはわからないかもしれないですね。

小説『モントクリト伯』があるように、人に恨まれ、復讐される恐ろしさはB型の国だけでなく、O型の欧米にもあるようです。

――マリーアントワネットが「皆さんを許します」というのは、わたしは処刑されても皆さんを恨んだりしませんし、親族も復讐したりしませんので安心してください、ということだったんですね。

A型農耕系のわたしなどは復讐ではなく、二度と被害を受けないよう安全な場所を求めて逃げることを考えます。

――日本に『忠臣蔵』がありますよ。

B型の武士階級の、それも珍しい出来事だから日本人の心をとらえたと思います。

(5)　何故、憲法などいらないと思ったのか

高校で憲法について教わったとき、法律があれば十分ではないか、古くは律令制、御成敗式目、武家諸法度があり、複雑になった現代では、行政、民事、刑事などそれぞれの分野の法律があればよいではないか、どうして憲法が必要なのかと思って不思議でした。

国会で憲法九条や憲法改正が熱心に議論され、韓国の憲法裁判所の判決、アメリカ大統領令の憲法違反などのニュースを聞くうちに、哲学者B型のニーチェがいう、民主主義はリーダー（偉大な人間やエリート社会）への不信の表明であり、また、議会主義や新聞は畜群（大衆）が支配する道具になっていると知ってから納得しました。

O型欧米の人たちはO型がリーダーになると、自分たちの都合のよいように法律（規則）を変えて、我々を支配することが同じO型だからわかるんです。そうさせないために憲法、議会、さらにリコール制度までつくって自分たちを守ろうとしていると思いました。

――憲法はリーダーの都合で勝手に法律を変えられない、O型が求める自由を奪われたくない、という保証でしょうね。

わたしはA型農耕系の人はリーダーになることは少なく、なったとしても皆の世話役としての庄屋や村長程度であり、合意によって決めて、自分に都合のよい法律をつくろうとするはずがないから、A型農耕系だけの社会では法律があれば、憲法など要らないのですよ。

(6)　何故、バカなふりをしているんだ、と叱られたのか

高校生のときに、何故バカなふりをしているんだ、と教師に不快そうにいわれたことがあります。勿論、次

男だから、出しゃばらないほうがよく、また、あまりにもバカだといじめにあうので、周囲に気を遣いながら、ほどよくて居心地のよいバカさ加減を模索していた気がしますし、A型農耕民がもつ臆病さもあったと思います。

――バカなふりは目線を下げて子供に接するA型子育て遺伝子と次男による振る舞いだったということですね。

でも、高校でも上級生にいじめられたことを考えると、普通にしていてもバカにみえるから、意識までしてする必要はなかった気がします。奈良時代に第四八代の称徳天皇が亡くなると、天武天皇の皇子たちは後継者争いによる粛清でいなくなったことをご存知でしょう。

――あの頃は謀略の時代だったんですよね。

そこで、天智天皇系の白壁王が六二歳で四九代光仁天皇になっています。白壁王の血液型はわからないですが、争いを避け、隠れるようにして暮らしていたから、リーダーになるよりも、静かに暮らすことが好きな性格、臆病なA型のような気がしています。

――O型でないことは確かですね。B型であれば有力な部族に押されて後継者争いに巻き込まれたかもしれませんね。

最近、大人しくて品があって出しゃばらないB型の男性に会えるようになり、白壁王はこんな人だっただろうか、勿論家庭のことがわかりませんが、奥さんに頭を押さえられているせいかもしれない。白壁王の奥さんは渡来系の女性だったとふと思ったことがあります。ちなみに、B型騎馬系の国、北朝鮮の初代主席・金日成は抗日戦線のリーダーとして頭角を現したのですが、A型なんですよ。二代目の金正日、三代目の金日恩、他の兄弟たちもA型なのでしょう、金正日は息子たちの指導力のなさに悩まされていました。特に次男の正哲はギタリストになっています

――長男の金正男氏はマレーシアで殺害されましたよね。

金正男氏が首席の座についていれば、次男の正哲氏がターゲットになっていたと思いますし、ギタリストはA型がもつ身を守るための逃避だったと思います。

――金正哲も白壁王も身を守るためにバカなふりをしていたんですね。

わたしの場合、周りと衝突しないためにはよかったかもしれないけど、身を守るためにもっと親族や友達を増やすべきだった気がします。

(7)　何故、祖母がいう「下を向いて歩くこと」を正しいと思ったのか

わたしの父はA型の長男だったからでしょう、日頃の不満を我慢し、飲むと当たり散らして村人や親戚から反感をかわれるのが、祖母の悩みであり、父の眉が短く切れていたことから、成功しない、失敗する相だと嘆いていました。また、祖母は自分の人生訓でしょう「下を向いて歩けば、つまずくことがないから」と父にいっていました。わたしは高校生の頃だったと思いますが、これこそが地に足がついて着実な生き方だと思って気に入りました。いつしか、下を向くのはA型農耕民の考えであり、O型はアメリカ人に見られるようにしっかりと前をみて進み、B型はステップアップできるように上をみながら行動していると思いました。

――確かに、アメリカ人はしっかり前をみて行動するといいますね。

農耕はほとんどが下を向いての作業ですし、日本発祥の柔道でも組んでからは相手の下半身の動きを見ていますし、相撲も顎を引かないと力が出ませんからね。農業をするのであればいいですが、都会での行動や人間関係でも下を向いていたため、こん棒で頭を勝ち割られるような被害を幾度も受けています。

――相手の顔や目をしっかり見ないから変な男だとみられたんですかね。

目をしっかり見れば挑戦的だといって攻撃されるので、下を向くから服従的で卑下する態度にみえるんでしょう、転勤のため人に部屋を貸すと、途中から金を払ってくれなくなり、仲介の不動産屋も甘くみたのでしょう払わない方に味方して解決してくれませんでした。勿論、生まれ持ったわたしのA型の性格は変えられないものの、今であれば、交渉が必要なときは何人かの仲間を連れていくと思います。

――団体交渉ですか。人の数で弱みをカバーするんですね。

アメリカのトランプ大統領がトランプタワーを建て、売り出したとき日本人は集団できたので、それぞれに説明するのが厄介だったと書いていました。

――A型の日本人は無意識でしょうが、グループで不動産屋のドナルド・トランプさんと対峙したということですか。

B型のジャマイスさんは少し高いところ、木や屋根の上に登るのが好きだったと書いていましたが、B型には天文学者が多く、わたしは地層や地下などについて考える地質学は自分にあっていたと思っています。

(8) 何故、都会で頭をカチ割られる思いをしているのか

田舎で育ったA型農耕系ですから、都会の常識がわからなかったのでしょう、注意されたりし、頭をカチ割られるようなことをされながらも、都会で一生を終えることになってしまいました。

――カチ割られるってどんなことですか。

あげればキリがないですが、わたしは誇り高い騎馬系の人たちとは逆で、土下座して地面に頭をすりつけても屈辱感はありません。そんなことをしたら、頭を蹴上げられたり、踏んずけられたりする恐怖がありま

す。頭に沁みついてこの恐怖こそが都会で頭をカチ割られる思いをした証拠になると思っています。都会は競争によるストレス社会で、特に高齢になると攻撃されやすいですよ。

――A型は農耕系だから、逃げることが大切かもしれないですね。

「血液型と性格」が早々にわかっていれば、若い頃に生まれ育った農村に帰っていたのにと後悔しています。

(9)　何故、父はわたしに「一人で大きくなったように思うな」といったのか

下を向き、目線を下げ、相手に合わせる、これは子供を育てるのに必要な性格であり、A型の人は当然持っています。わたしは父から「一人で大きくなったように思うな」とよくいわれていました。父は五人きょうだいのなかの一人息子で大切に育てられたとオバさんたちから聞いていたので、「親が子供を育てるのは当たり前じゃないか、俺だって子供が出来れば育てる、父さんが孤児から一人で育っているなら、尊敬してもいい、と思っていました。

――そんな態度を感じとられていたかもしれませんね。

A型の子育て遺伝子だから、子供を育てるのは当然だという態度をしていたかもしれません。アイザック・ニュートンは母親が子供の自分を両親に預け、牧師と再婚したことに腹をたて、「殺してやる」と日記に書き、叱られると暗号を使って書いたと知ったとき、ニュートンはA型のため、親の義務である子育てを放棄したと思ったにちがいない。わたしはA型のせいで、親が子供を育てるには当たり前だと思っていたと気づきました。

――非子育て遺伝子の女性がいるから、育児を放棄して男性のもとに走ったりしますものね。

子供を両親に預けて再婚する例はよくありますが、アイザック・ニュートンはA型の遺伝子が強かったの

でしょうね。子育ての放棄と血液型との関連についての研究はまだないけど、血液型で予想できます。

⑽　何故、わたしの文章は情緒的だといわれるのか

若い頃、文章が情緒的だといわれるのが嫌で、菊池寛が横光利一（B型）を褒めていたからかもしれませんが、白い砂浜を足の裏で感じるような、粘りのないさらさらと乾いた文章が書けないかと思っていました。また、百科事典の文章も勉強しています。

――百科事典はよい文章なんですか。

最も詳しい専門家が執筆し、文章家が読みやすく手を加えた簡潔で無駄のない表現だと思ったんです。

しかし、A型のなかにし礼氏の情緒的歌詞、また、石原裕次郎の哀愁をおびた歌声、古賀政男の演歌を知り、A型の古賀政男には「酒は涙かため息か」などの曲が合っている、B型の服部良一のようなジャズやポップスを求めてはならないし、書いたとしても良い文章にならないと思いました。

――文章も血液型による個性と関係があるんですね。

文章は才能でしょうけど、わたしはA型農耕系であり、なかにし礼氏や石原裕次郎のように次男だから、情緒は自分の個性だから、褒め言葉だと思うようにしました。

▽２　大人になってからの疑問

⑴　何故、人々に性格の差があるのか

ＢＢＣの番組でしたが、四歳児たちが少ないおもちゃを分け合ったり、共同して隠れ家をつくる課題に取り組む様子をみて、心理学者たちは大人たちと同じだとして感心していました。わたしは子供の頃に、大人になった今と同じようにまわりに気を遣い、むしろ今以上であった気がしています。

――三つ子の魂百までですか。

子供の頃、性格は変えられる、となんとなく思っていた気がします。怒りをかうのは自分の不注意であり、変えられない自分をみて落ち込みました。特にいつも逃げている自分が情けなかったです。

――小学生のとき、ドッチボールで逃げてばかりいたことですか。

それもあります。四〇代になってから、性格は生まれつき決まっていている。さらに血液型と性格を知ってから、環境に合うように選択されているとわかってきました。

――環境に適合した性格のみが生き残って今に至っているというダーウィンの考え方ですね。

パタスザルがＡ型のみ、ゲラダヒヒはＯ型、ゴリラはＢ型のみと知ったとき、ヒトも同じような環境が五〇〇〇万年続けば均質化し、Ａ型農耕の日本人も外国との交流がなければいつかはＡ型だけになり、現に、南米のインディオはＯ型だけですし、Ｂ型のモンゴルも交流がなければ、いつかはＢ型だけになると思いました。

――環境の多様化のせいで性格が多様になったということです。

環境が熱帯、温帯、寒帯、湿地、草原、高原などと多様だから、農耕、狩猟、騎馬などそれぞれに適した性格

が生き残り、均一な環境であれば人の血液型と性格は均質化していたと思います。

(2) 生物の進化と共に性格がどのように形成されたと思うのか

最初の生命は地球外から来たのか、RNAワールド、あるいはたんぱくワールドというスープの中から湧き出たのか、まだ誰もが認め納得する説はありません。ただ、三五億年前のストロマトライト（シアノバクテリアの一種）から始まった化石の研究から生物の進化の歴史（ダーウィンの進化論）が組み立てられ、環境に適した個体が生き残り、不適合なものは滅びてしまい、今存在するのは、環境に合理的な生物だけだといえます。

――さっきの何故性格に差があるかについての具体化ですね。

その通りで、性格もまた、環境に適合するために大きく貢献したと考えられ、人類に限っていえば、森から出て、天敵がひしめく草原で、子供を育てる役割をする人と、より優れたパートナーを探し求めた人からなる部族が生き残り、また生産活動がはじまって、農耕地帯には農作業に適した、勤勉で、定住志向で、周囲と和をもって共同作業をするA型・子育て・農耕的な性格、また草原地帯では、狩猟に適した、非子育てで、活動的なグループで動き回るO型非子育て・狩猟的性格、さらに高原では遊牧に適した、動物が好きで戦闘的なB型騎馬的性格が形成され今に至っていると考えます。

――サルたちのように交流のない生活が何万年も続けば、農耕地帯にはA型のみ、草原の狩猟地帯はO型、高原の遊牧地域にはB型だけになるとわたしも思っています。

(3)　何故、窮地にたったときに、持って生まれた性格が現れるのか

誰も好んで争うわけでなく、衣食住が足りてストレスがないのであれば、学校の道徳教育で習ったような融和で思いやりのある性格で暮らせると思います。しかし、パートナーの奪い合い、特に、飢饉など生死をかけての争いのときにはA型は餓死するか、逃げるかでしょうが、O型やB型の人たちは家族のために力ずくで食物の争奪をすると思います。

公平なルールのもとの将棋盤上で戦う将棋士の頭脳を画像撮影のMRI機器で調べると、素人の棋士の場合は脳の理性をつかさどる大脳新皮質が働き、プロの棋士は大脳旧皮質、感情脳が活性化していることがわかっています。ところで、ホムンクルスの問題をご存知ですか。

――脳のなかで意識と無意識を結びつける仮想の小人（生命体）ですよね。

脳に来た情報をどのように結びつけるか、はっきりしなかったのですが、二〇〇五年のベンジャミン・リベットの『マインド・タイム脳と意識の時間』によると、わたしたちが意識したとき、その〇・五秒前に無意識で決定していたという実験結果が得られています。

――意識したときにはすでに無意識で決定されていたということですか。

腕を動かそうとしたとき、〇・五秒前に無意識で決定されていて、わたしたちには自由意志は存在しない、ということで話題になりました。

これはまさに棋士の脳のMRIの結果と一致しますし、リベットのさらなる実験から、〇・三五秒前に無意識的な「準備電位」があらわれ、〇・二秒前に「意識的決定」を示すシグナルがあらわれる、といっています。

この実験が正しければ、〇・二秒前の意識のシグナルは、緊急だったり、ストレス下であったりすれば、一瞬の躊躇で終わるだろうということだと思います。

――感情的になったときは、理性では制御できないということですね。

修験者のような修行などによって、〇・二秒前の意識のシグナルを活かせるようになれば、別でしょうけどね。

(4) 何故、人々は戦争するのか

『ヒトはなぜ戦争をするのか』というアインシュタインとフロイトの往復書簡があります。当然でしょうが、アインシュタインはAB型の人がもつ疑問の投げかけであり、フロイトはB型の人の考えによる回答になっています。わたしたちは生物が単性生殖から有性生殖になってから、パートナーの争奪戦、飢饉を乗り越えて生きようと戦う長い進化の過程で形成された遺伝子を持つからであり、戦いを避け、平和を愛した遺伝子は滅んで存在しないのです。

――平和運動をするなど、平和を愛する人たちがいますよね。

平和を愛する人たちはA型・子育て遺伝子か、あるいは戦闘的なB型の人が多いインドのように、パートナーの争奪戦を避けるために、お見合いとか、親が決めたり、あるいは情熱的な気持ちを静めるために、菜食を多くするなど、習慣や制度の点から工夫してきた人たちだと思います。

――平和的な環境をつくって、戦う遺伝子を活性化させないことですね。

まず、自分の性格を知り、また相手の性格も知る事が基本になります。

――血液型人生学・社会学をよく知ることですか。

(5)　何故、奴隷制や植民地があるのか

奴隷といえば、古代ギリシャ、古代ローマであり、アテナイは五〇パーセントが奴隷であり、スパルタは八〇パーセントだったという研究者もいます。古代ヨーロッパでは奴隷制が浸透していたのでしょう哲学者、アリストテレスは前述したように奴隷制を容認し感謝して、亡くなるとき身の回りの奴隷を自由の身にしています。

古代では多くの国に奴隷がいて、日本も『東夷伝』に奴隷を中国の隋に献上した記録があり、まもなく廃止されたものの、戦国時代には敗北した国の住人を捕らえて売買したりしています。

ところで古代で、何故奴隷制が生まれたと思いますか。

――戦争をして、捕虜を戦利品にしたからでしょ。

真社会性動物のアリの世界では奴隷狩りをするサムライアリや奴隷にされるクロヤマアリなど、いくつもの奴隷制のアリが知られています。

――奴隷制はアリの習性から来たというのですか。

人間の感情（触覚、味覚、嗅覚、味覚、聴覚などの五感）はアリなど昆虫と同じ神経回路をつかっているという研究があります。

――人間はアリと同じ感情の神経回路を使い、奴隷制を作り出したというのですね。昆虫より原始的魚類、カツオなども感情によって肌の色を変えたりするといいますよね。

人には誰も奴隷制の遺伝子を持つと思うでしょうが、実際はO型欧米の人たちがもつ性格なんです。O型欧米には東洋にない、自分たちは働かずに永久に働かせたいと願う「永久機関」の思想があり、自分たちは働かずに、永久に働いてくれる機械がつくれると信じ、努力している人たちがいました。

――古代ギリシャ人による水車も永久機関の一つですかね。

広い意味ではそうかもしれません。でも、エネルギーの保存の法則によって否定され、永久機関への努力はなくなりましたが、奴隷制も植民地も永久機関の思想を具現化したものです。

――それもO型欧米の人たちだけがもつ遺伝子からうまれた制度で、東洋にはないというのですね。

かっての日本の会社は社員のものでしたが、今は株主であり、投資家にとって会社は利益を産んでくれる永久機関になりますね。スカンジナビア半島でのラップランドの人たちは春にトナカイを放牧すると、トナカイは自分たちで草を食べ、冬になると毎年、産んだ子供をつれて戻ってくるというシステムをつくったことで、働かなくても、資産がふえるというまさに永久機関であり、不労所得そのものですよ。

――ラップランドの人たちはO型ですか。

極北であり、O型の人たちは寒いのが嫌いですので、少数かもしれませんが、トナカイ放牧のアイデアはO型になりますね。

(6) 何故、ネアンデールタール人は滅んだのか

人類最初の血液型は、ネアンデールタール人の遺跡でO型しか見つからないことから、O型だとする考え方があります。サルたちにもA型、B型、O型、AB型の血液型がありますから、ネアンデールタール人は、恐らく、ほとんどがO型である今のアフリカ、特に南米のインディオ、アメリカインデイアンのような社会だったと思います。

最近、そのネアンデールタール人（旧人）が四・五万～四万年前に滅び、我々ホモサピエンス（新人）が生き延びたのは、学習能力の差のせいではないかという仮説による、それも考古学、文化人類学、脳科学など総合

的な五年間の研究をテレビで放映していました。

――ネアンデールタール人からホモサピエンスにかわるという交替劇にはいろんな説があるので比較研究には興味がわきますね。

考古学の観点からネンデールタール人は、石器はあるものの細石器や首飾りなどの装飾品がなく、集落は一五から二〇人と小さく、肉食が中心で体格がよかったようです。一方、ホモサピエンスはネックレスと飛び道具（投擲（てき）具）があり、また、脳の復元の研究から、小脳が少し大きく、効率的な脳の使い方ができて、学習効率がよかったのではないか、といっていました。

――ホモサピエンスは体が小さいものの、集落が大きく、細石器、装飾品、飛び道具があり、小脳が少し大きかったんですね。

小脳の差が学習能力の差だとしていますが、恐らく、学習能力の差というのは現代の情報戦からの発想だと思います。実際は、長槍で戦うネアンデールタール人にたいして、グループになって新兵器、飛び道具としての投擲（てき）具をもって襲いかかったと思います。

――ホモサピエンスは戦闘的で、新型兵器の開発能力にたけていたということですか。

わたしたちもホモサピエンスですが、典型的なのが欧米人だと思います。世界的な航海者・探検家ダスコ・ダ・ガマは一四九七年、ポルトガル王の命令でインドへの東回りの航路を開発するために二隻の艦隊で出発し、喜望峰を発見しました。さらに、アフリカ東海岸、今のモザンビークのソファラに給水のために立ち寄ったとき、ポルトガル王に「入港すると、われわれよりも倍以上もある大型のアラブ船が何隻も停泊していました。われわれの船はみすぼらしく小さく、黒い人々は故国ポルトガルのリスボンよりはるかに洗練された街に住み、豊な生活をしています」と報告し、次回は新型兵器、一〇〇門もの大砲を備えた二〇隻もの艦隊で乗り込み、わずか一〇日間で屈服させ植民地にしてしまったのです。ドイツ、フランス、イギリスが続き、ヨーロッパより豊かであったアフリカは銃と大砲という武器によって植民地になったのです。

――四万年前では、投擲（てき）具という飛び道具をつかってネアンデールタール人を滅ぼし、一六世紀初めには大砲をつかってヨーロッパ人がアフリカを植民地化したのですね。

一九四五年八月六日の広島と九日の長崎はO型のアメリカによる新型兵器、原子爆弾の投下で日本を降伏させました。O型の欧米人は二〇世紀には原爆で、一六世紀は大砲で、四万年前には弓の前身である投擲具によってアンデールタール人を滅ぼしたと考えるべきだと思います。

今は遺伝子解析をする民間会社があり、親子か、ガンのかかりやすさ、さらに何パーセントのネンデールタール人の遺伝子があるかがわかるといいますし、日本人の中にあるアイヌ民族の血が何パーセントかもわかります。当然でしょうが、大陸から渡来した子孫の多い北九州や中国地方はアイヌの遺伝子は少なく、東北、北海道、沖縄が多くなっています。

――ネアンデールタール人は今のヨーロッパの祖先に、アイヌは大和人に武力によって滅ぼされたというんですね。

いろんな説がありますが、基本は武力であり、またアラブの春は「自由という情報」によって北アフリカ、イラク、シリアが混迷しましたが、背景にはO型欧米人の武力と攻撃的な性格があったと思います。

(7) 何故、アメリカはイラク戦争を起こしたのか

――イラク戦争は二一世紀に入ってすぐの二〇〇三年でしたね。

イラク戦争はアメリカとイギリスの攻撃ではじまり、アメリカが勝利したものの、イラクの混乱と中東の

不安定化が後々まで続く大変な戦争でした。

――原因は、イラン・イラク戦争、湾岸戦争、九・一一事件、イラクのクルト人への毒ガス攻撃などアメリカの中東、特にイランへのいら立ちがあり、なかでも、一九九〇年のイラクがクエートに侵攻し、有志連合による湾岸戦争のときの国連決議で禁止された大量破壊兵器を所有しているというのが戦争のきっかけでしたよね。

アメリカは戦争の口実をつかもうとしますがみつからなくて、すぐにははじまりませんでした。そんな中で噂されていたのが、アメリカは中東諸国の反米にいらだち、イラクを日本のような親米国にしようとしている。また、イラクは国連の制裁が続くせいで、軍備力が最も弱くて制圧しやすい、さらにイラクは石油大国なのでアメリカの石油メージャーが狙っている、というものだったと思います。

噂通りにアメリカはイラクに侵攻し、圧勝しましたが、戦争の口実になった大量破壊兵器はみつかりませんでしたし、イラクは日本のようなA型の自発的服従の国ではなく、B型の誇り高い、宗教を大切にする国ですから、イラク国民の支持をえることなどできなくて、今の中東の混迷、ＩＳ国の成立につながっていると思います。

――アメリカの失敗ですよね。

大切なのは、フセイン大統領が、アメリカが攻めてくるとは思わなかったといったことです。Ｏ型の特徴の一つの、理解できない国を攻撃する性格をフセイン大統領は理解していなかったんです。

――太平洋戦争のときの日本も同じだったといいたいですね。

アメリカは今でも反対意見を述べ、抵抗したりすれば攻めてくる怖い国だと思っています。

――太平洋戦争のときの指導者がＯ型アメリカの怖さがわかっていれば、自重できて、今のような周辺諸国からのニホンバッシングにいらだつことはなかったんですよね。

▽ 3　結婚と相性などの疑問

(1)　何故、かって日本の農村では家を中心にしたお見合い結婚だったのか

かっての日本の農村の一夫一婦とお見合い結婚は農家の継承や多産による労働力確保に合理的であり、恋愛が苦手なA型が農村に増える理由の一つになったと思います。

――今は田舎でもほとんどが恋愛結婚ですよね。

O型狩猟系の欧米が自由な恋愛を重視しているため、欧米の生活スタイルが日本に入り、田舎でもサラリーマンの人が多くなったからだと思います。

――インド、パキスタンもお見合いでしたね。

人口密度が極端に低い中央アジアでは、近親結婚を避けるためでしょう、ごく最近まで略奪結婚があったといわれています。B型騎馬の国でのお見合いは、消極的なA型農耕民の若者と違って、パートナーの奪い合いによって社会が不安定化しないためだと思います。

――同じお見合いでもA型とB型は意味が違うんですね。

A型は性的レベルが低いため、B型は高いためで、理由が逆になるんです。

――お見合いがなくなれば、B型の国の若者はA型の日本のように、パートナー探しに苦労するんでしょうね。

A型は恋愛のための遺伝子がなく、B型の女性は誇り高いですからね。

(2)　何故、日本は性的な関係を結べば、結婚するのか

A型農耕系の哲学者、イマヌエル・カントはA型の性格の表現者だとすでに述べましたが、結婚は性的な

契約だというのも、まさにA型の国、日本人の結婚観を述べています。O型のヘーゲルは、結婚は個人的な愛によるとしていますから、これもO型の欧米、特にアメリカの結婚観だといえます。

B型のイスラム国の結婚は処女性を大切するため、婚外交渉はもちろん強姦であっても離婚になったり、名誉殺人が起きたりします。恐らく、処女の女性は従順なため夫や家族を煩わせることがなく、夫や親族が部族間の戦いに集中でき、勝ち残って繁栄してきたからだと思います。

――B型のインド、パキスタンは日本と同じお見合い結婚だといわれましたよね。A型と同じように結婚は性的な契約ですか。

イスラム教の人たち、インドは広くて地域差があるようですが、男性からお金を払って契約が成立します。お金を払ったから男性が優位になるでしょうね、処女でないときは破棄できますし、女性が従わないときは殴ってもよいとコーランに書いてあります。

――A型の結婚は非処女でも我慢する弱い性的契約、B型は離婚する強い契約、O型は処女、非処女など関係のない自由恋愛なんですね。

アメリカ人が日本の書店でお客が本を気軽に手にとる様子を見て、アメリカではありえない、「買うんですか」と店主が注意する、と驚いて言うのを聞いたことがあります。日本のお客は買おうと思ってみていて、気にいらなければ、別の本を買うから、店主は気にしない。アメリカは客が買うと決まっていないからです。日本では性的な関係を結んでから別れたりすると嫌がられますが、アメリカでは処女、非処女関係ないですし、遊びではなくお互い結婚しようと思っての行為だから許されると思います。

――本の購入と性的関係の違いは文化の違いですね。

A型子育て・農耕系とO型自由恋愛・狩猟系との違いです。

——A型は定住タイプだから、読書を楽しむ人が多いかもしれませんね。ところで、日本の読書の割合はどうなんですか。

以前はトップクラスでしたが、今はトップがイギリスで日本は二七位だそうです。

(3) 何故、相性のよい夫婦と悪い夫婦がいるのか

会社の上司と部下、同僚で相性が悪かったりするのは、なんとなくわかりますが、愛し合い、将来を誓い会った夫婦が何故喧嘩をしたり、別れたりするのでしょうか。

まず、環境が多様なため、多様な性格の人たちがいること。もし、地球が同じ環境であれば、同じような性格になるでしょうが、湿地帯があって農業するA型の人たち、草原があって狩猟をするO型の人たち、また、高原があるため、遊牧するB型騎馬民の人たちが入り混じっているからです。

また、生物が有性生殖になると、卵子は栄養を蓄えて動かずに待ち、精子は多数で動き回り、インセストタブー（近親相姦禁忌）があるようにできるだけ離れた遠い遺伝子を求め合うようなったことから、夫婦も無意識のうちに違う性格のパートナーを選んでしまうから、相性が悪くて当然かもしれません。

——環境が多様なため、人の性格も多様になり、また、性格の違うパートナーを求め会うから、相性の悪い夫婦がうまれるということですね。

ただ、違う性格のパートナーだとしても、子育て遺伝子のA型と自由恋愛のO型、あるいはハーレス型の遺伝子のB型はうまくいくと思います。また、同じ血液型同士は性格を理解しやすいですが、社会的、経済的なストレスがかかったりすれば難しくなります。新しいパートナーを求めあう自由恋愛のO型とハーレムをつくりたいと思うB型の場合は難しく、特に、O型とAB型は理解できなくて、我慢し合う夫婦になると思

います。

――性格が全く逆で、離れた遺伝子のA型とB型の夫婦は破綻しそうになるものの、AB型という許容量が大きくてバランスのとれたカリスマ的なお子さんがうまれるでしょうし、A型同士は大人しくて夫婦仲はよいでしょうが、お子さんが学校や社会で戦闘的なO型、B型に出会ったときに戸惑い、引きこもりになったりするかもしれないですね。

そんなときは、前もって他の血液型の性格を子供に学ばせておくべきでしょうね。

――かわいい子に旅をさせろと同じで、違う血液型の子供たちと遊ばせ、喧嘩して泣かされたりするのも必要かもしれないですね。

(4) 何故、夫の両親の面倒をみることを嫌がる女性がいるのか

最近、日本も個性を大切にし、また高齢化社会になり、パートナーの両親の老後を看るのが嫌で、「姻戚関係終了届」を提出する報道を耳にするようになりました。血のつながった両親が年寄りになれば、血液型に関係なく必死に支えますが、ましてや、インセストタブーから性格の違うパートナーを選んでしまい、夫婦の相性の悪さに苦労したうえに、舅（義父）姑（義母）の老後の看取りを強制されたらいい加減にしてくださいよ、といいたくなる気持ちもわかります。

――子供に寄り添って世話をするために生まれてきたA型子育て遺伝子の女性も外で働くようになり、時間的余裕がなくなったこともあるでしょうね。

かつての農村の家族を中心にした社会は崩れていますし、看取ってもらう義理の両親も個性化し、自己主張するようになったせいもある気がします。

――地域社会が面倒をみるべきでしょうが、介護施設の専門家でも手を焼くお年寄りがいるといいますからね。

日本もO型の国、イギリスやアメリカのように扶養の義務をなくして親は親、子供は子供とそれぞれが独立して、一人になれば国が面倒を見るべきですね。

――そのうち日本も、「姻戚関係終了届」など出す必要がなく、気持ちと余裕のある人だけが支えればよい社会になりますよね。

(5) 何故、アメリカは離婚が多いのか

アメリカの離婚率は五〇パーセントを越えたといわれますが、やはり、自由恋愛の国だからだと思います。

――離婚はパートナーを変えて自由恋愛するO型の遺伝子をもつ国だからですか。

トップはO型の国ロシアで、働いて自律している女性が多いからだと思います。日本は三人に一人の離婚、先進主要国でイタリアが日本より低いようですが、離婚を禁止するカトリックの国のせいだと思います。

――欧米では同棲婚があり、パートナーを変える割合はもっと多いかもしれないですね。

日本は非正規雇用が増えて、二〇一三年では、生涯未婚率は男性が三五パーセント、女性が二七パーセントと主要国でトップという試算もあります。パートナーを探す遺伝子をもたないA型が多いからだと思っています。パートナーを選ぶとき、欧米では愛によって、ベラルーシのように美人の多いところではルックスで、日本と韓国では相手の収入によるそうです。

――真面目さ勤勉だけではパートナーが得られないんですね。

社交的かどうか。そして日本では生活するためのお金ですからね。今の日本ではA型でなくても難しそうですね。

(6) 何故、フィリピンの女性は強いのか、また、兄弟を大切にするのか

フィリピンはO型が四五パーセントですので、O型狩猟系の国だといえます。また、B型の中国が近いからでしょうか、アメリカのB型が一〇パーセントにたいして二七パーセントいます。

――O型とB型とで七二パーセントですか。

O型は勿論ですが、B型の女性もまた自立しているので、積極的な国民性だといえます。

――多くの女性が海外に働きに出て家族に仕送りしているといいますよね。

日本の家族は、親、子、孫と縦のつながりのため、仕送りのお金を子供たちに使うからオレオレ詐欺や独居老人、また近所とのつながりがないため孤独死が生まれたりしますが、フィリピンでは兄弟・親戚で分け合うなど、横のつながりを大切にするため、常に助け合うことができるようです。O型は兄弟をB型は親族を大切にする特徴があり、フィリピンはO型とB型の特徴をミックスした国民性だといえると思います。

――フィリピンの兄弟愛は強いO型とB型の自立した女性たちの性格が現れたというのですね。

海外で働く強い女性たちによって兄弟たちとフィリピン国は支えられていると思います。

▽4　思想、政治、国民性の疑問

(1) 何故、社会主義が中国と北朝鮮だけに残ったのか

B型騎馬系のカール・マルクスとレーニンの最も望む政治体制が、労働者独裁の社会主義だったとすると、B型の国、中国や北朝鮮が社会主義に固守するのも当然だと思います。民主主義では、暴君がいると議会、司法、あるいはリコールなどで政権交代させますので、民主主義を信奉するO型の人は独裁であれば国民の自

由な意見が無視される抑圧国家になるではないかと危惧します。しかし、中国などでは三億人の遊民がいて、日頃は公園などで悠々自適な生活をし、生活が苦しくなると、黄巾の乱、紅巾の乱、太平天国の乱など起こし、鎮圧されるものの、別の将軍による革命によって新王朝がうまれるのです。抑圧がひどくて国民の自由が奪われたときは革命によって政権交代がおき、これがB型中国の歴史なのです。

――マルクスは内部矛盾によって革命が起き、労働者独裁になるといっていましたよね。

中国の歴史はマルクスの弁証法でいう古い権力のなかに新しい権力がうまれ、新しい権力が打ち勝つという繰り返しであり、まさにB型ニーチェのいう永遠回帰だと思います。

――欧米は直線的な進歩、あるいは衰退史観にたいして、中国は循環史観になるんですね。

インドはB型の国ですが、カースト制による差別や格差、対立があるため、平等を求めての社会主義革命が起きても不思議ではない、とスターリンがいったようですが、カースト制は大国インドを安定化させるためのシステムであり、もしなければ、民主主義による統治は不可能だったと思います。

――パキスタンをはじめ、中東のB型騎馬系の国はイスラム教による統治国家で、喜捨などの助け合いの精神からみてもマルクスのいう社会主義的社会のように思えます。

わたしはヘーゲリアン（フリードリヒ・ヘーゲルを信奉する人たち）じゃないですが、ヘーゲルのいう「現実は合理的」に出来ていると思っていますので、高原地帯の環境がB型騎馬系の人たちを育て、強権的で独裁的なシステムをよしとする統治制度（社会主義）を作り上げたと思います。

――B型騎馬系のエネルギーが有り余って戦闘的な中国や北朝鮮には抑圧と思える社会主義が合理的で最も適した統治体制なんですね。

イギリスの哲学者トマス・ホッブズ（一五八八〜一六七九）の『リヴァイアサン』で自然状態では「万人の

万人に対する闘争」になるから安定させるために強い共通の権力が必要だといっています。安定化する強い権力に匹敵するのがB型中国の労働者独裁、インドのカースト制度、イスラムのコーランになります。

――ホッブズはB型ですか。

可能性は強いですが、ピューリタン革命期の混乱から生まれたアイデアかもしれないですね。

(2)　何故、北朝鮮は核兵器に固守するのか

北朝鮮の最近の核実験あるいはICBM（大陸間弾道ミサイル）の発射で、一時アメリカ、特に日本は騒然としましたよね。

――超大国アメリカへの挑戦に驚きますし、戦前日本がアメリカ、イギリス、中国、オランダによるABCD経済包囲網によって暴走をしたことを思い出しました。

わたしにはO型のアメリカは恐ろしい国だという思いが強く、核開発をしていたリビヤのカダフィー大佐がイギリスの爆撃によって奥さんの一人が殺されて開発を放棄した、と知ってよかったと思いました。しかし、安定した国家として繁栄してきたリビアが、アラブの春によってカダフィーは殺害されてしまい、部族間の対立に逆戻りしてしまいました。

――カダフィー大佐は核開発を続けたがよかったというのですか。

北朝鮮のように核をもつべきなんです。カダフィー大佐の血液型はわかりませんが、北朝鮮の金日成（キムイルソン）金正日（キムジョンイル）金正恩（キムジョンウン）の三代ともA型なんです。

――B型騎馬系の国で、A型の指導者というのは不思議ですね。

わたしも不思議です。恐らく、ソ連の指導者が扱いやすいA型の指導者を選び指導者に据えたと思いま

す。またA型の用心深さによって中国系の思想をもつ社会主義者たちとの政治闘争に討ち勝ったのではないでしょうか。金正日（キムジョンイル）は息子たちの指導力のなさを嘆いていましたが、A型の息子さんだからだと思います。わたしはカダフィー大佐が殺害されたと知ったとき、核開発を中止したのは失敗だったと思ったのですが、わたしと同じA型の金正日もまた同じことを考えたにちがいないのです。パキスタンはカーン博士によって核保有国になっていますが、もし、核をもっていなければタリバンの活動を許したり、アルカイダのオサマビン・ラデンをかくまったりでアメリカは怒って攻撃し、インドもカシミール地方での紛争もあり、パキスタンの力を弱くし、親インドの政権をつくりたいから、攻撃に参加するような気がします。

アメリカがパキスタンを攻撃するときイギリスをはじめヨーロッパの諸国、日本も輸送等に参加しますから、それを阻止したカーン博士はパキスタンの救世主であり、ノーベル平和賞ものだと思います。北朝鮮がたとえ核兵器を放棄し、世界から体制を保証されたとしても、自由という言葉で若者を洗脳すれば、チュニジア、リビア、エジプト、シリアのように体制が簡単に崩壊したり、混乱したりします。シリアのようになれば北朝鮮の国民にとって不幸です。

——北朝鮮は韓国のような民主主義の国になればいいじゃないですか。

「アラブの春」でエジプト、リビア、シリアは民主主義の国になりましたか。B型の北朝鮮の国民は民主主義だと、ホブッスの『リヴァイアサン』でいう万人の万人に対する闘争になるため、より強い統治者が必要なんです。特に、シリアのように外国からの干渉があったりすれば最悪ですよ。

——核保有を容認するのですか。

隣国の日本として難しいですね。B型の国の独裁者は自分の政権の維持のためにもテロリストに核が渡らないように管理するでしょうし、O型欧米の指導者もテロリストに渡るのを恐れて、自由と人権を押し売りして混乱させないと思います。

――パキスタンを攻撃して転覆させれば、核をもったテロリストがうまれる恐れがあるということですね。

(3)　韓国は民主主義の国でよいのか

北朝鮮がB型騎馬系の国だといえば、B型の人が北朝鮮より少ないものの韓国もB型の国ですから、民主主義より、北朝鮮のような社会主義の国の方がよいではないか、という疑問がわきます。

――韓国は民主主義より社会主義のほうがよいのですか。

韓国にもO型の人がいて、民主主義がよいと思う人がいるんでしょうが、全体としては社会主義というか、五〇〇年続いた朝鮮王朝のような体制が合っていると思っています。

――李王朝は封建制じゃないですか。

外国から干渉されない現実的でもっとも安定した体制だから五〇〇年続いたといえるのです。安定的に長く続いた体制がその国の大多数の国民に最もよいと思っています。

――それを日本の明治政府が潰したんですね。

日本の江戸幕府の体制は日本文化が最も発達し、成熟した時代だと思っています。B型の人達は幕府の高官に、O型は中堅、また商業や流通を担い、A型は安定した体制のもとで農業に励むのです。これをペルーの黒船と太平洋戦争で破壊されたのです。鎖国では生きていけないので、今の日本も韓国もアメリカとのバランスの上で、アメリカが望む民主主義が成り立っていると思います。

――韓国が社会主義になってどんなメリットがありますか。

哲学者ニーチェがいうように民主主義は指導者への不信から生まれ、指導者が大衆にすり寄った体制であって、O型欧米に適しているんです。B型はエネルギーレベルが高くて、ストレスを外部に吐き出しますから、大統領が任期を終え、力がなくなると、告発し裁判にかけますし、また、日常的にも不満を吐き出さねばならないから、日本に解決しているはずの「慰安婦問題」、さらに「徴用工の問題」を蒸し返したりするんです。

――社会主義になればなくなるのですか。

強力な指導者であれば、例えば、北朝鮮と国交を回復すれば、条約を結び解決した問題を蒸し返させたりしないですよ。中国は強い政権のため、下から上がって来た「慰安婦や徴用工問題」を解決した問題として却下していますし、中国の習近平主席が核心（強力な指導者）になったことでますます安定してくると思います。

――韓国が社会主義になれば、強い指導者によって慰安婦や徴用工の問題がなくなるということですね。

不満を権力に向けて弱体化させるのではなく、エネルギーを個人のスキルや国の発展に集約すればもっと生き生きした強力な国になるでしょうし、国民も生まれ持った性格に合う政治体制ですから幸せになれますよ。

――「慰安婦問題」は困りますが、韓国は民主主義でいいじゃないですか。

O型は民主主義、B型は社会主義が適しているのに、O型アメリカを中心にした欧米社会がかってのキリスト教の布教のように、自由、民主主義、資本主義を武力あるいは経済制裁によって押し付けてくるから困るんですよ。

(4)　何故、韓国は慰安婦問題にこだわるのか

慰安婦問題は一九六五年の「日韓基本条約」で日本の韓国での財産権の放棄とともに、慰安婦についても韓国政府が保証することで解決したはずですが、度重なる謝罪、さらには慰安婦を象徴する少女像の韓国日本大使館前、あるいはアメリカ国内に次々と設置され、日韓関係がギクシャクしています。

――慰安婦像が、それも数人からなる立派な像をつくり、サンフランシスコ市の所有だったため、大阪市は姉妹都市を解消していますね。

二〇一五年に恐らく、アメリカの仲裁があったと思いますが、韓国との最終かつ不可逆の政府間合意がなされ、日本が一〇億円をねん出したものの大使館前の少女が取り除かれるどころか、釜山の領事館前、さらに竹島にも設置されているといわれています。何故だと思いますか。

――日本に謝罪文化があり、政府が理由もなく謝ったからでしょ。

日本が自発的服従のA型農耕民であり、韓国は誇り高いB型騎馬民だからだと思います。誇り高い韓国民からすれば、日本人は自分たちより体も小さく、運動神経が鈍いから、サッカーや野球などで負け、ロンドンオリンピックでは韓国の方が金メダルが多い。太平洋戦争をはじめたのは日本だから、ドイツのように日本が分断されねばならないのに、どうして我が国、韓国が……。またかつて豊臣秀吉が占領しただけでなく、日本が三六年間も植民地にするなんて許せない。さらに、こんなひどい日本が世界的に経済力の評価も高いこともまた腹が立ってしかたない、と思うんですよ。

――B型騎馬系がもつルサンチマンですね。

最近、韓国は新型迎撃ミサイル、サードの配置という踏み絵をつきつけられ、中国の反対や制裁があったとしても、アメリカ側につかざるを得なかったこともストレスになっていると思います。

――ルサンチマンの追加ですか。

Ａ型農耕系はストレスを相手ではなく、自分の内部に押し込めるという子育て遺伝子ですし、作物にたいして、たとえば稲や野菜の成長が喜びであり、ストレス解消なのです。しかし、Ｂ型騎馬系は自分の遺伝子を残すための戦う遺伝子を持っていますから、戦いに勝つことがストレスの解消ですので、Ａ型のせいで、戦おうとしない、また自分たちに合わせてくれる日本をターゲットにし、慰安婦問題などによって貶めることがストレス解消になるのです。

もし、日本がＡ型ではなく、台湾やフィリピンのようなＯ型の国であれば、毅然として戦うでしょうし、ストレスの解消相手にされることはないと思います。今のＡ型の日本が、Ｏ型か、Ｂ型の国になるまで、慰安婦や徴用工の問題が蒸し返されると思います。

――戦時中の強制労働訴訟で三菱重工が有罪になったものの、日本が一九六五年の「日韓基本条約」で韓国での財産の放棄と引き換えに解決したはずでしたよね。

Ａ型の日本はすぐ謝り、韓国がストレスを外部に向かわせるＢ型の国だから仕方ないですが、もし指導者が李氏朝のときの王様であれば、プライドがあり、条約を守り、また強い力で国民を従わせ、国民も低次での不満解消ではなく、超人をめざして邁進すると思います。

――民主主義の指導者は力が弱いから、国民の不満を慰安婦や強制労働訴訟をガス抜きにつかっているんですね。攻撃される日本はたまらないですね。

本当の解決は、韓国が世襲的な強い力の指導者にするか、日本がＢ型の中国か、Ｏ型の台湾、フィリピンのような国になるかですよ。

(5)　何故、アメリカは反共なのか

ヨーロッパでの社会主義、共産主義政党は、特にフランス、イタリアでは労働組合が強いこと、また第二次世界大戦のとき、地下に潜って抵抗したこと、時代の変化に沿って連合を組んだことから、市民に信頼され一定の支持を得てきたと思います。

しかし、イギリス、特にアメリカは戦後、マッカーシーの赤狩りといわれる反共がおき、一九五四年に共産党は非合法になり、社会主義団体はあるものの数千人規模だといわれています。何故、アメリカは反共なのでしょうか。

――今までの話からすると、自由競争をよしとするO型の人たちの国だからでしょ。

わたしがマルクスを学び始めた頃は、イギリスは階級社会であり、上流階級の人たちが平等な社会を望まない一方、アメリカは大金持ちが多くて、資本主義を否定し、労働者独裁などによって資産を失いたくないからだと思っていました。

しかし、イギリスもアメリカも自由資本主義と民主主義を愛し、格差を是認する典型的なO型の人たちが集まった国ですから、B型の人たちが考える権威的で官僚的な社会主義などなじめないのです。

――アメリカはO型の国民だから、格差があっても問題ない。労働者独裁の共産主義などもってのほかということですね。

そうです。持って生れた遺伝子が違うのです。前述のように最近、経済格差に取り組んだ世界的な経済学者の宇沢弘文博士が亡くなって話題になりました。テレビでしたが、シカゴ大学で宇沢教授のもとで研究した、二〇〇一年のノーベル経済学賞のジョセフ・E・スティグリッツ博士が、アメリカでは格差を問題にする学者などいなかったといっていました。宇沢教授は帰国し、環境問題に取り組んだのですが、恐らくB型

かO型の評論家なのでしょう、世界的学者が、緑を大切にしろなどとねぼけたことをいっている、という記事を読んだ覚えがあります。宇沢弘文氏は格差を是正し、平等を願うことから血液型はA型の気がしますが、行動的で積極ですので、B型か、AB型のように思えたりしますが、どうでしょうね。

――アメリカが合わなくて帰国したからO型ではないでしょうね。格差はよくないと考えたのは、数学専攻から経済学に変更するきっかけになった河上肇の「貧乏物語」の影響だそうですから、河上肇やカール・マルクスと同じB型かもしれませんね。

(6) 何故、アメリカは民主主義か

世界の最初の民主主義国は、古代ギリシャのアテナイであり、民主主義がいかに素晴らしいかは、アテナイの指導者ペリクレスのアテナイ軍の戦没者追悼式の場での演説があります。まさに、今のアメリカが考えていることを集約して述べています。民主主義は資本主義がO型狩猟系の欧米が求める経済体制であると同じように、自由を担保したO型の政治体制なのです。

――しかし、B型のニーチェは民主主義は衆愚政治だといってののしっていますよね。

そうですが、愚かな指導者のときは、行政、議会、司法の三権分立やリコール制度を用意し、トランプ大統領のイラン諸国などのイスラム国からの入国禁止令にたいしての違憲判決などのように、最悪にならないようにしているのです。

――民主主義はニーチェがいうように、B型の国にとっては混乱を招ねきかねないのですが、O型の人たちには最も居心地のよい体制なんですね。

民主主義はO型欧米に適したシステムであり、世界の紛争のほとんどが、B型の国への民主主義の押し売

りのせいであることを自覚して欲しいと思います。

(7)　何故、中国は覇権的なのか

今の中国は軍事大国であり、尖閣諸島、南沙諸島への進出など、中国の国内の人権問題だけでなく、周辺諸国にたいしても覇権的で官僚的にみえるのは共産主義だからだと思うかもしれませんが、唐、漢、あるいは、明王朝などと同じことの繰り返しだと思います。

――B型騎馬系の人たちが求める政治体制ですね。

そうです。民主主義のアメリカでは中国をはじめ、B型の国にたいして、人権を主張しますが、B型の高エネルギーの人たちの中国などにO型の民主主義の政治体制にしたりすれば、繰り返して申し訳ないですが混乱するだけなんです。

――O型とB型は遺伝子が違うから当然求める政治体制も違うんですよね。

O型の人たちが不適切は指導者を選んだときは、議会があり、リコールしたりできますが、前述したように中国には三億の遊民がいて、生活が苦しくなったりすると、黄巾の乱、紅巾の乱、太平天国の乱などの暴動を起こし、鎮圧され、しばらくすると王朝は滅びて新しい王朝になるのです。これがB型のマルクスがいう革命であり、中国は革命が連続した歴史だと思います。

――中国のようなB型の国では覇権的であってはじめて安定し、紛争のない国家になれるのですよね。

それがO型の人には理解できないですし、A型のなかにも中国や北朝鮮は民主主義でないから信用できないという人がいて、とても残念です。

(8) 何故、インドは菜食主義なのか

戦後二七年間グアム島で暮らしたA型の横井庄一さんは、時々蛙を食べていたようですが、ほとんどが山菜で、周辺住民からバナナ一本、たまご一個盗むことなかったといいます。一方、フィリピンのルバング島で三〇年間暮らしたAB型の小野田寛朗は肉を食べないと下痢をするため、水牛を撃ち殺して食べていたと書いていていました。

――A型は草食系、AB型は肉食系だからですね。

肉食系はB型騎馬とO型狩猟の男子・女子。草食系はA型農耕とAB型地侍だと思っていたので、AB型が肉食なのに驚いたものの、AB型の石原慎太郎氏がちゃぶ台返しをしたことを思い出して、AB型は肉食系なんだと思いました。ただ、AB型が肉食であれば、最も典型なB型の国、インドの人々が草食であるのが不思議に思えてきました。

――どうして草食ですか。

B型の人は菜食すると気持ちが落ち着くのではないでしょうか。B型のニーチェは菜食を理想とし、試みたもののできなかったようですし、チベットのダライラマは仏教徒のため、殺生を避けたくて菜食をしたものの肝臓病になり、鶏肉を食べるようになったと自伝に書いていました。

また、タイのタイガーテンプル（トラ寺院）では、大豆タンパクだけで育て、犬のようにペットにして連れて歩き観光にしているのです。恐らく、肉食のトラでもストレスがなければ、植物タンパクでも育ち、戦闘的な感情が抑制されるような気がします。

――B型の人に菜食は心が落ち着くか聞いてみたいですね。

B型の人のエネルギーレベルが高すぎて、不安定化する気持ちを菜食が穏やかにするのではないですか、

わたしもB型の人に聞いてみたいですね。

――B型のゴリラも菜食でしたよね。

ゴリラやパンダは、元は肉食だったようですよ。A型の国の日本とB型のインドやパキスタンはお見合い結婚、でも、A型はパートナーを探す能力がないからであり、B型はあり過ぎるからですが、A型の菜食は体質であり、B型は互いの戦いを避けるためですから、体質に合わない食事をとり続けると病気になると思います。

――ゴリラのように何百万年も菜食を続ければ、体質も変わって病気にならないかもしれないですね。

(9)　アラブ、中国など民主主義を否定するが、何故、インドは民主主義か

民主主義はO型の人の遺伝子が求める体制であって、B型のアラブの国々の民主体制は国を不安定化させるため、強い権力による独裁と革命が適しているとすでに述べました。しかし、インドの場合は民主主義であり、投票で、議員や首相を決めています。どうしてでしょうか。

――カースト制度があるからですか。

そうです。カースト制によって、人々の上昇志向に天井をつくって安定化しているのです。ほとんどの政治家は最上級のバラモンの人たちであり、下位の人たちは政治家になれないと思っています。

――誰もが政治家になろうとすれば、「船頭多くして船、山に登る」になりますね。

中国もカースト制度であれば、民主主義がなりたつと思いますが、毛沢東がつくった都市籍と農村籍の二つだけではB型の上昇志向は抑えられないと思います。

――アラブもB型の国である以上、民主主義はよくないですよね。

混乱が拡大するだけだと思います。

(10) 自由や人権は本当に人類が共通する価値観なのか

オバマ大統領が二期目を終えるとき、キューバとの国交を回復し、共同記者会見で、自由は人類共通の価値だ、といって握手しようとしたのですが、カストロ主席はB型騎馬系だったのでしょう、成立しませんでした。

——欧米の自由は誰にも拘束されない、好きなものを選ぶ選択の自由であり、民主主義、資本主義と同じように〇型欧米のみの価値観ですものね。

A型のカーター元大統領は人権や自由を大切にしていましたが、恐らく、海軍にいたときに身についたと思います。しかし、トランプ大統領は軍隊や公的な職についた経験がなく、生まれ持ったA型農耕民のため、自由や人権などに関心がありません。

——自由と人権は〇型の価値観であり、またオバマ大統領の発言からしてAB型の価値観でもあるんですね。

最も相性が悪い〇型とAB型が同じ自由と人権を大切することは不思議ですね。恐らく、〇型は自由にパートナーが選べること、AB型はできるだけ遠くて離れたパートナーの出会いの保証だと思います。B型とA型は自由や人権に関心はなく、もし関心のある人がいればジミー・カーター元大統領にように軍人だったなどという環境の影響だと思います。

(11) 日本はどこに行こうとしているのか

日本は戦後、勤勉、企業では年功序列、終身雇用制で経済大国になりましたが、グローバル化によってA型農耕系の価値が否定されて失ってしまいました。日本は今後とも「NO（ノー）といえない自発的服従のA型の国」であり続けると思いますか。

――どうなるんでしょうね。

まず、日本の農業の工業化あるいは輸入食料品によって、農業に適したA型の人が少なくなり、台湾、フィリピンのようなO型とB型の国になると思います。そして、O型の人がアメリカと、B型の人たちが韓国、中国と外交や貿易、文化交流をスムースにしてくれると思われます。

――でも、時間がかかりそうですね。

ハワイの移民が三世代で血液型が大きく変わった記録がありますから、最初はA型の人が後方に下がって、O型とB型が前面で活躍し、より多くの子孫を残すことで、三世代先では台湾、フィリピンのような血液型構成になると思います。勿論、どれほど危機感を持つかによるでしょうが。

⑿　世界はどこに行くのか

一九九〇年代のはじめにソ連邦が解体されてからO型の欧米の自由資本主義が正しかったとして、さらなるグローバル化に向かうものの、イギリスのEUからの離脱。またアメリカのA型のトランプ大統領の内向きの姿勢、三歩進んで二歩退きながらの前進になっていると思えます。

もう一つは多くの人口をかかえるB型の国、中東、インド、中国が世界の中に踊り出て、G・七（セブン）からG二〇になり、協力し合うなかで対立がうまれています。

――二〇世紀は戦争の世紀、二一世紀は東西の対立がなくなり、平和になると思ったのですが、中東、アフリカの紛争などが起きていますね。

世界の警察を自負するアメリカがB型の国を攻撃し、紛争の原因を作っているのです。

――アメリカはもう世界の警察としての力はないと思います。

O型の古代ローマ帝国は地中海を支配し一二〇〇年続きました。O型の欧米、特にアメリカが太平洋と大西洋を支配し、古代ローマほどではないにして、まだまだ存在感を持ち続けると思います。

――紛争はこのまま続くことになりますか。

なくすためには、O型欧米にB型の性格を理解し、攻撃しないこと。また、O型は強力な力には従いますので、B型の人たちが団結して欧米に対抗すればよいと思います。

――B型は団結が難しくて、ファイブアイズのようにはいかないですよね。

ニーチェをはじめとしてB型の哲学者を理解し、「血液型人生学・社会学」を学習すればできるようになると思います。

――そうありたいですね。

X まとめ

新しい人間観・社会観、「血液型人生学・社会学」について話し合ってきましたが、理解いただけましたか。――ABO式の血液型と性格がダーウィンの進化論の考え方により、ここ一〇〇年間の研究が正しいことを証明し、さらに特徴が増えることによって人間への理解が深くなり、また哲学者・思想家がそれぞれの「血液型と性格」の表現者だわかったことで、道徳、芸術、宗教、国民性などだけでなく、政治、経済を含む社会現象としての社会学にまで適応範囲が広がったんですよね。

その通りで、ここで述べたかったことを五項目にまとめ、再度振り返ってみたいと思います。

▽1 「血液型と性格」の一〇〇年間の歴史への考察

まず、一九〇〇年にヒトのＡＢＯ式の血液型がドイツで発見されるとすぐに、血液型と持って生まれた性格（気質）との間の関連についての研究がはじまりました。日本に紹介されると、疑う人たちがいたものの幾度となく血液型と性格のブームが起きて、すでに一〇〇年たっています。この間の研究を四つの世代に分け、最もわかりやすい第三世代目の能見俊賢さんのサラリーマンを対象にした研究に焦点をあてました。

また、第四世代目の、『B型自分の説明書』ジャマイス（Jamais Jamais）さんはご自身の性格を見詰めて適格に表現されていたことから、B型の哲学者ニーチェの概念（持って生まれた性格の表現）と対比しながら

B型の性格について詳述しました。

しかし、従来の研究では、何故、A型の人は大人しくて、勤勉なのか、O型は積極的で社交的なのか、B型は俊敏で戦闘的なのかが述べられていませんでした。

――「血液型人生学・社会学」ではっきりしたのですよね。

わたしが学生のときプレートテクトニックス論について議論され、今は地震も含めて地球の諸現象が説明できるようになりましたが、血液型と性格はダーウィンの進化論から組み立てることで、人々の性格や社会の諸現象が説明できるようになりました。

▽ 2　ダーウィンの進化論から組み立てた「血液型人生学・社会学」

チャールス・ダーウィンが生物は環境に適応するように形態や生態が進化したと考えました。ここで、人の血液型と性格もまた環境に合うように進化し、適合しない血液型と性格は滅び、消えてなくなったと考えます。そして、性格が大きく進化するきっかけは無性から有性生殖になったとき、栄養を蓄えて動かずに待つ卵子と、遺伝子だけを持って無数で探し回るという精子に分化したことです。この、卵子と精子の性格の分化は、できるだけ遠くて離れた遺伝子の交換のほうが優れていて繁栄したからだと思います。次の大きな進化はヒトが草原に出て、二足歩行によって骨盤が小さくなり、また胎児の頭が大きくなったことで未熟児の出産になり、子育てを専門とする性格がうまれたと考えます。

――動き回って優れたパートナーを探す性格と、動かずに子供を天敵から守る性格の人に分化したということですよね。

一人で獲物を捕らえ、また子供を育てるという両方の性格の人は食料が少なく、天敵の多い環境には合わなくて次第に消えていったと思います。

卵子の性格が子育て・A型農耕の大人しくて勤勉な性格に進化。精子の場合は、非子育てで繁殖（自由恋愛を採用）の性格がO型狩猟系の積極的、社交的に。また、非子育てで繁殖（ハーレムを採用）のB型騎馬系の俊敏で戦闘的な性格に進化し、一方でA型とB型の性格をもつAB型地侍系が生まれるなど、長い進化の歴史のなかで、血液型と性格は共進化したと考えられると説明しました。

また、人間に関心があり、人間とは何か、について研究している哲学者や思想家の思索と行動もまた、卵子・子育て・A型農耕の性格。精子の非子育て・自由競争による繁殖・O型狩猟、あるいは、囲い込み（ハーレム）による繁殖のB型騎馬の性格を引き継いでいることについて話し合いました。

▽ 3 「血液型人生学」は科学であり、間違いない

地球の年齢の四六億年は①化石による推則と②最古の岩石、さらには③隕石による三つの独立した証拠の一致のため正しくて将来も変わることがないと思います。「血液型と性格」が①従来の観察による一〇〇年間の研究と②ダーウィンの進化論からの研究と③とサルたちの研究の独立した三つの研究が一致することから正しくて間違いないと述べました。

――理論と実験の一致、さらに追跡実験でも矛盾がなければ正しいとしますよね。

▽4　哲学者・思想家は「血液型人生学・社会学」の表現者及びその意義

この書籍の中心テーマは、哲学者や思想家は「血液型人生学・社会学」の表現者であり、独立した四つ目の証拠になるということです。

近代西洋哲学の代表としてのイマヌエル・カントは卵子・子育て・A型農耕の思想の表現。ヴィルヘルム・ヘーゲルは精子、自由恋愛、O型狩猟系、フリードリッヒ・ニーチェは精子・非子育て・ハーレム型の繁殖戦略のB型騎馬系の性格なのに、哲学者・思想家は勿論のこと、政治家、心理学者、精神科医、マスコミの人たちもまた、人間どころか自分自身さえもわかっていないと指摘しました。

ここで哲学者・思想家の人間や社会についての考察をとりあげ、どのように「血液型人生学・社会学」について結びつけたかはとても重要なので、その意義を含めて以下七つにまとめました。

(1)　哲学・思想が独立した四つ目の証拠になる

幾度も述べますが、生物が進化するように人の血液型と性格もまた環境に適応しながら進化し、生き残ってきたと考え、進化論による「血液型人生学」をA型は卵子、子育て、農耕系の性格。O型は精子、繁殖（非子育て）狩猟系の性格。B型は精子、繁殖（非子育て）騎馬系の性格。AB型は精子・子育て・繁殖・型地侍系の性格、として新しい人間観・社会観、「血液型人生学」としました。

これが、一〇〇年間の従来の観察を主体にしてきた「血液型と性格」の研究結果と一致するのです。また、サルや他の動物たちとの研究結果とも矛盾しないのです。

独立した三つの研究結果が一致することで、新しい人間観は間違いなく真実だといえるのです。

さらに、さっき述べましたが、哲学者・思想家の思考が「血液型と性格」の表現であることを示したことで、独立した四つ目の証拠になり、新しい人間観の真実性を追証明したことになるのです。

(2) 哲学者・思想家の道徳観、政治、宗教、芸術など適応の拡大

血液型と性格の研究は一〇〇年ほどですが、哲学の祖タレス以来、二六〇〇年の歴史があり、それも多くの世代を越えた知性の集積であり、人間の理性、道徳だけでなく、政治、宗教、芸術など広範囲の研究のため、血液型と性格の適応範囲が広がっています。

フランスの哲学者、オーギュスト・コントが哲学から数学、天文学、物理、化学、生物、社会科学などの実証科学がうまれたと述べていますが、「血液型人生学・社会学」も哲学から独立した人間と社会についての実証科学になると思っています。

(3) 哲学者や思想家の思考や行動は全体の人々の四分の一でしかない

イマヌエル・カントは人間学のなかで、人間とは何か、を考え、①私は何を知りうるか（認識）、②私は何をすべきか（道徳）、③わたしは何を希望しているか（宗教）について多くの成果あげてきました。

しかし、自分自身がわからないから、血液型が違う他の人たちの考え方や、血液型が違う人たちが集まった人間全体について理解できていないのです。実際には、A型のカントは子供を育てるための思考であり、O型のヘーゲルは大人が自由でより効率的な恋愛をする大人のための哲学。B型のショーペンハウアーやニーチェは権力者（超人）になるための大人の哲学。またAB型のラッセル卿は大人のための恋愛だけでなく、子供のような弱い者に寄り添う性格のための哲学をしていたのです。

——カントはA型だから、O型のヘーゲルやB型のマルクスのような哲学はできない。O型のヘーゲルもA型のカントやB型のマルクスのような書籍は書けないし、B型のマルクスもまたA型のカントやO型ヘーゲルの思想は生まれてこないですよね。

今までの哲学者は人々の全体の四分の一の思考や行動でしかなかったことに気づいていなかったのです。もしカントがヘーゲルやマルクスと同じ思索による論文を書いたとしても、時代を越えて残ることはなかったと思います。

——お互いに持って生まれた「血液型と性格」による思想だと気づかないから、あんたの哲学はおかしいといって批判しあったんですね。

ヘーゲルは自分が恋愛のための性格であり、カントが子育ての性格だとわからないから、カントは対人について全く考えていない、と不満を述べているんです。AB型のバートランド・ラッセルはO型ヘーゲルの学説のほとんどすべてが間違っていると書いていますが、「血液型と性格」を理解できていれば、AB型とO型の相性の悪さだとわかるでしょうし、ヘーゲルを絶賛する哲学者はヘーゲルと同じO型だとすぐ気づくはずです。

(4) 哲学や思想の文献は手に入りやすく、誰でも調べて確かめることができる

わたしは哲学や思想の専門家でなく、また勉強中でしかないのに、「血液型と性格」と結び付けたことに違和感をもたれる人が多いと思い、手に入りやすい書籍を選び、実際は三分の一ぐらいでしかないですが、主要参考文献としてあげました。確かめてもらえれば納得していただけて、わたしが気づかなかった新しい発見があると思います。

――哲学は二六〇〇年の歴史があり、多くの研究者が今でも取り組み、書籍があふれていますものね。哲学は日常的な生活から離れた思索の世界のように思いがちですが、勉強していくうちに多くの人がはまり込むような気がしますね。

(5) 哲学や思想から血液型と性格が具体化・発展し、豊かになった

哲学は、認識論、価値論（道徳、芸術、宗教）、存在論（自然、歴史、人間）と分野が幅広いため、研究がさらにすすめば、哲学だけでなく、血液型と性格がより豊かになります。ニーチェの哲学、また、ジャマイスさんの思考がB型騎馬系だとわかったことで、従来の血液型と性格の特徴が二〇～三〇に増えました。

――血液型と性格の考え方を取り入れることで哲学にもプラスになるんですね。

能見俊賢さんは幼稚園児たちがバイキング料理のとき、B型はすべてがスープをとるといったことから、「万物の根元は水である」といった哲学の祖、タレスはB型にちがいない。またAB型の園児はすべてを均等にとることから、紀元前五世紀のすべては「土、水、火、風」からなるといったエンペドクレスはAB型だとわかるのです。

――少し短絡的ですね。

タレスがB型騎馬系だと考えたとき、業績が生物の研究ではなく、測量、あるいは日食であったことでうなずけますし、エンペドクレスはオリンピックで優勝したことから、確実にAB型と思えるアレキサンドロス大王の父、フリッポス二世もオリンピックの騎馬競争出ています。偶然とは思えない一致点が出てきます。

――哲学者は血液型と性格の表現であると話されましたが、他に気づいたことがありましたか。

最も大切だと思うのは、マスクスはB型騎馬系の思想であり、B型の中国や北朝鮮に最も適した政治体制

を表現していると気づいたことです。

――マルクス自身は無意識でしょうが、自分の政治思想が人類全体に適応できると思っていたんですね。

次に、今、グローバル化によって自由資本主義、民主主義が全世界の人たちに適しているかのように広まっていますが、O型欧米だけの思想であることです。

――自由や希望はO型欧米を代表するヘーゲルの思想で、B型のニーチェは否定し、自由と希望を与えたアラブの春は結局、B型の国々を混乱させましたね。

もう一つ重要なことに、A型のカントの共同体からO型のヘーゲルの資本主義、国家そしてB型のマルクスの社会主義革命はバブルだとわかったことです。日本の五五年体制で、A型の鳩山一郎が基礎を作り、O型の池田隼人が経済発展、B型の田中角栄が土地バブルをおこしました。また、明治維新はA型の指導者、日清・日露戦争のときはO型の指導者、太平洋戦争のときはB型の指導者でバブルであり、リーマンショックも同じだといえます。

――新しい人間観・社会観「血液型人生学・社会学」でもA型の人たちが基礎をつくり、O型の人たちが発展させ、B型の人たちがバブルをおこすのですかね。アベのミックスの安倍晋三首相はB型ですし、もし、黒田東彦日銀総裁がB型であれば、今の金融緩和政策はバブルだということになるから、政治家だけでなく、日銀の役員も血液型を公表すべきですね。

そうだと思います。でも、今回のコロナによって金融緩和策がバブルになることはなくなりましたが、血液型と哲学、政治を含めて諸科学と結びつくことで、さらなる発展があると思います。

(6)　何故、哲学者でもないわたしに血液型と性格と哲学者・思想家を結び付けられたか

専門家でもないわたしが哲学の話をして申し訳ないですが、一九六〇年代に構造主義という考えが主流になり、その一人にフランスの文化人類学者、レヴィ＝ストロース（一九〇八～二〇〇九）が、未開社会の研究から、サルトルの人間は自由であるという考えと全く逆の、人間は自由ではない、部族の掟（構造）にしばられている、といったのです。サルトルは人間を、現代の知識人を対象にし、レヴィ＝ストロースは未開人を含めて人間全体を対象にしていたのです。構造主義の考えの基礎に、地表から深部の地層の成り立ちを考察する地質学、社会の成り立ちを下部構造から考えるマルクス主義、意識の奥にある無意識をさぐるフロイトの精神分析の知識があったとしています。わたしの場合、地質学はわたしの専門ですし、マルクス主義についても勉強し、精神分析は小説を書くための心理分析に役立つと思ってフロイトやユングを学んだのです。

――地質学から「血液型と性格」をダーウィンの進化論の考え、マルクスがB型であり、B型の中国や北朝鮮の政治体制、B型のフロイトの精神分析から、B型の人々の心理療法に適していることがわかったんですね。

この人たちをより深く勉強したことで、人間についてレヴィ＝ストロースより深い分析ができたと思っています。

(7)　哲学書や思想書は感情の表現でしかない理由

①ごく狭い範囲の専門家でしかなかった

学生の頃に、話題になったのがドイツの理論物理学者ハイゼンベルグが学位をとったときに、理論と実験の二人の物理学者の審査員のうち、一人が有名な実験物理学者であり、実験について全く知らないので、不満を述べたといわれます。しかしもう一人の理論物理学者が理論については優れているのでといって説得し

たという話を聞いていました。

数学のフィールズ賞の小平邦彦については数学科から物理科に再入学しようとしたとき、化学はわかりませんというと、わからなくてもいい、といわれたと本に書いていました。

――専門を狭くしないと深い分析はできないんでしょうね。

専門を極めれば、他の分野も優れていると思ってしまうんです。でも、人間の心理に詳しい小説家、心理学者、精神分析医が夫婦喧嘩や離婚、子供が非行に走ったりする例があるんですよ。何故か。

②理性脳でわからなくても、感情脳でわかっていた

多くの人は、日常生活で人々と不自由なく思いやりをもって接しているため、人間や自分自身がわからないといわれても、納得できないと思います。

理性脳（大脳新皮質）でわかっていなくても、感情脳（大脳旧皮質）ではわかっているので不自由さを感じないのです。感情脳を理論化して表現したのが、哲学者、科学者、政治家、芸術家の思想であり、持って生まれた「血液型と性格」だといえるのです。

感情は爬虫類の蛇にもあり、笛で踊るインドコブラは突かれて怒って鎌首を持ち上げますし、魚も感情によってかつおの縞模様が現れたり消えたりするなど、感情には理性よりもはるかに古くから動物を支配してきたとても強い力があるのです。

心理学者のシグモント・フロイトは意識を支配する無意識を探るために夢分析を行い、意識（教育からくる抑圧）と無意識（持って生まれた欲求）の葛藤を和らげる精神分析療法を行ったのです。

イギリスの哲学者デビット・ヒューム（一七一一～一七七六）の有名な言葉「理性は感情の奴隷である」があり、また、イギリスの進化生物学者リチャード・ドーキンス（一九四一～　）の「人間は遺伝子が運転する車」

というのも同じなのです。

――日頃、理性脳（人間の脳）を使っていると思っているけど、意識しないまま感情脳（サルのときの脳）を使って行動しているんですね。

その通りで、感情脳なのに理性で行動していていると思っているんです。ニホンザルの映像を見ている時、小学校の頃の人間関係と同じだと思い、また、会社員になってからも全く同じことに気づきました。

――会社でのパラハラ（上司からのいじめ）、セクハラ（卑猥な行為）はサルのときの脳の働きで、理性ではありえないですものね。

パラハラもセクハラも違法だと社内規定として取り入れるときは、理性脳を使っているんですよ。

③ベンジャミン・リベットの〇・五秒の遅れ　「マインドタイム脳と意識の時間」

心理学者や哲学者が、意識と無意識の関係や人に自由意志があるか、についてアメリカの生理学者ベンジャミン・リベット（一九一六～二〇〇七）の研究：意識が決定をする〇・五秒前に、無意識の電位信号が立ちあがっている事実がよく引用されます。腕を動かそうと思ったとき、その〇・五秒前に、すでに、電位信号が起きているため、人に「自由意志」などなく、意識は無意識の決定を追認しているだけだというのです。

――意識に決定権がないというのは、フロイトの精神分析以上に衝撃的だったでしょうね。

よく例に出るのが、野球で投手が投げる一四〇キロのボールは打者まで〇・四五秒だから、反射神経の〇・一五秒の反応があったとしても、カーブかストレートか意識できないままバットをふっているのではないか、ということでした。リベットのさらなる研究によって、意識に決定権はないものの、意識に〇・二秒前に一瞬に伝達され、拒否できるとしています。

――だから、打者は一瞬の判断でバットを引っ込めることができる。

テレビでしたが、ノーベル賞の学者の小柴昌俊さんが奥さんの作って出してくれた料理をちゃぶ台返しをした、といっていました。ひっくり返そうと思う〇・五秒前に無意識が決定し、〇・二秒前に意識に知らせるものの、実行してしまったということです。

――一瞬であれば、ノーベル受賞者でもストレスが溜まったときの本能の要求は拒否できないでしょうね。

④人間は感情の動物であり、各自の感情を血液型が表している

昔から「人間は感情の動物」だといいますよね。学生のとき、朝早い数学の授業で、一番前でいつも居眠りをする学生がいて、何回目かに教授が怒りだし、そのとき、人間は感情の動物だからといったことを覚えています。

――一番前で毎回であれば、我慢できないでしょうね。

人間が感情（無意識）に支配されていることはフロイトの精神分析からいえます。

――トラブルは感情がもとになるんですね。

デビット・ヒュームが哲学の観点から、リチャード・ドーキンスは動物行動学から、ベンジャミン・リベットは実験で証明したことになります。

――人間は感情、サルだったときの脳によって判断し、させられていて、「血液型人生学・社会学」が血液型から各自の感情の違いを明らかにしたということですね。

「血液型人生学・社会学」はここ一〇〇年間の「血液型と性格」を補強し、さらに血液型が持って生まれた性格である感情（無意識）を明らかにし、また証明したことになります。

▽5　新しい人間観、「血液型人生学」の応用

ここ一〇〇年間の「血液型と性格」の研究成果を理解し、何故正しいのか、また思想や政治、経済にも当てはまることを納得していただくのは当然ですが、是非生活のなかに生かして欲しいと思います。もっと若いときにわかっていれば、もっと良い人生がおくれたのに、という後悔の思いから、血液型人生学・社会学にしましたので、ただの知識ではなく、自分自身がわかっていれば、相手の性格の違いもわかって、必ず生活に役立ちます。再度活用についてまとめてみます。

(1)　まず、身近な人たちやグループの血液型を調べて観察し続けることの大切さについて

人の性格の複雑さを地質の複雑さに例えて述べてきました。学生のとき、標準的な岩石の知識をもって、卒業論文のための調査地に入り、最初は全くわからないものの、同じ場所を一か月観察続けるとわかってきて、地質図ができるのです。同じものを一か月も見続けると、複雑なものの特徴を捉える観察力ができてくるのです。

――法医学者の浅田一博士がいわれるように、「血液型と性格」を否定する人は観察力がないということですが、観察し続けないからですね。

哲学者のハイデイガーが、循環論法でも最初と次回とは違うといっています。循環論法も繰り返し続ければ科学的証明としての帰納法になりますし、もし、間違っていれば、必ず矛盾がうまれて修正しなければならなくなります。

――修正が観察力のアップにつながるんですね。

人間にはバイアスがあるから、「血液型と性格」などあてにならないという心理学者がいます。地質の専門家はそのバイアスを避けようとしながら温泉、石油、鉱床の調査をします。温泉でも数千万円、石油、鉱床の調査になれば莫大な金がかかり、失敗すれば責任問題になるから必死です。

――心理カウンセラーは依頼人の悩みについて週一度、一時間の面接で判断してお金をもらいます。哲学者たちの批判や解説は人生経験のない学生が相手だから、ぬるま湯のなかの学問かもしれないですね。

専門分野のスキルアップは大変でしょうが、奥さん、夫、お子さん、上司、部下、趣味のグループの「血液型と性格」の観察などはお金なしで、誰でもできることだから、試みさえすれば必ず観察力がアップし、納得していただけると思います。

(2) 自分が持って生まれた性格を変えるのではなく、血液型にあうように環境をつくる

人は努力によって性格が変えられるといいますが、かなり難しいです。哲学者、A型のカントがもし国境を越えて移動する激動の時代に生きていれば、業績も少なく、また八〇歳まで生きられなかったと思いますし、O型のヘーゲルは最も適したO型欧州の環境で思索し、O型が最もかかりやすいコレラで六一歳で亡くなりました。コレラの流行がなければ、ショウペンハウアーのようにドイツを脱出していれば後二〇年は生きたと思います。B型のマルクスとニーチェはO型欧米の環境のなかで苦悶しましたが、もしB型の国で活躍できれば、もっと長生きできたと思います。

――社会的に成功した人は社会が自分の血液型とあっていたこと、また、血液型人生学・社会学を知っていればさらなる高みに登れたということですよね。

ただ、O型あるいはB型だからといってA型の日本を抜け出すこともできませんし、A型はA型の日本だ

から幸せかといえば、それだけで十分といえないのです。自分の血液型と性格を知ることによって他の人との違いや、自分自身の長所、短所がわかり、また、持って生まれた性格は変えられないので、環境を変えることだと思います。

A型の場合は、攻撃的なO型やB型が嫌で一人で生きようとするかもしれません。でも、天敵の多い草原に暮らすインパラやガゼルなどは群れになって暮らしています。グローバル化による弱肉強食の時代のため誰も攻撃的になっていることを考えて、一人にならないことです。またすでに述べましたが、パタスザルのなかで多産と逃げることが得意なA型のみが生き延びたことを教訓にすべきだと思います。

――A型の人は攻撃されやすいので、A型同士が集まって警戒するようにすることですね。そうすれば、オレオレ詐欺の被害が減り、また、インターネットやスマホで素性もわからない人の仲間に入らないことですね。

O型の人の場合は、欧米の人の性格であり、今のグローバル化もO型の人たちが求めるシステムですので、対処の仕方もわかるから特に警戒する必要はないでしょう。ただ、自由や民主主義はO型だけの価値観ですので、A型やB型の国に押し付けないことです。また、O型の人は理解できない相手を攻撃するので、できるだけ相手を理解するようにして欲しいと思います。

――世界の紛争のほとんどが、O型の人の価値観である自由、希望、民主主義、資本主義の押し売りが原因なんですよね。

B型の人が誇り高いのはいいですが、O型に攻撃されると混乱し、恨み（ルサンチマン）を持ち、弱い方に怒りを向けがちですので、O型を理解し、攻撃されないようにして欲しいと思います。

――O型の人は打たれ強いから、B型の人も打たれ強いと思ってしまいますよね。

AB型のカリスマ性と楽天性は素晴らしいですが、O型とB型の攻撃性に気をつけて、AB型を増やし、

ＡＢ型の国を作って欲しいと思います。

――合理性を求めてうまれたのが、都市であり、合理的なＡＢ型に合うそうですから、都市が数一〇万年も続けば、ＡＢ型の都市が生まれるんじゃないですか。

そうかもしれません。血液型から自分自身を含めて他の人の性格を知ることで、自分の人生、また幸福度が上がり、さらに、民族性、国民性、政治、宗教などがわかることで、国際紛争の原因がわかり、必ず役立つと思っています。

確認編

XI 「血液型人生学・社会学」からみた書評

わかりやすくて手に入りやすい書籍をとりあげて、再度、「血液型人生学・社会学」の理解を深めたり、別の見方ができるという観点から考えてみます。

▽1 『サル学の現在』 立花隆 （一九九一）

わたしが学生のときの指導教官が霊長類の研究者の今西錦司氏と京都大学の探検部で一緒であったことをよく話されていました。当時サルのイモ洗い行動からサルにも文化があるといわれた頃で、わたしも興味を持ち『ニホンザルの生態』河合雅雄（一九六四）、伊沢紘生（一九八二）はじめサルについての本を読む中から当書籍をとりあげることにしました。

――霊長類学は進歩しているのに、三〇年も前の書籍ですか。

でも、当時の一線のジャーナリストが最先端の研究者に質問しながら、ニホンザルだけでなく、チンパンジー、ゴリラ、ボノボ（ピグミー・チンパンジー）、ゲラダヒヒ、オランウータン、ハヌマンラングール、さらには南米のサルたちの社会生態、サルからヒトへの社会進化など内容が豊富で、わかりやすいんですよ。

――対話形式でわかりやすく、また総合的で網羅的なんですね。

ヒトやサルの化石からの進化だけでなく、血液のなかのヘモグロビンや免疫グロブリンからみた分子時計についても書かれているんです。

――分子から見た霊長類進化、血液型についてどうですか

書かれていなくて、今のところ『サル学なんでも小事典』だけなのでとても残念なんですよ。でも、ゴリラのオス同士の同性愛は射精を伴うとか、類人猿や原人同士が殺し合った化石があり、ペキン原人もまたヒトを殺し、脳みそを食べた痕跡があるなど描写がとてもリアルなんです。

――猿人や原人のカニバリスム（共食い）は衝撃的で、誤解をうみそうなので一般書には書かれていないですね。

他にも紹介したい描写がたくさんあるのですが、「血液型と性格」の視点から次の七点について述べたいと思います。

①ヒトとサルの比較は血液型ですべきである

日本サル学の開祖の今西錦司氏（一九〇二～一九九二）はニホンザルの研究でリードしたものの、チンパンジーやゴリラではイギリスに先を越され、あわてて若い研究者をつぎ込んで業績をあげています。また、霊長類とヒトとの家族の比較研究をしたかったものの、差が大きすぎて興味をなくし、研究は若手に任せて山岳登山の方に向かわれたようなんです。最近の霊長類の書籍でもそうなんですが、ヒトとチンパンジーとか、ヒトとゴリラとか全体を比較すると似ているけど、違うところもあって、はっきりしないから血液型の違いを考慮すべきです。

――日本のサル学はサルにそれぞれ名前をつけるという個体識別で成果をあげたから、さらに血液型の違いからも識別して観察すべきだというのですね。

そうです。インドにニホンザルより少し大きいハヌマンラングールというサルがいて、欧米の研究者のように全体を観察するととても平和なサルにみえますが、個体識別（サルそれぞれに名前を付けての観察）によってボスの座を争っての激闘や子殺し行動の発見につながっています。B型の血液型のアラブの人達とB型のゴリラ：O型主体とA型の欧米人とO型主体とA型のチンパンジー：O型だけの南米のインデオの人たちとO型だけのゲラダヒヒと対比するとうまくいくと思います。

――アラブの人たちとゴリラとどこが似ているんですか。

この本の、ハーレムと同性愛・ゴリラという章のなかに詳しく書かれています。

――アラブの人たちは同性愛なんですか。

一九七〇年代の湾岸戦争以前ですが、バグダットから帰った先輩が喫茶店で男たちが手をとり合っていたといっていました。権力者にハーレムをつくられれば、パートナーを得られない男性がうまれ、男同士が寄り添うのは当然の気がします。また、建設会社の駐在員が現地の女性と恋に落ちたものの、既婚者であり、包丁で心臓をさされて即死、犯人は山に逃げてそれっきりになったといっていました。まさにゴリラのメスをめぐってのオス同士の激しい戦いであり、アラブとゴリラのB型のもつ社会性を詳しく比較していくと共通点がたくさん出てくると思います。

――共通点というより進化のつながりですかね。

②チンパンジーの社会は厳しい

わたしはO型主体とA型からなるチンパンジーはO型主体とA型の欧米人と同じで、戦闘的な性格と集団間の違いより個性の差が大きく、また、政治的な社会性があり、ナンバー二と三が協力してナンバー一を追い落すという政治的取引をしたり、また、オス同士の戦いは激烈で、別集団のオスと遭遇しただけで緊張して下痢するというんです。

――B型のゴリラのオスもまた生死をかけて戦うんでしたよね。

ゴリラの場合はボスがいなくなって、集団が崩壊したとき、周辺の集団やボスになりたい若いオスによるメスの収奪戦であって、ボスがいる集団同士や若いボスとの戦いはないようです。一方、チンパンジーは大集団が分裂して、しばらくすると分裂した集団は皆殺しになり、調べると一頭のメスだけ連れ戻されていて、これはまさにトロイア戦争だと書かれています。

――ギリシャ悲劇『イーリアス』に出てくる王妃ヘレネーを小アジアの王子パリスが誘拐したため、紀元前一三世紀に起きた悲惨な事件ですよね。

神話とされていましたが、一九世紀にハイリッヒ・シュリーマンらによって発掘調査がはじまり、ほぼ確かだとされた有名な戦争です。

――古代ギリシャ人の事件と同じことがチンパンジーの世界でも起きていた。それもメスをめぐっての争いであり、歴史は繰り返すと思うとロマンチックですね。

ロマンチックがどうか、チンパンジーは子殺し行動をし、その子供を食べるというカニバリズム（共食い）をするんですよ。子殺し行動はハーレム社会をつくるハヌマンラングールで最初にみつかったことは述べましたが、チンパンジーは複雄複雌で、殺したのが自分の子供の可能性もあるのに、母親が必死に抱え込んで守ろうとする子供を母親を傷つけないようにして奪いとって食べるんですからね。

――ライオンが子供を殺す動画をみたのですが、食べるのは見たことがないですね。肉が柔らかくて美味しいでしょうね。

日本ザルは戦後しばらくまで狩猟対象であり、肉は香ばしくて美味しく、特に秋ザルは最高で、サルの皮も極上で、頭の黒焼きは胃腸病や眼病に効き、干した腸は出産に薬効があって肝は軍馬用の薬として珍重され、このままでは日本ザルがいなくなるから保護獣になったらしいです。チンパンジーは欲しがる仲間に分け与える分配行動をするのですが、チンパンジーの子供だけはボスが独り占めにして食べるそうですから美味しいだけでなく、体調もよくなるじゃないですか。

――同じ集団内の子供を食べるなんて犬畜生ですね。

さっき述べましたが、ヒトがヒトを殺した化石があり、ペキン原人がヒトの脳みそを食べた痕跡があるから、むしろヒトのほうが犬畜生より劣るんです。有名なドイツの人類学者が「殺人の痕跡があれば、そのサルはヒトと断定してよい」というぐらいですからね。

――ヒトと類人猿やサルとの違いはなんですか。

アルフレッド・エンゲルスはヒトとサルの違いは道具をつくることだとしましたが、今、サルが作った一〇数種類の道具がみつかっています。また、言語を使うこと、分配行動、あるいは脳容量だと考えられましたが、チンパンジーには言語を使う能力がありますし、ニホンザルは分配行動をしませんが、チンパンジーはします。脳容量については、わたしが学生のとき、二〇〇万年前のホモハビリス（一九六四発見）の脳はチンパンジーの二倍であり、四〇〇万年前のアウストラピクテス・アファレンシス（アファール猿人）（一九七四年発見）の脳はチンパンジーと同じ脳容量で、二足歩行であったため骨盤は現代人とほぼ同じになっています。

――人間の定義は二足歩行ですか。

垂直二足歩行になったおかげで現代人のように脳が大きくなっても支えられるようになったと思いますよ。

③チンパンジーの分配行動、抱擁、キッスなどの挨拶行動は頭脳が優れているからではない

チンパンジーは雑食ですが、子殺しをして食べたり、ブルーダイガー（レイヨウの一種）を捕食したりするので、体も大きくて、頭脳も発達し、またヒトと同じように食べ物を分け合う分配行動をしたり、欧米人のように抱擁やキッスなどの挨拶行動をしたりします。

――肉食の欧米人はチンパンジーの遺伝子を引き継いだようにみえますね。

チンパンジー、ゴリラ、オランウータンは大型化し、脳も大きくなったようにみえますが、南米の体重わずか三〜四キロのオマキザルは、ヤシの実を割るための金床になる土台石を探し、その上にヤシの実を置き、石をハンマー代わりにして割って食べ、仲間に伝授しますからチンパンジーに劣らない頭脳をもっています。

――頭脳の発達は肉食などによる大型化とは関係ないですね。

また、オマキザルとタマリン（二〇〇〜九〇〇グラム）はチンパンジーのように物乞い・分配行動しますが、タマリンは知的行動をしないから、知能と分配行動とは関係ないことになります。知的でないタマリンは一妻多夫制で、オスたちは交尾のとき喧嘩しないですし、メスは二匹の子供を産むとオスたちが自分の子供と思うからでしょう保育し、オマキザルもまたメスが食べ物を探しにいくとき、オスは喜んで子供を預かるようです。また、チンパンジーは自由な離合集散を繰り返したり、会った時抱き合ったり、肩を叩きあってキスしたりの挨拶行動は知能の高くないクモザルもしますから、これもまた知能とは関係ないようです。物乞い・分配行動はO型の狩猟民の仲間意識からの発想で、抱き合ったり、キッスなどの挨拶行動はA型子育ての抱擁行動から生まれたような気がします。

――オマキザル、タマリン、クモザルはチンパージーと同じO型とA型の集団でしょうかね。

確かめたいですね。また霊長類は一般に現在だけに生きるのですが、体重三〇〇グラムのピグミー・マーモーセットは、樹に歯で穴掘って樹液を出し、固まる半日ほどたって再び来て食べるという将来を見越す行動をするんです。

――未来を予測するピグミー・マーモーセットの血液は何型でしょうね。

株取引などで予測して株を儲けようとする資本主義に適した人たちといえば、O型の気がしますね。人間が高度であり、知的だと思っている行動はすべてサルたちの性格の一部が現れただけでしょうね。

――A型のサルはいないですか。

南米のサルの血液型についてのデーターがないんです。逃げるが勝ちで、逃げと多産で生き残ったアフリカのA型パタスザルについての記載もありません。

④ボノボはヒトとチンパージーの共通の祖先か？

アフリカのザイール（コンゴ）川の左岸域の熱帯降雨林に住むボノボ（ピクミーチンパンジー）は挨拶がわりにセックスし合い、オスは生まれて六か月の幼児であっても勃起し、セックスができるんです。幼児の相手のほとんどがママ友であって性の手ほどきをするようなんです。メスの幼児は七歳を過ぎるまで未発達なためセックスができないのですが、個人差があるものの大人のメスは年中発情しているので、未発達メスが性の対象になることはないようです。

――六か月の幼児がセックスができるなんて驚きですね。

ボノボと違ってチンパンジーは二歳になると勃起し、母親がセックスの相手をして、射精するようになるとインセストタブーによって拒否し、ママ友と交替します。ニホンザルは普通オス、メスともに四歳になってはじめて性にめざめ五歳で妊娠するようです。またチンパンジーは若いメスよりも、出産経験があり、自分の子供を産んでくれそうなメスを求めますが、ボノボは若くて色艶や形のよい性器のメスが好みだそうですよ。

――徳川家康は妊娠経験のある中年の女性が好だったため一六人の実子がいますが、チンパンジーと同じだから、O型ですかね。

そうだと思います。ニホンザルの発情したメスはボスのオスとセックスしますが、ボスが消耗しきってもメスは元気はつらつで、次のオスを求めて去っていくメスを悲しそうな顔で見詰めるらしいですよ。その繰り返しで集団内のすべてのオスと交尾をすることになるらしいです。

――ニホンザルはすべてのオスが満足するから、チンパンジーやゴリラのようなオス同士の死闘はないですよね。ヒトの場合も男性同士の死をかけての戦いがないのも、女性たちが満足させてくれているからですかね。

それは違うと思いますね。発情期のニホンザルのメスはすべてのオスより性的エネルギーが凌駕しているからであり、生殖期を過ぎるとほとんどセックスをしなくなります。セックスは生殖のためなんです。しかし、ボノボは生殖とセックスが切り離されているため、年中休みなくセックスしても妊娠は五、六年に一回ですから、現代人にとって羨ましいかぎりかもしれないですね。さらに、多少の喧嘩はあるもののチンパンジーやゴリラのような殺し合いはないですし、支配、被支配はなく、オスとメスの体格は同じで、平等、自由、そしてセックスのストレスは全くないから、フロイトのいう精神分析による心理カウンセラーも必要ないんです。

――ボノボは理想社会ですね。

自然豊かな熱帯雨林で、気候は一定で、食べられる果実はいつもあるので争ったり、蓄えたりする必要がない環境のせいだと考えられますが、一方のチンパンジーは乾燥で厳しい疎開地に進出し、戦闘的になったものの、多産になる必要はなかったんです。しかし、天敵の多いサバンナに住まざるを得なかったヒトは一層戦闘的になっただけでなく、多産にならねば生き残れなかったです。

――ヒトもチンパンジーも進化のなかで、厳しい社会を作ったというんですね。

環境の厳しさからするとそうですが、ヒトの成体は類人猿の胎児と同じことからネオテニー（幼形成熟）説があるんです。ヒトの無毛性、皮膚や目の色素が乏しく、顎が突き出ていない、脳重量比が大きい、脳や骨盤の形態の類似などが幼形成熟であり、脳の形のネオテニーからすると、チンパンジー（成体）、ボノボ、猿人（幼児）、ヒト（胎児）であるため、チンパンジー、ボノボ、ヒトに進化したことになります。化石だけでなく、他分野からの研究ではっきりすると思います。

――胎児の脳はヒトのように非常に割り合いが大きいということですね。

⑤社会構造は遺伝から、文化は環境によって作られる

性格は遺伝と環境によって決まりますが、境界は難しく、哲学のように深い思考は遺伝、日常の手紙などは環境によると考え、社会についても構造は遺伝、文化はかなり後天的なものだといえます。チンパンジーとボノボは分離したのは数百年前ですので、どちらも父系制社会で性的には複雄複雌の乱交で、オスは子供のときから交尾が可能です。しかし、ボノボはメスが強い母系的要素があり、チンパンジーが二歳からであるのに、ボノボは半年の幼児からで母親のオッパイを飲みながらしっかりと勃起するのです。

――どちらも父系制社会で、性的には早熟だけど、性文化に違いがあるというんですね。

ゲラダヒヒは比較的天敵の少ないエチオピアの高原に住み、小さなグループ、中間、そして大グループと三重構造の社会をつくっています。またくり返しますがマントヒヒは草原の豹やライオンのいる厳しい環境であったため、グループから抜け出そうとするメスをゲラダヒヒは話し合いで連れ戻し、マントヒヒはやはり三重構造の社会ですが、抜け出すメスに噛みついて連れ戻すなど暴力的です。

――どちらも三重の社会構造だけど、力によるマントヒヒは環境が厳しいからですね。

アメリカは各州の独立を尊重して連合する連邦制の二重構造ですが、独立するときベンジャミン・フランクリンはインデアンの対策局長であり、当時インデアンの五部族のイロコイ連合の民主体制を知って採用されたものなんです。まさにO型の霊長類に適した体制なのです。

――ヨーロッパに連邦制などなかったですものね。

江戸時代に漂流民となってロシアにたどり着いた大黒屋光太夫は、エカテリーナ二世と謁見し、日本の体制を聞かれたとき、将軍の下で藩が政治をすると答えて、感心されたといわれています。ロシアもO型で二重構造を理想とし、絶対制を嫌うんです。

――中国などは親族か官僚を派遣して直接の統治が多いですものね。

⑥霊長類のなかでヒトは特別に違うわけではない（サルの特徴の一部を発達させただけである）

ヒトはサルたちと頭脳の大きさが違うといわれてきたのですが、二足歩行のヒトの祖先、猿人はチンパンジーと同じか、少し小さい脳容量であり、道具を使う、言語を話す、分配行動、挨拶行動もまたサルたちはしています。

――これで、欧米の人の人間は神の子で動物と違うという人間至上主義の考え方が否定されたんですね。

前述しましたが、南米のタマリンというサルは一妻多夫で、夫の保育、物乞い、分配行動など知的なチンパンジーやオマキザルと同じですが、タマリンは知的ではなく、道具を作ったりしません。

――夫の保育、物乞い、分配行動は知性と関係ないですね。

あるお医者さんが仰向けに寝るのはヒトだけだといって、うつむきに寝ることを勧めていました。確かに猫や犬はうつむきで、ニホンザルは座ったままで寝るようですが、ゴリラやオランウータンは仰向きだと思います。また、大人になって乳を飲むのは人間だけであり、健康によくないのではないか、という人に会いました。しかし、南米のウーリーモンキーは大人のオスがメスのオッパイを飲むんです。

――性的な意味はないですか。

多少あるかもしれません。でも、ヒトはそれがきっかけになって飲むようになったと思いますよ。また、ピグミー・マーモーセットは樹液が半日後に固化を予測していることについて話しましたが、これは株などの値上がりを予想する今の私たちの先行投資につながると思います。

⑦サルとヒトの脳について

この本にサルの脳でヒトを知るという章があります。脳は層状になっていて、三つにわけると一般的に中心部が生命脳、中間部を感情脳、外郭部を理性脳になっています。ここでは進化論的に考えて、生命脳を爬虫類脳（古皮質）、感情脳を旧哺乳類脳、外郭部を新哺乳類脳（新皮質）にしています。

――新皮質は高等動物だけがもつ機能であり、そのなかでも前頭前野が高次の精神活動をするんですよね。

そうです。でも、ヒトはいつも新皮質をつかうのではなく、日頃は旧皮質を使い、生命の危険などストレスがかかったときは古皮質を使うと思うんです。

――恋に落ちたときのドキドキは古皮質、爬虫類脳を使っているからですね。

爬虫類に草食のグリーンイグアナがいるんですが、孵化するとすぐに誰かがリーダーになり、行列をつくって移動するんです。保育士の方が園児にテーマを与えるとA型のグループは誰かがリーダーになって協力して解決すると話していました。

――日常はサルのときの脳を、ストレスがかかると爬虫類のときの脳を使い、また、グリーンイグアナはA型だということですか。

教育による知識のない園児は爬虫類の脳を使っているということです。同じトカゲの仲間のバシリスクは肉食で個人行動をとり、グリーンイグアナを捕縛して食べますから、肉食系のO型かB型だと思います。

――バシリスクは水面を忍者のように走るトカゲでしょう。走るのが得意だから○型かもしれないですね。

BBCの放映でしたが、心理学者が四歳児を集めたなかで、大人しい子供と積極的な子供をグループわけをして、隠れ家を作るようにいいますと、大人しい子供たちは作ったのですが、積極的な子供たちは個性のぶつかり合いでつくれませんでした。

――大人しい子供たちはA型だというんですね。

血液型を調べてくれていればよかったのに、また大人しい子供たちは隠れ家をつくって隠れて生き延びてきた脳をもっていた気がします。

▽2 『人生を考えるヒント ニーチェの言葉から』 木原武一（二〇〇三）

今でも哲学者ニーチェの多くの解説書が出版され、書店にならんでいます。いずれの著者たちもB型（本人は気づいていない）のためニーチェのアフォリズム（箴言）、B型騎馬系の考え方、ルサンチマン、趣味、疲労、同情、勤勉などが適格に記述されています。そのなかでも当書籍は個人的な経験を交えてわかりやすく書かれているので、サブタイトルの一つ「なぜ待てないか」の説明のなかの、

「人を怒らせ、悪い考えを思い浮かべさせる確実な方法は、長く待たせることである。このことは人を不道徳にする」（『人間的なあまりにも人間的な』）

をとりあげてみます。待つことについて著者はホメロスの叙事詩『オデュッセイア』のなかのトロイア戦争に出かけた夫を二〇年間待った貞女ペネロペー夫人をあげ、人には待てる人と待てない人があると述べた

後、著者は妻が車で出かけ、予定より一時間たっても帰らないので、「悪い考え」が浮かび、交通事故かもしれないと警察に電話したが、奥さんが友達と話して少し長くなっただけだったと書いています。

わたしがまだ同人誌仲間と小説を書いている頃、年配の女性に作品について聞きたくて話しかけたとき、こちらの耳は夫に殴られて聞きづらいといわれて反対側に回ったことがあります。

東京の九時は遅いとはいえないのですが、定年になって家で待っている夫には遅かったのでしょう「どこに行っていたんだ」といっていきなり殴られたと悲しそうな顔でいっていました。

わたしは女性がA型で夫はB型だと知っていたので、B型騎馬系には妻を守らねばならいという遺伝子があり、せっかく守ってやろうと思っているのに、こんなに遅く帰られたら守れないじゃないか、という遺伝子の怒りの現れだと思いました。

柔道家の田村亮子（やわらちゃん）さんとプロ野球選手の谷佳知さんの婚約会見で、「守っていこうと思っています」と谷氏が述べたのでB型なんだと思いました。A型の夫であれば、仲良くやっていきます。妻であれば邪魔しないようについていきますとなり、略奪結婚という文化の地域から来たB型騎馬系の遺伝子はA型農耕系の日本で育っても消えることはなかったんだと思いました。

同人誌仲間の女性はご主人に殴られたことが腑に落ちなかったのでしょう、女友達に話すと、中途半端な時間に帰るからよ。わたしなどは一一時とか一二時に帰るから夫は高いびきよ、といわれたといっていました。それはA型やO型の夫であり、B型であれば妻が略奪されたかもしれない、そうなれば自分の責任だと思って一睡もせずに待っていたちがいなく、右耳だけでなく、あごが外れたりしたように思えます。

かなりたってから別の同人仲間のO型の女性でしたが、話から嫁いだ娘さんはA型のようであり、娘と二人で話したいのに、来るときはいつも夫が一緒なので困る、と他の女性に愚痴っているのを聞きました。

「夫はB型で、一緒に来るのはあなたのお嬢さんをこのようにいつも守っていますよ、大切にしているんですよ、という愛情の現れだから感謝しないといけないですよ。もし、あなたの娘さんが管理や拘束を嫌うO型であれば、夫と毎日喧嘩でしょうね」といいたくなったことを覚えています。

最近のテレビのクローズアップ現代プラスのDV（家庭内暴力）のなかで、少し遅く帰ったら、夫に殴られたという例があり、夫はB型で妻はO型かもしれない。B型とO型の性格の違いを理解できていればよかったのと思います。

著者の木原武一氏は奥さんが遅くなって心配して警察に電話したものの哲学者ですから、殴ったりはしていないと思いますが、ニーチェがB型であり、共感は自分もまたB型だからであるとわかれば、今述べたトラブルはB型の「待てない」という性格から生まれたと理解でき、対処できたと思います。

B型はトラブルメーカーのように書いてしまいましたが、「待てない」というのは、現代社会が要求する決断の速さにつながり、世界にB型は多く、指導者として大切な人たちであることは忘れてはならないと思います。O型主体とA型のチンパンジーは食べ物を分け合うという分配行動をします。日本ザルはB型だからでしょうか分配しません。でも、申し訳なそうな顔して食べ物をとればたとえボスザルであっても怒ったりしません。友達と話がはずんで遅くなり、ご主人がB型であり、危ないなぁ、と感じたときは玄関のドアを半開きにして申し訳なさそうな顔して入らずに立っていると、日本ザルのボスのように許してくれて、入りなさい、と優しく言ってくれると思います。そして、人間は日頃、理性脳でなくサルと同じ感情脳を使っている証拠になります。

――遅く帰って、ドアを半開きにして申し訳なさそうな顔をするだけでうまくいくんですかね。

わたしは結婚の経験はないけど、夫婦ってそんなもんじゃないですか。

著者は宗教学が専門の思想家、「血液型と性格」の研究者であり、Ｂ型の特徴が出ていますのでとりあげてみました。

▽３　『Ａ型とＢ型――二つの世界』　前川輝光（二〇一一）

――著者の前川さんの『血液型人間学・運命との対話』（一九九一）は圧巻ですね。

戦後の能見正比古氏からはじまった研究の歴史がわかります。表題の書籍は能見さんの死の二〇年後に書かれ、思想的な大きな違いはありません。著者はＢ型だからでしょうＢ型の能見正比古さん、またＢ型のジャマイスさんを評価されていますが、Ａ型の能見俊賢さんは好きでないようです。

Ｂ型のジャマイスさんが『Ｂ型自分の証明』で、Ａ型と間違える人など嫌だ。子供に近づく人など嫌だ。すぐ謝る人がいるがわたしは謝らない、と書かれています。

――誇り高いＢ型騎馬系は鈍くさいＡ型農民などと間違って欲しくない。子供に興味のあるＡ型子育て遺伝子など嫌であり、平気で土下座する農民などまっぴらだということですね。

Ｂ型の著者前川さんは同じ遺伝子を持つＢ型の人たちは理解でき、Ａ型については、Ａ型の日本に住んでいるから、評価の高いＡ型映画俳優・監督や野球選手・監督はわかるものの概念的でしかないと思います。

――Ｂ型の著者はジャマイスさんのようにＡ型を嫌う遺伝子をもっていて、それが書籍のなかに表れたんですね。

恐らく、Ａ型の古川竹二氏よりＢ型の能見正比古氏を評価されると思いますし、Ｂ型黒澤明監督のＡ型シェークスピアの作品をエンターテイメントとして作成し、Ａ型には悲劇に思え、またＢ型のチェーホフは『かもめ』を喜劇だといいましたが、苦悩しての主人公の死はＡ型にとっては悲劇になります。

宗教も血液型と性格の表現であって著者の専攻、インド宗教、文化論もＢ型が最も多い国インドが理解されやすかったからだという気がします。A型農民の日本は信者が最も多い親鸞の他力本願の浄土真宗であり、当時、フランシスコ・ザビエルなどの宣教師たちは親鸞の宗教をプロテスタントの人たちが宣教したと思い込んでいます。

――カトリック宣教師が浄土真宗をプロテスタントと同じに思えたのは面白いですね。

親鸞の念仏さえ唱えれば……と、ルターの聖書によって救われるという教えが、布教にきたカトリックの人には同じにみえたのでしょう。まさに親鸞もマルチン・ルターともに妻帯し同じA型です。

――どうして親鸞とルターの妻帯がA型になるんですか

ドイツは日本よりA型が多いですし、ルターはドイツ農民戦争のとき、最初は指示していたものの破壊行為にいたると弾圧の側に回っていたんです。ルターはA型で暴力や革命を嫌い、和を望んでいたからだと思います。B型やO型の武士階級の厳しい教えと違って、A型農民のゆるい考えからルターと親鸞の破戒僧といわれても臆することなく妻帯できたと思います。

――カトリックや厳しい修行をする鎌倉の僧侶には破戒僧にみえたかもしれないですね。

A型は子育て遺伝子だから、目線を下げて相手に合わせて理解しようとしますが、B型騎馬民は上からの目線になりがちで、A型だけでなくO型についても理解できないところがある気がします。

――B型の哲学者ニーチェはB型のユダヤ人を理解できても、O型欧米のキリスト教は理解できなかったのですものね。

O型の血液型と性格の研究者はたくさんいると思いますが、頭に浮かぶのは法医学者の浅田一氏であり、長崎医大の不祥事に巻き込まれて、二年後輩の古畑種基氏に東大教授になられてしまいましたが、古畑氏が教授になると同時に否定へと豹変し、浅田氏は否定についても従来と同じで陳腐だとして、不快感をしめしながら、最後まで血液型と性格の推進に努めています。ただ、講演が中心であるためか、まとまった書籍が手に入らないのが残念です。

同人誌の芥川賞作家の講師はO型でしたが、当時の作家、B型の作家丹羽文雄や高橋和己が理解できなくて評価できなかったのです。

今のグローバル化を支える民主主義、資本主義、自由貿易、キリスト教はO型狩猟系の欧米の遺伝子から生まれた文化であり、B型騎馬系のアラブのコーランによる社会はB型の人にはわかるものの、O型にはわかりづらいので十字軍のような攻撃をうけるのです。

――B型にとってもO型は分かりづらいのですね。

O型は社交的なためA型にもわかりづらいですけど、攻撃的なためとても重要なのです。例えば、O型の豊臣秀吉が朝鮮出兵、文禄の役（一五九三～一五九六）の前年、李王朝は出兵の噂の真偽を確かめるために使節を送ってきたのです。しかし、帰国後意見が割れて、秀吉は出兵しないだろうとなったのです。太平洋戦争の時のO型フランクリン・ルーズベルト大統領は、日本のアジアでの覇権を許す発言をしていたのに、日本軍が真意を見誤ったという意見を聞いたいたことがあります。しかし、当大統領は日本を追い詰め、自分のポケットマネーで原爆を作らせ、広島、長崎に原爆を落とす下地を作ったのです。

韓国のO型の李承晩大統領も、日本の占領中に李承晩ラインを引いて、対馬、竹島を自国に組み入れ、公海上の日本の漁船を次々と拿捕し、計二三三隻、抑留漁船員二七九一人、死亡五人、無返還漁船一七三隻になっています。全斗煥（チョン・ドゥファン）大統領はO型ですが、光州事件など国内問題に忙しかったと思います。もう一人のO型の盧武鉉大統領から今のような竹島問題など、日本への攻撃がはじまったことを肝に銘じて欲しいです。

――O型には全神経を集中して警戒しないといけないですね。

ＡＢ型についてですが、ＡＢ型の研究者の松田薫さんはB型の能見正比古さんとはあわなかったのでしょう、会う約束を断っています。また、能見さんの「血液型人間学」の提唱にたいして、一九〇九年のE・フォン・デュンゲルンの「血液型人類学」について知らなかった、と松田さんは書いています。勉強不足だということであり、ＡＢ型とB型は合わないということです。

――ＡＢ型のバランス感覚とB型の人がもつ他の人は感知せず、というマイペースなんですかね。

また、ＡＢ型はオリジナリティを大切にするのでしょう、松田薫さんがA型の古川竹二の書籍の参考文献のなかに日本に血液型と性格を紹介した原木復氏が載っていないと非難しています。『血液型と気質』には邦文が一〇〇、欧文が五〇であり、A型のわたしも古川氏のような紹介数であれば、執筆のために必要であって、読んで理解を深めてほしい文献だけを優先してしまいます。

古畑種基がＡＢ型の夫婦からO型が生まれないことについて、オリジナリティは自分のほうにあると数学（数理生物学）から導き出したドイツのF．ベルンスタインと論争しています。

――ＡＢ型の書籍に、バランス感覚とオリジナリティを大切にする特徴が現れているんですね。

「血液型と性格」の執筆者もまた深く考え、持って生まれた遺伝子を表現する思想家ですからね。

――ちなみに、当著者前川さんは『血液型と宗教』を出版されたようですね。宗教学者なので読んでみたいですね。

▽4『ありがとうもごめんなさいもいらない森の民と暮らした人類学者が考えたこと』 奥野克巳（二〇一八）

著者はマレーシア、ボルネオ島のブラガ川上流域の西プナン居住地のプナンの人たちを文化人類学の観点から研究し、日本と違ってありがとうも、ごめんなさいもいわずに生活する文化、またB型の哲学者ニーチェのアフォリズム（箴言）と関連付けて記載しています。B型のジャマイスさんが「わたしは謝らない」という放浪するB型の人たちなのです。

――プナンの人たちはB型の人たちなんですね。

プナンの神話では祖先の人たちが川を渡ったとき、渡りきった人たちは森で暮らし、途中流された人たちは下流の町の住人になった。そして森に住んだ人たちは争いをはじめ、一組の兄と妹だけになり、樹々が揺れるのをみてセックスをするようになって子供をつくっていったとしています。

まさに戦闘的で、戦いや競争に勝つことに価値を持ち、ありがとうもごめんなさいもいらないB型の森の民であり、一方、日本のようなA型子育て遺伝子は子供（相手）には罪がない、すべては大人の責任だとして、子供がぐずったときも気持ちを理解し察しられない自分が悪いと思って「ごめん、ごめん」と謝り、どんなに幼稚でも子供がしてくれたことに「お利口さんね。ありがとう」といって感謝するのです。

――「血液型と性格」がわかれば理解できることですよね。

血液型と性格からすると、卵子と精子が真逆の行動をとるようにA型とB型の性格は真逆であって日本は自殺大国だけど、ブナンの人たちは精神病者も自殺者もいなくて、関連する言葉さえもないみたいですよ。

――ところで、B型のゴリラは単雄複雌のハーレムを作りますが、ブナンの人たちはどうなんですか。

富の蓄積や力の差がないからでしょうか、男女が何気なく一緒になり、飽きがくればどちらかが離れてまたパートナーをみつけ、子供は皆で育てるようです。これはマルクスのいう原始共産制であり、封建制を経て、資本主義になっていれば、今のブナンの社会がB型のユダヤ、ロマ（ジプシー）、ハザラの人たちのような社会になっている気がしますね。

――著者は何型でしょうかね。

この書籍を読む限り、ブナンの人をB型のニーチェと結びつけるからB型だと思います。

――O型の人はB型のニーチェなどに興味を持たないでしょうし、A型は研究対象をA型の焼き畑農耕民にするでしょうね。

著者はニーチェがデカルト依頼の近代哲学を破壊し、生きていく上での悩みの解決策を与えてくれるとして取り上げた言葉の一つを引用すると、ひどく狼狽している人々を助けて気をしずめてやる最大の手段は、彼らを断固としてほめることである。『人間的、あまりにも人間的』があります。誇り高いB型騎馬系の特徴であり、同人誌の合評会でO型の人は平気でB型の男性を酷評するので辞めていくんです。不満やストレスを抱えたB型は弱い者を攻撃して、勝利の快感によってストレスを解消しようとするのでA型のわたしは警戒していました。ただ、同人誌はすぐ辞められますが、学校、職場、住居地などは簡単ではないので、A型はストレスを抱えたB型のターゲットになる気がしますね。

――O型欧米がB型のアラブや中国を攻撃するように、O型は理解できない相手を攻撃するのでしたよね。

プナン人は放浪民ですが、また狩猟民であるので、O型の可能性があり、B型の著者がB型の部分を強調したとも考えられるんです。

――確かに、狩猟民だといわれますから、B型のなかにO型の人がいるということですか。

プナン人のB型とO型の部分を整理してみますと、まず、①謝らない、感謝しない、反省しない、②執拗なまでも均等に分配するのもコーランにあるからB型の性格だと思います。A型の日本は子供がお菓子などをもらうと親が「ありがとう」をいいなさいと教え、プナンでは、「友達にわけてあげなさい」といいますからね。

――日本と親の教え方が違いますね。

また、他人の所有物を盗んで金に換えて酒を飲む男が妻や家族にとがめられると、あてつけのように飲んで泥酔するようになり、共同体の人たちは話し合ったものの、男の責任を追求するのではなく、盗まれないように気をつけようという結論になったと書いてあります。もし注意すれば、B型の人がもつルサンチマンによって喧嘩になり、共同体が不安定化するからだと思います。コーランには、遺産はたとえ少なくても等分にわけねばならないとし、また酔うものを飲んではならないと書かれています。

――O型でイギリス、アメリカ、最近は日本でも等しい分配ではなく、働きや責任の度合いに応じで分配量に差をつけますものね。

また妻を亡くした夫は誰も「アバン」と名前を変え、結婚すると元に戻すという風習があり、それはよいとしても、死人がでると、死者の名前は言わないようにし、その家族が名前を変えるという③「デス・ネーム」の風習があるようなんです。

――日本は死者に戒名をつけるんですが、プナンでは家族がつけるんです。

B型の人達、中国や韓国でも喪の期間が長いから、死者への思いが強いんだと思います。

――イスラムは霊が蘇られるように土葬にしますからね。

埋葬の仕方が砂漠の民ベドウィンの風習のように思えますね。

――海の民は水葬ですものね。定住する農耕民と違って流浪民の特徴ですかね。

また、著者は学校に行かない子供をみて、プナンは④「将来に備えるのではなく、その都度なんとかなると考える傾向にある」と書いています。将来も現在も過去も同じだとするB型騎馬系の循環史観だと思います。

――A型農耕民は作物の収穫という将来を考えながら行動しますから、プナンと違いますね。

プナンの人たちも学校がよりよく生きるための出世につながるとわかると、B型ユダヤ人のように上昇志向の強い教育ママが現れると思います。ここまではB型の特徴ですが、⑤「結婚ではそれぞれが飽きてくるとパートナーをかえ、子供は皆で育てる」というのがO型のように思えるんです。

――ニーチェのいう「力への意志」がないのですね。

また、裸の子供がペニスを立てて、盛りのついた犬のように次々と女の子に飛びついて拒否されるんですが、叱る大人がいないようなんです。勿論叱られれば、トラウマになってB型フロイトの精神分析を受けねばならなくなるでしょうが、ただ、前述したように、ボノボは半年の乳飲み子なのにペニスが立ち、また、チンパンジーは二歳の子供からセックスが可能で、血のつながりのないママ友が相手をするんですね。B型のゴリラはハーレムだから、すべて血縁関係で、イセストタブーから子供がセックス可能であっても相手にしないと思います。

――確かに、プナンの子供の行動はB型のゴリラではなくO型のチンパンジーなんですね。

もう一つ、「よい犬（狩猟犬）とアホ犬とペット犬」について書かれています。「血液型と性格」の研究者、能見俊賢氏はO型の人は狩猟犬にするからでしょう訓練が厳しくて、B型は牧羊犬のためでしょうか、おおらかだと書いていました。プナンの人は犬に厳しいようであり、またおおらかなような気もします。

――血液型は唾液でわかりますから、調べてみればいいですね。

持って生まれた性格によるのか、近代化する前という環境によるのかがわかり、また、B型の哲学者ニーチェだけでなく、他のB型の生の哲学者、ショウペンハウエル、ベルクソン、ジンメルンや、さらに霊長類の動物行動と比較されればプナンの人だけでなく人間についての理解が深まり、新しい発見があると思います。

▽5『裏切られた自由』ハーバート・フーバー　ジョージ・H・ナッシュ編　渡辺惣樹訳　上下（二〇一七）

アメリカのフーバー三一代大統領（一九二九～一九三三）は商務長官（一九二一～一九二八）を歴任するほどの経済通であったものの、一九二九年の世界恐慌に対処できなくてフランクリン・ルーズベルトに敗れ、任期は一期のみで終わっています。しかし、退任後、三〇年間も政界に留まって活躍して一九六四年九〇歳で亡くなりましたが、この間の業績を整理し、半世紀後の二〇一一年にジャーナリストのジョージ・H・ナッシュによって出版されています。

――業績としては、フーバー大統領が着工し、ニューデル政策としてルーズベルト大統領に引き継がれたフーバーダムでしか知らないですね。

フーバー大統領は自由主義者で、すべてを民間に任せるという今でいえば小さな政府の考え方であり、ルーズベルト大統領に敗れたこともあるでしょうが、社会主義のロシアを承認したことやドイツとロシアの戦争を傍観し、消耗させればいいんだ、とアメリカの参戦には批判的だったんです。

戦後はトルーマン大統領の世界飢饉の使節として多くの国々を訪れるなか、日本には一九四八？年に東京に来て、当時連合軍最高司令官だったダグラス・マッカーサーと会談し、対日戦争は「どうしても戦争をしたかった狂人」フランクリン・ルーズベルトによると述べています。それにたいしてマッカーサーは、ルーズベルトは近衛文麿との講和は可能であったし、太平洋方面のアメリカの要求はすべてかなえられ、日本の中国からの撤退も、勿論満州からの撤退も近衛は天皇からの承認を受けていて可能であった、と語ったと記されています。これはまた、六〇年後の太平洋戦争についての評価だといえます。

——日本側の真珠湾攻撃によってはじまったのではないという新しい考え方ですね。

新しいかどうかはわかりませんが、ルーズベル以外の大統領であれば太平洋戦争はなかったかもしれないということです。わたしは戦後の東南アジアへの賠償に引き続いての経済協力としてのダム建設に従事し、まだ撤去されない破壊された大砲や戦車を目にし、日本軍の弾痕のあるオランダ人の別荘を調査事務所にしたり、何を祈ったかわからない日本の祠、日本軍がつくったという日本語のついて道路を走ったことがあります。また、大勢の日本兵が餓死したというニューギニアの信じられないほど静かな農村を訪れています。

わたしの父は台湾だったため、戦闘は少なかったのですが、軽機関銃の人は一番先に撃たれてかわいそうだったといい、またグラマンの空からの攻撃には悩まされたといい、帰国し、敗戦に忸怩（じくじ）たるものがあったのでしょうしばらく寝込んでいました。

わたしが古代ローマ史を勉強したとき、才能を認められ低い身分から元老院になった大カトーが好きでした。

——大カトーの曽孫が小カトーで、カエサルに攻められて自害したんでしたよね。

地中海の対岸にあったカルタゴを第一、第二、第三ポエム戦争で滅ぼしたのが大カトーだったんです。カルタゴは膨大な賠償金をはらい、貴族たちの子供たちを人質に出し、すべて武器を廃棄してひれ伏したのですが、滅ぼされると知って急遽槍や弓をつくって抵抗したものの、カルタゴは地上からなくなったんです。

――ひれ伏しても許されなかったんですね。

大カトーが演説の終わりや街角で、我々はカルタゴを滅ぼさねばならない、と訴え続けたんです。もし、人気のある政治家がある国を滅ぼさねばならないと言い続ければ、どうなると思います。戦争で得た領土は返さないというのであれば、また戦争をすればいいじゃないか、と思う国民が出てくると思います。

――ロシアは核をもつからビビるでしょうが、核のない国には扇動されれば戦をしかける気になるかもしれませんね。

大カトーは扇動家であり、成功したんです。

――大カトーはルーズベルト大統領であり、日本がひれ伏しても戦争に引き込んで滅ぼしたということですね。

そうなりますね。ルーズベルト大統領はO型ですから、大カトーもO型でしょうね。わたしはカルタゴは地上から消えたけど、日本は敗けても生き残って頑張っているからいいか、と仕事で戦場を歩きながら思っていました。

――当時の日本は世界のGDPの一六パーセントの経済大国でしたよね。今は当時の半分ですけどね。

七〇年たっても許されないし、年功序列、生涯雇用などはA型農耕系のシステムなんですが、今はO型、グローバル化のシステムで、非正規社員、外国の低賃金の労働者との競争の時代になったんです。非正規社員で月一〇数万円の給料の人にたいして、数億円以上も報酬をもらうに値する人間などいないですよ。

――O型欧米からすると居て当然でしょうし、ひれ伏して謝れば、B型中国や江戸時代では許されたでしょうけどね。今は頭を踏みつけられたり、蹴上げられたりしますよね。O型のグローバル社会で謝ってもひれ伏してもだめな

らA型はどのようにしたらいいんでしょうかね。

O型は理解できない相手を攻撃して滅ぼすから、常に警戒しているしかないでしょうね。

▽6 『徳富蘇峰終戦日記　頑蘇夢物語　徳富蘇峰』講談社　二〇一五

太平洋戦争の人道にたいする罪による「東京裁判」が実施され、A級戦犯では七名が処刑されました。半世紀以上たった今、戦勝国ではなく日本人自身による裁判をすべきだという意見を耳にするもののまだ個人的見解にとどまっています。

『徳富蘇峰終戦日記　頑蘇夢物語　徳富蘇峰』は戦争に第一線のジャーナリストの立場から協力し、敗戦による忸怩（じくじ）たる思いで書かれた日記形式のエッセイです。

――徳富蘇峰は『不如帰（ほととぎす）』で有名な小説家、徳富蘆花の兄であり、またとても仲が悪かったというぐらいしか知らなかったんです。

戦前、戦中の重要な日記といえば、明治維新の功労者木戸孝允の孫であり、昭和天皇の側近の一人で、内大臣秘書官長のときに書かれ、東京裁判に利用された『木戸幸一日記』があります。

――評価はどうですか。

歴史的価値はあるでしょうが、東京裁判では終戦のために努力したという記載が自己保身と受け取られ、再評価されたと聞かないから今でも変わらないと思います。

一方、徳富蘇峰終戦後日記は昭和天皇についても触れられているため、平成になってから出版され、蘇峰の占領軍下のなかで何故敗北したのか、責任はどこにあるのか、一途な心情がよくでています。

蘇峰は維新の五年前一八六三年、江戸時代に生まれ、明治、大正、昭和の戦後一二年目の一九五七年九四歳で亡くなっています。

――日本の激動期の経験者ですね。

維新では攘夷論者、明治から大正では自由民権運動家、終戦までの昭和では政府擁護、戦争推進者と時代と共に思想を変えています。

――合理性を追求して思想を変えていくからＡＢ型ですかね。

弟の徳富蘆花は旅行好きで、また葛藤が好きだからＢ型だと思います。勿論、ＡＢ型の可能性もありますが、戦後の民主主義に迎合していないですし、ケチだといわれることに屈辱を感じていますからＢ型に間違いないです。

――ケチはＡ型で、日本のもったいない精神につながりますものね。

終戦後、三日目より約二年間、毎日口述され、また日本を代表し、戦争推進の言論人のため、東条英機、近衛文麿をはじめ一線の軍人や政治家との交流していたため具体的であり、占領軍のマッカーサーへの不満、山下奉文の処刑など当時の生生しさが伝わってきます。

わたしも戦後の賠償や経済援助によるダム建設に携わり、戦場跡を訪れたことから、太平洋戦争関係のかなりの書籍を読んでいたので、特に新鮮な気がしませんでした。

――戦争を推し進めた一流のＢ型の言論人が敗戦をどのように総括したかを知るためにこの書籍を選んだのですね。

信頼できる書籍のなかに、ロシアとの不可侵条約を更新しようとしたが、できないうちに侵攻されてしまったという記事をみつけ、実際は後一年残っていたと知ったときはショックでした。また、ノモンハン事件の悲惨さついて知っていたのですが、きっかけが関東軍の越境空爆によるとわかったとき、国際法を無視していたのか、と思いました。軍の幹部が技術者に人工石油をつくるようといいますと、できませんと答えています。しかし、ドイツは石炭から作り、また良質のため飛行機に利用していたんです。

――ドイツはできても日本はできなかったんですか。

もう一つ、あまりショックではなかったですが、マッカーサー司令官が帰国し、公聴会でドイツ人は我々と同じ四五歳の大人ですが、日本人は一二歳の少年です。新しいモデルに影響されやすく、白紙で柔軟性がありました、といっています。

――これこそA型子育ての性格じゃないですか。

戦後七〇年たっても押しつぶされそうな敗戦の重荷。大学で思想・政治闘争ばかりしていた中国が技術系の指導者に切り替えた僅か三〇年で、電子通信や宇宙部門の技術は日本より上だといわれるようになったのはショックであり、マッカーサーの占領の七年間で、白紙や柔軟性がなくなり一二歳の少年の頭脳に固まっている気がしたんです。勿論わたしたちは一二歳でも仕方ないですが、為政者や知識人は子供の頭脳であってはならないのです。

――マッカーサーは日本人は幼児だといったことがあるんじゃないですか。日本の国民、政治家も含めて、マッカーサーの統治の七年は長いから、戦略的な刷り込みによって、アメリカに任せるしかないと思い込まされて、思考停止になっているかもしれないですね。

戦前の日本人は一六歳、戦後はマッカーサー司令官によって一二歳、今はそれ以下の頭脳に固められた気がしています。この書籍とフーバー元大統領の5『裏切られた自由』（二四二ページ）とあわせて熟考して欲しいと思います。

▽7『対話家族探求　樋口恵子と考える日本の幸福編』中央法規　一九九九

ここで日本の幸福について評論家の樋口恵子さんと韓国出身の執筆家呉善花（オ・ソンファ）さんに焦点をあてました。対話者の樋口恵子氏は女性問題、福祉、教育分野の日本を代表する評論家であり、二〇〇三年の都知事選に現職の石原慎太郎氏の対立候補になって毎日のようにメディアに登場していました。

樋口女史をテレビでみた限りではあまり攻撃的でない印象でしたし、幸福について考えるのは一般的に子育て・農耕系のA型か地侍系のAB型だと思います。

――三大幸福論はカール・ヒルティ（一八三三～一九〇九）、バートランド・ラッセル、アラン（エミール＝オーギスト・シャルティエ）（一八六八～一九五一）ですね。

ラッセルは行動的でオープンマインドになりなさいというからAB型ですし、ヒルティは勤勉と努力を強調し、アランは無報酬の幸福観ですのでA型だと思います。

アリストテレスはA型だとすでに述べましたが、人の目的は最高善であり、それは幸福だといっています。子供が幸福になって欲しいと願って育てますし、最終目的は人々の幸福ということです。

――O型やB型は幸福など考えないですかね。

考えるでしょうけど、まずは競争や戦いに如何に勝かであって、B型は超人（皇帝やスルタン）になるための戦略、また引きずり下ろされないように警戒することだと思います。

――如何に勝ち組になるかですね。

対話者のもう一方の呉善花さんですが、済州島生まれの韓国人で日本に留学した後帰化し、韓国と日本の政治・文化の違いについて多くの書籍を執筆し、またA型の日本人的考え方に共感されているようなのでA

型かAB型だと思っています。

わたしは韓国に一九七〇年の後半、ダム建設の地質調査のために赴任したとき、当時は朴正熙大統領による「漢江の奇跡」といわれる活気にあふれる頃で、広くて立派な高速道路の山側沿いに、土地が安いからでしょう白いブロック作りの家々を目にして驚いたことを覚えています。また旅館の年配の人たちは日本語ができ、また日本人の食事もわかっていたので、梅干し弁当をつくってもらっていそいそ出かけると、韓国の人たちの弁当のおかずは肉類が豊富で、分けてもらっていました。

――チンパンジーの分配行動ですね。

川沿いを調査しながら、小学校をみかけると傍に必ずキリストの協会があり、クリスチャンが多いんだと思い、町に住む人はおしゃれで、白髪の人はいなく、また大陸系で肉食が多いからでしょう体が大きく、中国語などを含めて語学力が優れていると思い、韓国の人から韓国では個人がすぐれ、日本はチームワークと聞き、そうだろうと思っていました。

赴任する前に先輩から、韓国の夫婦喧嘩は激しいぞ、道路に出てするんだから、といわれ、実際、道路上での激しい喧嘩を聞き、儒教のせいで年上が尊敬されるものの、女性が低くみられるからなんだ、また、この頃、韓国はB型が多いと聞きましたが、特に興味をもっていませんでした。

帰国してから一時終息していた竹島や慰安婦問題が起きるなかで、再度、当時を思い出し、呉善花さんの書籍を読み、ここでは家族、特に、結婚観の違いについて述べます。

――A型農耕系とB型騎馬系の違いですね。

呉善花さんは、日本は母性的な国であり、韓国の家族は「男の血」のためにあって、男性の口説きはとても積極的で、「一〇回たたいて折れない木はない」と韓国の諺をあげています。一方、樋口恵子さんは、日本の男性は寝たきりで、隣に寄り添う女性を連れてきてくれることを待っていると消極的だとして非難しています。

――韓国はB型繁殖系で、日本人はA型子育て系だからそうなりますよね。

また、未婚のまま死んだ女性はヒトに悪さをするので、霊を慰めるため、未婚のまま死んだ男性をみつけて死後の結婚をさせるそうで、今でも法的に有効だといいます。

――未婚のまま死んだ男性がいないときはどうするんでしょうね。相性もあるでしょうし……。

死後の結婚をさせられないときは、女性の霊を押さえるために、紐でしばり、その上に棘のある枝を置いたり、男の人形や服を添わせたりすると述べています。

――日本も非正規社員などで結婚できない人が増えていますから、そうなりますかね。

日本の農耕社会が崩れて、お見合いによって女性を寄り添わせることができなくて、申し訳ないと思って手を合わせるだけだと思います。

――霊を押さえるためでなく、与えられなくて申し訳ないということですか。

呉善花さんはまた、日本はつぼみ、しおれていくものに美しさ、月は一三夜、一六夜に魅力を感じ、日本の男性は弱み(欠点)をみせますが、韓国は、花は満開、月は満月、男性は弱みをみせないといいます。また韓国は「女は三日殴らないと天に昇り、雌(めん)鳥(どり)が鳴く家が滅びる」としています。

――やはりB型騎馬系の国で、従わない夫人は殴りなさいというコーランの教えの通りなんですね。

男性を大切にするのは戦いに勝つためだと思うのですが、コーランでは男性のほうがお金をだしたからだと書いてあります。当時、知人がきれいな韓国女性をみつけて結婚を申し込むとお金を要求され、お金をだすと結婚でき、妻を買ったんだ、と自分自身を軽蔑したような口調で話していたのですが、日本と違う騎馬民の風習だったのです。

韓国で羨ましいと思うのは、男の老人たちで、「男は六〇歳から花が咲く」六〇歳過ぎて働かせていたら周りから非難されるため、老人が一番幸せだそうでしたよ。白い民族衣装を着た老人が胸を張って街を歩いていましたからね。

――日本では七〇歳過ぎても働かされますね。

B型やO型にはわからないでしょうが、A型はこつこつと働いていると安心するんです。先進国で高齢者の就業率は日本が一番高いんですよ。

――A型はB型やO型の人たちに、発想も工夫もプライドもないといって、バカにされているとも知らずにね。

A型の人は貧乏性なんですよ。A型の国日本もそうだと思います。

▽8 『日本人はなぜ「小さないのち」に感動するのか』 呉善花 ワック 二〇一四

呉善花さんは前述の樋口恵子さんとの家族についての対談で取り上げましたが、韓国と日本の文化の違いについて多くの書籍のなかから、当書籍をとりあげ、また一五年前に書かれた『スカートの風』（一九九〇）（日本永住をめざす韓国の女たち）と比較しながら述べます。

――ベストセラーになった本ですよね。「スカートの風」ってどんな意味ですか。

「風」は韓国で浮気の意味があるらしくて、浮気や花札をする女性（スカート）で、他にも『続スカートの風』（恨（ハン）を楽しむ人びと）、『新スカートの風』（日韓＝合わせ鏡の世界）などがあります。でも、最初の『スカートの風』と当書籍も基本は同じで、一五年後の執筆のためか整理されてわかりやすくなっています。

――基本が同じとはどういうことですか。

『日本人は何故「小さないのち」に感動するのか』のまえがきの部分で、日本に三〇年住み、日本人になったものの、最初、韓国と日本の正反対の性格に戸惑ったと書いています。一方、拙書『ダーウィンの進化論から解読する血液型人生学』でとりあげた孔健さんの『日本人は永遠に中国人が理解できない』（一九九九）のなかで、中国人と日本人は一八〇度違うと述べています。また、孔健さんは中国人は騎馬・大陸・流浪民であり、日本は農耕・島国・定着民によるとしていますが、呉善花さんは多くの戸惑いは書かれているものの、原因についてほとんど書かれていないんです。

――タイトルの『日本人はなぜ「小さないのち」に感動するのか』、の答えは日本人は子供を育てるための遺伝子をもっているからですよね。

その通りで、第一章「韓国人から見た日本人の不思議」、第二章「すべてを受け止める日本人の心の力」など、まさに日本人の性格はA型卵子・子育て・農耕系で、韓国はB型精子・繁殖（ハーレム）・騎馬系だとすると、すべて説明できます。

――呉善花さんにはダーウィンの進化論と「血液型と性格」を勉強して欲しいということですね。

呉善花さんは日本人に韓国語を、韓国人に日本語を教えていたからでしょう、言語の違いとして、日本語にしかない受け身の話法があり、『スカートの風』で、韓国は「どろぼうが入った」というのに日本人の「どろぼうに入られた」という意味がわからなかったけど、「どろぼうが悪い」というより「責任はわたしにある」という意味だと最近わかった、と書き、韓国の大統領は演説を終えるとき「終えます」というが、日本の首相は「終えさせていただきます」と受け身でいうのでとても弱弱しく聞こえるというのです。

呉さんはこのような日本語が日本人を謙虚にしていると考えていますが、子供を育てるための遺伝子から生まれた子供に話しかける言葉だとわかっていないのです。

B型韓国語は直截的で、敬語はあるものの、日本とは逆に身内に使い「わたしのお父様は～」といったり、日本語の「～をします」のなかに敬語が入っているのに、「して差し上げます」といい、親切の押し売りと捉えられてしまいます。また、相手の立場より、自分の都合を優先させて、日本人をギョッとさせるなども、韓国がB型騎馬系であり、日本はA型子育て・農民系の生まれ持った遺伝子の違いとして説明ができます。

また、「喧嘩と大声は韓国では一般的なストレス解消法であって、日本のように我慢させられたら病気になってしまう」と書いていますが、これもB型騎馬民とA型子育て・農民の性格から説明できます。

さらに、呉さんは生け花をしていて、日本は「それは不安定な存在」であり日本は安定なのに、美的表現がなぜ不安定になるかわからない、として、また何故日本は発展途上国と同じ多神教なのか、また、日本人の「成るように成る」について、成り行き主義だとして、

「自分の主体の働きと自然の働きが矛盾しないこと、一致すること、それがどうやら日本人の思想なのではないでしょうか」と書いています。自然を相手にする農民だからだといえますが、哲学的にいえば、A型のイマヌエル・カントの「あなたの意志の格率（個人的準則）が、常に同時に普遍的は立法の原理に合うように行動しなさい」という定言命法（無条件にすべきこと）になります。

――カントの定言命法に、絶対嘘をいってはならない。絶対自殺してはならない、がありましたね。

哲学者ヘーゲルはカントの主張に、相手のことを思って嘘をついてもよいときがあるじゃないか、といっていますが、すでに述べたように、カントはA型子育てのための道徳であり、ヘーゲルはO型自由恋愛の、男女の騙し合いを肯定する道徳であって、呉善花さんは日本人がA型子育て遺伝子の考え方だと気づかないかぎり、日本人を理解できないでしょう。

――韓国はB型だから、ニーチェと比較するといいのにね。

呉さんがニーチェを学べば、韓国の恨（ハン）の文化はまさにニーチェのルサンチマン（恨み）だと気づかれると思います。

――日本はA型子育てだから子供に恥ずかしいという概念を教え込むための恥の文化ですよね。

呉さんの別の本ですが、日本の職人のトップ（マイスター）を調べたことがあり、日本の職人さんはトップになってもさらに努力し続けるので驚いていました。韓国はニーチェがいうように超人（トップ）になることが目標だから、マイスターになれば終わりなんです。また、『源氏物語』の人物や夏目漱石の思想、親鸞の「他力本願」についても述べていますが、すべてA型卵子・子育て・農耕系の性格から説明ができます。

呉善花さんの書籍のすべてが、これまでに述べてきたような韓国と日本の文化の違いを広い分野にわたってとても具体的でわかりやすいため多くの読者や共感者を得ています。

また、日本語学校の先生方の集まりで講演した後の質問のときに、招待されていた東大の文化人類学の博士課程の韓国の人が進み出て、「呉善花さんは軍隊出身で、歌舞伎町のホステスさんたちを相手にしている人ですよ」というと、日本人から「失礼じゃないか」と非難され、「折角、教えてあげているのに、そちらこそ失礼じゃないか」と言い合いになったそうです。

韓国・朝鮮は日本より国土が狭いからでしょう、高麗の一時期を除いて文官の政治であったため、武官を見下す傾向があり、ましてや、歌舞伎町のホステスを相手にしている女性の話を真面目に聞く日本人がかわいそうに思って教えたんですが、集まっていた日本人は高度な話より身近でわかりやすい話のほうがよかったんです。

――子供のレベルの話でわかりやすいということですか。

そうではなくて、日頃から韓国との違いに戸惑っているところに、韓国は緑が多いと邪魔、八百屋や美容院を知的でないとして見下す。友達になれば、友達のものは自分のもの。韓国と日本は兄弟だといえば、そうであればもっと協力しろ。韓国が身内に丁寧な言葉を使うなどと聞くと、わたしのように日本人との真逆に改めて戸惑い、納得し、共感するのです。

わたしは一九七〇年代後半、朴正熙政権のとき、世界開発銀行の借款による韓国最大のコンクリート式忠州ダムの地質調査と岩盤部の設計を担当したと述べましたが、そのとき、同年配の韓国の技師とわたしと給料が同じで、韓国の物価は半分以下でしたので、実質は二倍以上なんだ、また、職人や技工の方々の給料が安かったので、日本の職人さんは技師と同じなのに、と思いました。

――当時の建設コンサルタントは高卒も大学院卒も同じでしたよね。高卒は学校ではなく、仕事で勉強しているから、ということでしたからね。

A型のドイツの哲学者ハイデガーの学長の就任演説（一九三三）のなかの大学改革構想として、勤勉と労働を最も重視し、知的労働と肉体労働を同列にしたため非難されことを話しましたが、今考えると、わたしが会社に入った頃は大学院卒であっても三年ぐらい現場で労働者たちと一緒にセメントまみれになって働き、給料もほぼ同じであり、当時はハイデガーが理想としたA型農耕の持って生まれた横並びを年功序列として実現し、これが日本の強みだといわれていました。

しかし、すぐに技術の進歩が激しく、会社で教育する時間がないため大学院卒を中心に採用し、現場のことは現場の人に任せるようになったですね。ちなみに、日本以外の国の技師は初めから、将校、医師と同格でした。

――東南アジアのどの国も学歴社会だといいますものね。

呉さんは文化の違いを韓国は右側、日本は左側通行のように考えられているようですが、もし、孔子の七五代直系の孔健さんのように大学院卒であれば、中国人は騎馬・大陸・流浪民であり、日本は農耕・島国・定着民だとしたように、原因を考えたと思います。

――韓国の国民性がB型精子・単雄複雌（ハーレム）・騎馬系であり、日本がA型卵子・子育て・農耕系だとすると、呉善花さんの両国間の違いの説明がつくということですね。

ダーウィンの進化論の理解も大切ですが、コーランを読めばアラブ諸国の考え方がわかり、呉善花さんの書籍から、韓国はアラブや中国のB型騎馬の系列であり、フィリピン、台湾、ロシアはO型で、日本だけがA型の特殊な国なんだとわかります。ここで再度韓国と日本を比較してみます。

Ⅻ　「血液型人生学・社会学」からみた韓国

▽1　韓国は何故キリスト教信者が多いのか

日本はキリスト教徒が一パーセントなのに、韓国は三〇パーセントです。韓国のダムの地質調査でソウルを流れる漢江の上流を歩いているとき、小学校の傍に必ず協会があるのに驚いていました。日本には檀家制度があり、韓国はキリスト教を通して西洋の文化を学ぼうとしたからだという意見があります。

――日本も明治時代、留学できない人達はキリスト教から欧米の文化を学んでいましたよね。

平民宰相、クリスチャン原敬（一八五六～一九二一）がそうでした。しかし、一番の原因は、B型騎馬系の韓国の人たちは囲碁で日本より強いように論理を好み、キリスト教は仏教より論理的だったということのようです。

――キリスト教はO型欧米の宗教ですが、B型騎馬系のアラブの人たちのイスラム教に似ていますものね。

中国のキリスト教徒は五パーセントのようですが、共産党は、この場合はキリスト教でしょうが、「宗教はアヘン」と考えますから歓迎しないんです。実際、キリスト教を標榜する太平天国の乱によって清王朝が衰退したように、中国では宗教反乱がきっかけになって長い混乱の末、革命による王朝の交代が起きていますからね。北朝鮮は共産国だから当然でしょうが、キリスト教をひどく嫌っています。日本の戦国時代の一向一揆になるのを恐れていると思います。

――宗教による反乱が起きれば、外国からの干渉が必ずありますからね。

特にO型アメリカからでしょうね。キリスト教はO型狩猟系欧米が作り出した価値の表現であり、自分たちと違うB型とA型を滅ぼしたいと心の底から思っています。

――北朝鮮はB型騎馬系ですから、イスラム教であれば問題ないでしょう。

宗教は排他的になりやすいから難しいでしょうね。B型トルコのエルドアン大統領のように宗教性を押さえる力があれば別でしょうけどね。

▽ 2 韓国は何故技術者を優遇しているのか

韓国は文官の国で、理工系はあまり大切にされないはずですが、技術立国をめざす戦略により、日本以外の国にならって、技師、将校、医師を同格にしたと思います。

――日本は技師と職人が同格、医師だけが特別だったですね。

今はわかりませんが、わたしたちの頃は年功序列でしたからそうでしたね。ちなみに、中国の場合、大学は思想論争や政治活動する場でしたが、鄧小平のときに理工系重視に転換し、後継者に推薦した江沢民は電気技師、胡錦涛は水力発電技師、習近平は機械技師出身です。

――李鵬も水力発電技師で世界最大の三峡ダムに携わり、汚職や天安門事件の弾圧で有名でしたよ。

思想や政治は国内だけの論争になりますが、理工系の場合、技術を支える数学は世界共通の言語ですし、技術製品は世界との競争ですので、世界の標準を常に意識しますから、中国は李鵬首相以来30年間に、世界の技術をかすめとって、軍事は勿論ですが、技術でも日本に大きく差をつけたのは驚きです。

――家電製品が故障したとき、中国で部品を作って日本で組み立てていますといわれ、逆転しているんか、と思いましたね。

韓国も中国のように理系の大統領が続けば、世界標準を常に意識しますから、国際法を無視したりしないでしょう。また、中国のようにすぐに軍事、技術で日本に追いつくと思います。

――日本の政治・経済は文系の人たちですね。

アメリカのトランプ政権のときのポンペイオ国務長官は陸軍士官学校で機械工学を専攻し、機甲部隊で活躍し、ハーバード大学で弁護士になっています。福島の原発事故のとき、福島選出の森法相が「検察官が拘束していた一〇数人を理由もなく釈放して最初に逃げた」と不快感をしめしたといいますが、理工系出身の検察官であれば、状況把握に必死になり、最初に逃げたりしなかったと思います。

――放射能検知器を購入したかもしれないですね。

福島原子力発電所の地盤がブルトーザーの排土板で削られるほど軟弱で、また地下水が勢いよく流れるなんて信じられないんです。都心から一〇〇キロ以上離れているということだけで認めたんでしょうね。理系の人が選定したとすれば、文系の人が選んだ忖度にすぐれた理系の人だと思いますね。

ナポレオンやアインシュタインが優れていたのは数学だけで、他の学科はだめだったというのが通説ですが、ナポレオン法典は有名ですし、エジプト遠征のとき、たくさんの学者を連れて行っています。アインシュタインもまた政治、経済、戦争にも関心をもち、それについての文章や名言を残しています。

――日本も世界と戦うために世界言語である数学の出来る人をトップにしたいですよね。

日本の理系の人は政治に興味をもちたがらないですからね。弁護士の資格試験に数学を入れるなど、システム改革が必要でしょうね。

▽3　韓国は何故花嫁の処女性を大切にするのか

呉善花さんが、韓国は「雌鶏が鳴く家は滅びる」、また未婚のまま女性が死ぬと、悪霊にならないように未婚の男性を棺のなかに入れるか、未婚の男性がみつからないときは、紐でしばると書いていることに触れました。A型農耕と違ってB型騎馬系では女性でも性的エネルギーが高いんですよ。中東のイスラム社会では今でも名誉殺人があり、子供の頃から男性を誘惑しそうな女性や浮気をしそうな女性は殺されるんです。

――処女性とは夫や社会規範に従う女性ということですね。

自由奔放な女性は家庭だけでなく、男性間の和を乱して近隣の部族に滅ぼされたということです。

――処女性はB型騎馬系のハーレムの制度にも必要じゃないですか。

そうですね。女性たちが浮気をしていたら、ハーレムの意味がなくなりますからね。

――もう一つ、B型の女性は特に性的エネルギーが高いということはありませんか。

B型のメスのニホンザルは最初に交尾したボスザルが精射のあと腑抜けになり、元気づけてもどうにもならないので、仕方なく次のオスも求めるもすぐに消耗して茫然自失になり、結局、集団のすべてのオスと交尾をすることに触れました。人間の場合も、すべての男性との性的関係があれば、生まれた子供は自分の遺伝子の可能性があるから、皆で子育てができて、また、男性すべてが性的喜びの後の快い疲れのなかで皆平等に眠りにつけるのにと思ったことがあるんです。でも、快い眠りに浸っているとき隣接の部族に攻められて滅ぼされるんです。

――人はサルと違って、弓や槍などの飛び道具によって大量の殺りくができますからね。

▽４ 韓国は何故教育ママなのか

韓国の大学受験は一発勝負で人生が決まるので、国をあげての一大行事になっています。

――子供が大学に合格するかどうかで人生が決まるから母親たちは必死になりますよね。

出身大学で人生が決まるのは、何時までも競争を続けることによる社会の不安定化を避けるためだと思います。階級制のイギリスも大学の成績で、首相か、大臣か、外交官かなどがきまるといいます。アメリカは成績で給料が決まるからお金が基準ですね。日本は出身大学や成績に関係なく、横並びですが、上級公務員は合格したときの成績で最終的な地位がわかるといいますよね。

――無益な競争を避けるためでしょうね。

ユダヤ人学校の先生だったというアメリカ人から、「ユダヤの母親は日本の教育ママどころではない、すさまじい」と聞いたことがあります。武力より知力が優れているとユダヤ教にあるらしく、モーセの律法、タルムードに、「勉強は神から与えられた君の使命だ」「ユダヤ人は人類をよりよい方向に導く使命がある」らしいですよ。

――さすがユダヤ人ですね。

哲学者西田幾多郎は大東亜共栄圏で、日本がアジアの盟主になるべきだといったとして、戦後非難されていましたが、Ｂ型騎馬系の哲学者、ユダヤ人と同じ使命感をもっていたと思います。

▽5　韓国は何故喧嘩と大声でストレスを解消するのか

騎馬系の人たちは戦闘的で、戦いのエネルギーを内に閉じ込めるとノイローゼになったり、体調を崩したりするので、喧嘩や大声で外に吐き出すことが健康のために必要だといいます。

――日本は喧嘩や大声は逆に疲れて、ストレスになりますよね。

わたしが韓国に赴任するとき、先輩たちから、韓国は道路上で夫婦喧嘩するんだから、妻が夫の悪口をさんざん言って訴え、最後に夫に殴られて終わるんだ、といわれていて、一度だけ出会いました。何故近所の人たちに夫の悪口を訴え続けるのか、あれでは夫に殴られても仕方ないと思いました。

――夫に殴られるよりも、大声を出して喧嘩したほうがメリットが大きいということですね。

草原で大声を出しながら味方を鼓舞して戦ってきた民族だからでしょうね。

▽6　韓国の男性は何故女性に威張るのか

わたしの韓国での通訳の人、恐らくB型だと思いますが、奥さんに驚くほど高圧的で、発言を許さなかったんです。長い部族間の戦いのなかで、槍や弓を使うことができる男性が重要視された結果と思うようになりました。わたしが帰国してから、妻が逃げてしまった、ひどい女だと連絡がきました。

ニホンザルのほとんどがB型だという書籍を目にしたとき、文献が示されていなかったので半信半疑でした。最近のニホンザルの研究で、一番ランクの下のオスは一番上のランクのメスより上だと知り、またメスに信頼されないボスザルはその地位を追われると知って、やはりB型の韓国と同じだ、ニホンザルはB型にまちがいないと思って納得しました。

——部族間の長い戦いのなかで出来上がったランクですから、戦いがなくなった現代では改革が必要ですよね。

グローバル化によって、韓国は日本より女性の社会進出は進んでしますから、すぐ解消できると思います。

——日本は大人しいA型の女性が多いから、女性の社会進出がどうしても遅れますよね。

▽ 7 韓国は何故恨（ハン）の文化なのか

騎馬系は論理的なため、また戦う遺伝子を持っているので、理不尽なことをされると仕返ししたくなる心、ルサンチマン（恨み）を持つようになると思います。日本にも、倍返しということが流行るようになり、B型のジャマイスさんは、三倍返しをすると書いていました。

——理不尽なことをされると、A型は二度とされないために逃げますよね。

中国などの政治犯は、自白しないまま処刑すると親族から仕返しをされるため、自白さえしなければ処刑をされないといいます。文化大革命のとき、自白を拒否して拷問に耐えて生き残った人が随分いるらしいです。コーランの目には目を、歯には歯を、またどんなに遺産が少なくても平等にするなどは、ルサンチマンを避ける工夫だと思います。

——勿論、人妻を奪ってはならないこともですね。

恐ろしいことになりますからね。

▽8　韓国は何故アメリカへの移民や日本に来たりするのか

わたしが韓国で働いているときは、漢江の奇跡といわれて比較的景気がよいのに、多くの韓国の人が美国（アメリカ）に移住するというのに驚きました。B型の人はO型の人以上に移動したがるんだと思うようになりました。呉善花さんもアメリカに留学したいけど、資金の面から日本で妥協したようです。

――韓国はアメリカだけでなく、特にKーポップスは世界的に活躍して、有名ですよね。

日本より韓国のほうがB型騎馬系だから世界に進出する意欲がかなり大きいですね。

▽9　韓国は何故慰安婦や徴用工を七〇年たった今でも問題にするのか

韓国もそうですが、B型騎馬系の国は過去、現在、未来は同じだとする循環史観の傾向があるんです。韓国でも、A型、O型、AB型の大統領は言わないと思いますが、朴槿恵大統領はB型のため、「日本への恨みは一〇〇〇年たっても変わらない」と述べています。

――一〇〇〇年に比べて戦後の七〇年なんて目じゃないですね。

B型のユダヤ人は、イスラエルは四〇〇〇年前には自分たちの土地だった。エルサレムは二〇〇〇年前は自分たちのものだったと堂々と主張しますからね。

――若い頃、O型の上司でしたが、何千年前の所有を主張するイスラエルにあきれていたことを思い出します。

O型の欧米は古代、中世、近代、現代と直線的は進歩史観ですが、B型の中国は円環、あるいは循環史観で、秦、唐、漢、宋、明、清、今の習近平と同じ王朝として繰り返されるのです。歴史家岡田英弘がアラブには歴史がなかったが、欧米との交渉で必要になって作るようになったと言っています。

――慰安婦や徴用工問題が循環史観のため、これからも繰り返えされ続けられるんですか。厳しいですね。

▽10 韓国は何故自分の立場を優先するのか

呉善花さんの韓国では身内に、日本は相手に敬語を使うことに触れました。騎馬系の韓国は戦って勝利するためにまず身内の結束が大切であり、日本は戦うのではなく、子育て遺伝子ですから、目線を下げて相手に寄り添うための敬語だといえます。

――騎馬系の韓国と農耕の日本は敬語の場合も一八〇度逆なんですね。

人類は家族を守るために敵と戦う係と、子供に寄り添って育てる係が必要だったんです。

韓国について他に細かく見ていくと、何故おしゃれで、何故肉料理がうまくて、また何故体格がよいのかなどあります。騎馬系の民族の進化の観点からすべて説明できます。

――呉善花さんの疑問のすべてが韓国はB型精子・ハーレム・騎馬系の性格。日本はA型卵子・子育て・農耕系の違いで説明がつくということですね。

日本の国民性についても簡単に確認をしてみます。

XIII 「血液型人生学・社会学」からみた日本

▽1 日本は何故貯蓄が多く、世界一の債権国なのか

——経済的に不安な人が多くて、貯蓄する人が多いのは、日本が栄養を貯めて待つ卵子、また穀物を貯める農耕民の性格からだと分かりますが、債権国で、それも世界一なんて信じられないですね。

債権国なのは、日本の失われた二〇年あるいは三〇年と少子化、高齢化によって国内の市場が縮小したため、海外に進出する合併や買収（M&A）を仕方なくやった結果らしいですよ。日本は農耕民だから、海外で騎馬民、特に狩猟民との交渉になると、東芝の米原子力大手ウェスチングハウスの買収の失敗で破綻寸前になり、日本郵政のオーストラリアの子会社への投資で四〇〇〇億円の損失を出しています。

——国民の財産の消失とも言えますね。

M&Aの成功率は三割らしいです。安いと思って購入すると、その数倍もの隠し負債（簿外債務）が出てきますから、バカ正直な農耕民はつらいですよね。

——稼いだ金を貯金すればよいという単純な時代ではないですものね。

▽２　日本は何故競争が苦手なのか

日本人のなかに、O型狩猟系やB型騎馬系の精子のように目的に向かって突っ走る人もいるでしょうが、A型卵子の性格の人が多いから、競うより待つのが得意なんです。

――評論家の樋口恵子さんが日本の男性は寝たきりで、隣に寄り添う女性を連れてきて来てくれるのを待っていると不快感をしめしていましたよね。

グローバル化した資本主義の世界で競争の苦手なA型の人や日本人は得することはなさそうですね。

――どうすればいいですかね。

小さいときからの教育でしょうね。アメリカのように学校の成績で給料に差をつけるようにするとか。

――子供の頃から成績で席順を変えるとか。でも、ストレスで登校拒否をする子供が多くなりそうですね。

ちなみに、A型の哲学者ハイデガーが一九三三年の学長就任演説で知的労働と肉体労働を同列にして、猛反発を受けたことに触れましたが、この横並びが日本の年功序列であり、グローバル化の厳しい競争のために成果主義になったものの、最近エッセンシャルな仕事（医療・福祉、農業、小売・販売）で新しく各人が経営と労働を同時にする協働労働が世界的に盛んになったようですよ。

――A型の労働観：知的労働と肉体労働の同一としての年功序列のかわりに協働労働が出て来たというんですね。

わたしも若ければ知的労働（経営）と肉体労働を同時にする協働労働組合を立ち上げたいですね。

――競争の苦手なA型の人たちが集まって、生き甲斐をもって働くかもしれないですね。

▽3　日本は何故外国に出ようとせず、日本で一生を終えようとするのか

日本人はA型農耕系だから、定着することが好きで、外国に行ったとしても、短期で帰ったり、外国で働いたとしても晩年は帰って老後を日本で過ごしたりします。一方、インドの人はアメリカに行くと住み続けます。インドは階級社会のために、自由なアメリカが好きだからといいますが、B型騎馬系だから移動、あるいは放浪することが好きなんですよ。

――哲学者のカントやハイデガーをA型農耕系にした理由の一つが有名な大学から誘われても職場（大学）を移らなかったでしたよね。

▽4　日本は何故NO（ノー）と言えないのか

日本人の四割がA型子育ての性格だから、NO（ノー）といってはならないとプログラム化された遺伝子を持っているからなんですよ。

――日米貿易摩擦の頃、『「NO」と言える日本』というエッセイ集が話題になりましたね。

政治家で作家の石原慎太郎とソニーの創業者の盛田昭夫氏の対談ですが、日本でベストセラーになり、似た題名の書籍が出て、また同じ頃に中国人による『中国人はNOといえる』という本が出版されています。

日本人が最も自信を持っていたバブルの最盛期で、石原慎太郎はAB型で、盛田昭夫氏は営業であり、発言から恐らくO型だと思いますが、アメリカからバッシングされ、譲歩し続ける日本が情けなかったと思います。物作りは大切であり、日本は一〇年先を見ているのに、アメリカはM&A（合併と買収）などで一〇分

先しか見ない。アメリカは衰退するといい、石原慎太郎氏は日本製の半導体がないとアメリカの軍事機器は何も作れない。日本はこれを外交カードにすべきだといっています。また、当時参議議員であり、意見の合う源田実氏の言葉を引用して、日本が外国との一〇年の技術の差を縮めないようにすれば、二一世紀の四半分は大丈夫だと書いています。源田実参議議員は太平洋戦争のときの真珠湾攻撃やミッドウェー海戦などで主要な役割を演じ、また、パイロットの犠牲者が多すぎるので、防護装置をつけようという会議のなかで、もっと軽い飛行機を作ってくれ、といって会議を解散させています。

――二一世紀の四半分どころか、二一世紀に入ると半導体でサムスン電子に追い越されていますね。

当書籍の出版の数年後にソ連邦が解体したため、日本がアメリカの防共としての役割がなくなり、放り出され、バッシングされて失われた二〇あるは三〇年になり、ソニーも長いトンネルのなかに入り、復活したといわれますが、日本の大手家電メーカーのすべての売り上げを合計しても韓国のサムスン一社の半分にならいのです。

――日本の政治家や財界人にはいつもそうかもしれないけど、日本は素晴らしいという思い込みがあって、アメリカについては見方が甘いということですね。

O型民主主義のアメリカは因縁をつけてこの世からカルタゴを葬り去った古代ローマと同じで最強なのです。三〇年後の今、『「NO」と言える日本』を読んで、財界や政治家が考えていたことを分析して欲しいんです。古代ギリシャのトゥーキュディデースの『戦史』の、民主主義国アテナイとスパルタの戦いで中立を保とうとしたメロス島との外交交渉、また戦いの結果を繰り返し読んで欲しいです。

――NOといったら日本はどうなるか。メロス島のすべての若者は皆殺害され、婦女子は奴隷として売られたんでしたよね。

わたしは高校や大学生のとき、大国アメリカとロシアの間で、中立を保つべきだと考えていたものの、東南アジアで賠償によるダム建設に携わり、戦場跡を訪れるなかで、アメリカの恐ろしさがわかってきたんです。

――今は日本に替わって中国がバッシングされていますね。

中国はB型ですから、NO（ノー）といい、しっかりと反論しています。中国は大国ですし、ロシアとの連帯がありますから、日本ほど簡単に崩れることはないでしょうが、アメリカは勝つためには何でもするから、最悪が和平であり、敗けることは絶対にありません。

▽5 日本は何故外国の文化をスムースに受け入れられるのか

日本は聖徳太子の頃から、中国の文化を積極的に受け入れ、明治になると欧米の文化を取り入れて、勿論、今でも、グローバル化した経済、あるいはデジタル化した社会にしようと必死になっています。

――これもA型子育て遺伝子による相手に合わせようとする性格のせいですよね。

その通りですが、サミュエル・ハンチントンの『文明の衝突』のなかで、日本について、明治維新のとき西洋の文明を取り入れたが、西洋化しなかったし、他の国のようにもならなかった。また、第一次大戦の頃はイギリスと、第二次大戦の頃はドイツと戦後はアメリカなどと同盟を結ぶ独特の国だとしています。O型の欧米の文化をA型の価値観を保ったまま受け入れ、またA型の不安感を解消するために「寄らば大樹の陰」としての大国と同盟を結んだと思います。

――さらなるグローバル化とデジタル化のスピードに、特にA型の人はついていけるか心配ですね。

A型は付いて行こうとしてもできないから自殺者が一番多いですよ。

▽ 6 日本は自然の神々を信じるアニミズムなのか

呉善花さんは先進国の日本が発展途上国の人たちと同じようなアニミズムなのに驚いていました。O型欧米は人間至上主義で、人間は自然より偉いんだ、また、自然は人間が征服するものだという考えのため、チグリスユーフラテス文化、エジプト文化、古代ギリシャ文化は征服したつもりの自然が破壊になってしまって滅んでいます。しかし、日本は農耕民だから自然の万の神の恩恵のなかにいるという自覚とともに生きています。日本の里山がそうです。

——近隣の山に適度に手を加えながら末永く利用していくんですよね。

▽ 7 日本は何故リーダーがだめなのか

太平洋戦争で何故負けたか。それは日本にリーダーがいなかったからだ、と聞いてきました。

——日本がA型子育て・農耕系で、リーダーになるための遺伝子を持っていないからですよね。

でも、A型は村落のような小さな集まりでは個々の悩みをくみ取ってまとめるのに向いています。血液型の研究者、能見正比古さんが日本の地方自治体のトップはA型が多く、首相はO型が多いと書いていました。

A型農耕は戦う遺伝子がなくて不安になるから守りに強いんです。明治の指導者は木戸孝允をはじめA型と思える臆病な内向き人たちによって、B型の西郷隆盛の征韓論に討ち勝ち、明治維新を成し遂げたのです。

――日清・日露戦争の指導者は、アメリカに金子堅太郎を派遣するなど、戦争が終結したときの外交を考えるO型の人たちでしたよね。

O型特に、アメリカは負けそうになると外交で解決するという戦いのために生まれて来た人達だと思います。日本がイタリアのようなO型の国であれば、太平洋戦争も負けそうになったヒトラーに宣戦布告して戦勝国になって終わっていたかもしれないです。これからは世界のO型やB型の国とのつば競り合いになりますから、A型の人が国内を守って、O型の人には外で頑張って飛躍してもらいたいですね。

――期待したいですね。

リーダーはすごいといわれる国でありたいです。

▽8　日本は何故一九七〇～八〇年代に経済大国になれたのか

アメリカにとって防共としての日本の役割が大きいため、アメリカからの恩恵を受けながら、日本人のA型子育て・農耕系の価値観にあった年功序列、生涯雇用、さらに長期的な利益を考えればよかったからだと思います。

――今はO型欧米系のグローバル化で短期利益追求型ですものね。

ソ連邦が解体すると、アメリカにとって日本は重要ではなくなり、むしろバッシングを受けるようになって、委縮する国になった気がします。

▽ 9 日本は何故勤勉で、また時間を守るのか

農耕民にとって勤勉が最も大切で、作物を育てるため、時間を守って作付けをすることも必要な性格です。ただ、グローバル化やデジタル化で自由な発想が重要視されると、勤勉や時間の厳守は時代遅れの価値観になるでしょう。

――どうすればいいですか。

選択と集中ですよ。自分に役立ちそうなものには集中し、そうでないものは適当にする。まさに行動にメリハリをつけることかもしれないですね。

――選択と集中はO型が得意ですね。Aは難しいけど、合わせるしかないでしょうね。

▽ 10 日本は何故いとこ婚が許さるのか

韓国は騎馬系だからでしょう、インセストタブーを厳格に守り、いとこ婚だけなく、同姓の場合も許されないそうです。騎馬民はパートナーを探しに遠くに行けるのですが、農耕民はどうしても近くのパートナーで妥協し、環境に適応できない子供が生まれたときは自然淘汰にまかせて、多産によって淘汰をカバーするんですね。

日本の国民性についてこれら以外にも、「もったいない」と思う心とか、外国より犯罪が少ない、あるいは「不安症」の人が多いなどについても同じように説明ができます。

今まで述べてきたことを別の観点からXIV章の一〇六項目の質問及びXV章の最後に、巻末から横書で用意しました。

また、この対談書だけでなく、拙書、「血液型人生学新書」を読んでいただくか、あるいは、ここ一〇〇年間の多くの研究書籍がありますので、参照していただければと思っています。

XIV　理解度確認のための質問106項目

▷ 1　ダーウィンの進化論の考え方

生物の進化は遺伝子などの変化によって起きていると思いますが、変わっていく起因は環境であって、ダーウィンの進化論を一言でいえば、環境に適さない個体は滅び、適したもののみが生き残ったということです。これは日常的に使われていますが、しっかりと理解していただくためにこれまでの記述をふまえて具体的な例を質問形式で挙げましたので、再度確かめて欲しいと思います。

(1)　ペスト、戦争、血液型、神

①中世ヨーロッパで、ペストが流行した地域は、A型が多いといわれていますが、有史以前にA型農耕系は宿主のネズミの洗礼を受けていたのか、もともとA型が強い遺伝子をもっていたのか、などの理由は別にして、ペストという環境にA型のほうがO型、B型、AB型より強かったからだと考えます。

□信じます。　□信じません。

②ヨーロッパの30年戦争（1618 ～ 1648）などの激戦地には、A型の人が多いといわれますが、戦いの間A型農耕系は逃げていたのか、後方部隊にいたのか理由は別にして、激戦地という環境にA型の性格が適していたからだと考えます。

□信じます。　□信じません。

③農業地帯にA型、狩猟地域にO型、遊牧騎馬民にB型が多いのは、遺伝子によるのか、感染症の罹患の影響なのか理由は別にして、A型が農業地に、O型が狩猟地に、B型が遊牧騎馬というそれぞれの環境に

適していたからだといえます。

□信じます。　□信じません。

④神様は全知全能のため運命や善悪を決めたりもできますが、環境が生物の繁栄や絶滅を左右することを考えた時、生物にとって環境こそが神様といえます。

□信じます。　□信じません。

(2) ダーウィンの進化論による血液型と性格の特徴

①生物は仲間と戦い殺して（共食い）でも生きようとしますが、仲間を殺してでも生きようとした性格の生物が生き残ったからだと考えます。人の殺りくも、長い生物の歴史のなかで他の人を殺してきた遺伝子をもち、窮地に陥ったときそれが発現するからだと考えます。

□信じます。　□信じません。

②窮地にたつと殺してでも生きようとする人だけでなく、喜んで犠牲になる人や生物がいます。それは犠牲になってでも子供を助けようとする子育て遺伝子を持つ人であり生物だからと考えます。

□信じます。　□信じません。

③生物の99パーセントが遺伝子を交換する有性生殖といわれますが、最初の頃はすぐ近くのパートナーと遺伝子を交換していたものの、遠くて違うほうが優れた子供が生まれて生き残った（自然選択）ため、インセストタブー（近親相姦の禁忌）の性格を持つようになったと考えられます。

□信じます。　□信じません。

④また、遠くて違う遺伝子の交換を求めているうちに、最も合理的は出会いの方法、すなわち今のような栄養を蓄えて待つ卵子と、遺伝子だけを頭に持って、無数で競争しながら探す精子に二極化したと考えます。

□信じます。　□信じません。

⑤被子植物は自家受粉ではなく、他家受粉（インセストタブー）をするために、雄しべが先に成長する「雄性先熟」、雌しべの場合は「雌性先熟」をします。子供のとき一緒に遊び、仲のよかった女の子が早く成長して隣村にお嫁に行ってしまいました。ヒトの場合は女子が男子より先に成長する「雌性先熟」であり、インセストタブーの現れだと考えます。

□信じます。　□信じません。

⑥アフリカで、脳はチンパンジーなみ、骨盤は現代人と同じという約400万年前の直立二足歩行のアファール猿人の化石がみつかりました。二足歩行によって脳の重量化を可能にしたものの、骨盤が縮小し、未熟児を産むことになり、また原人がアフリカの東部の草原で、天敵に囲まれながら暮らさねばならなくなったとき、ライオンやハイエナのように子供を守る役割（子育て遺伝子）の個体が発現したと考えます。

□信じます。　□信じません。

⑦ダーウィンはヒトに毛があったほうが雨や虫刺されに有利なのに、ファッションから無毛のパートナーを選び合うようになったからヒトは無毛になったとしました。一方、二足歩行で骨盤が小さくなったため、ヒトは幼形のまま生まれ、そのまま成熟し、妻は夫に夫は妻に甘えて生殖にするようになり、また形態的には、無毛性、目や皮膚の色素が乏しい、あごが突き出ていない、脳重量比が大きいなど、類人猿の胎児の特徴をもつことから、ネオテニー（幼形成熟）説があります。

□信じます。　□信じません。

⑧類人猿は1000万年～1400万年前に、ゴリラは800年前～1000万年前、チンパンジーは400万年～500万年前にヒトとの共通祖先から分かれたといわれて、ゴリラとシンパンジーより、チンパンジーとヒトの方

が近いのですが、形態的には随分差があります。これもまた、二足歩行によって未熟のまま生まれ、そのまま成長したネオテニー（幼形成熟）説の証拠の1つになると考えます。

□信じます。　□信じません。

(3) 「血液型と性格」の関係は広い意味での共進化

①農村地帯にA型の人が多いのは、A型の勤勉で大人しく、和を大切にする性格が農耕に向いていたからで、A型の血液型と農耕の性格が共進化していると考えます。また、閉鎖された農村社会が数万年続けば、共進化がすすんでパタスザルのようにA型だけになると思います。

□信じます。　□信じません。

②アフリカなどの狩猟地帯にO型が多いのは、O型と、移動しながら狩猟する性格とが共進化しているからだと考えています。閉鎖された社会が数万年続けば、共進化がすすんでゲラダヒヒのようにO型だけになると思います。また、アメリカインデアン、アステカ、マヤ、インカの人たちのほとんどがO型なのは、海面が低下した氷河期にベーリン海峡をわたり、移動しているうちに移動や狩りが不得意なA型やB型の人たちは脱落していなくなったと考えます。

□信じます。　□信じません。

③モンゴルなど遊牧騎馬民に、B型が多いのは、俊敏で戦闘的な性格が遊牧騎馬民の生活に合っていたため共進化したからだと考えます。もし閉鎖された社会が数万続けば、共進化がすすんでゴリラのようにB型のみになると思います。

□信じます。　□信じません。

④ヒトの血液型と性格は、理由は別にして、上の①〜③によって、A型は農耕民の性格、O型は狩猟民、B型は遊牧騎馬民の性格であり、AB型は農耕民と騎馬民の両方の性格をもつ地侍、あるいは屯田兵の性格

だといえます。

□信じます。　□信じません。

(4)　性格の多様性と差別

①人の性格の多様性は多様な地球環境に適合（適者生存）したからであり、環境が一様であれば、一様な性格だったと考えられます。

□信じます。　□信じません。

②人の性格を2つに分けたとき、A型、草食男子・女子、およびO型、B型、AB型の肉食男子・女子（AB型も肉を食べないと病気になったりする）になり、3つにわけるときは、A型農耕、O型狩猟、B型騎馬、4つのときはAB型地侍が加わります。

□理解できる。　□理解できない。

③現代の哲学者・思想家などの知識人が批判をし合うのは、ごく狭い範囲の専門家でしかなく、自分の性格が人全体の3分の1、あるいは4分の1でしかないことがわかっていないためです。

□信じます。　□信じません。

④新聞社が襲われて12人が殺害されたシャルリー・エブド襲撃事件(2015)直後、フランスの議員が国会で自由の賛歌としての国歌を斉唱したといわれています。O型のフランス人は自分たちの自由の考えが正しく、B型の自由の考え方が理解できないからです。O型欧米の人が多様性を認めるのはその血液型内だけであり、B型のイスラムの人たちが理解できないので、幾度となく十字軍を派遣しています。

□納得します。　□納得しません。

⑤またB型騎馬系は大人しくて鈍くさいA型農耕系を嫌っていますし、A型は自分にない攻撃性やカッコよさを羨ましいと思いながらも、「和」を大切にせずに自己主張をするB型を怖がり、恐れています。

□信じます。　□信じません。

⑥トランプ元大統領は戦う遺伝子をもたないA型農耕系のため、自己主張の強いB型のイラン、中国を恐れ、気が小さいためマスコミや政権内で攻撃する人たちを排除しようとしました。

□信じます。 □信じません。

⑦O型狩猟系の欧米人は自由民主主義、資本主義を求め、またB型のイスラムへの十字軍の遠征のように理解できない相手を攻撃する性格をもっています。もし、ソ連邦の元首相、ゴルバチョフがO型でなければ、ソ連邦の解体はもっとゆっくりだったと思いますし、フランクリン・ルーズベルトがO型でなければ、当時B型の日本の軍指導部との太平洋戦争は起きなかったと思います。また、豊臣秀吉がO型でなければ、文禄・慶長の役は起きなかったと思います。

□信じます。 □信じません。

⑧韓国のO型の李承晩大統領は日本が進駐軍による占領下にあるとき、対馬と竹島は自国だとする李承晩ラインを引き、多くの日本漁船の拿捕、漁船員の抑留、死者、沈没船また多数の無返還漁船などの被害を発生させています。O型の全斗煥大統領は光州事件などの国内問題で忙しく、O型の盧武鉉大統領になって竹島問題をはじめ日本パッシングが始まっています。また、O型の大統領になれば、日本への攻撃が一層ひどくなると思っています。

□信じます。 □信じません。

⑨O型はB型よりはるかに侵略的です。韓国と日本がともにO型の国であれば、O型フランスとO型イギリスのように、幾度となく、侵略したり、されたりする国になったと思います。

□信じます。 □信じません。

⑩B型は不当に攻撃されるとルサンチマン（恨み）を持ちます。B型の中国の人たちはルサンチマンの恐ろしさを知っているので、特に政治犯では親族からの仕返しを恐れて自白するまで処刑をしたりしませ

ん。B型のイスラムでは「同罪報復」によってルサンチマンの連鎖を避け、江戸時代の「喧嘩両成敗」もB型の武士社会からうまれた考え方だと思います。

□信じます。　□信じません。

⑪AB型は弱い者への攻撃に反発して、弱い人たちを守ろうとするため、古代墨家集団はB型の秦の始皇帝に滅ばされ、AB型のイエス・キリストはB型のユダヤの宗教家に、AB型のカエサルはO型の元老院たちに力によって皇帝を奪いとると誤解されて殺害されました。

□信じます。　□信じません。

(5) 風俗・習慣・民族性・国民性と血液型

①パキスタンや中東諸国には、今でも非人間的といわれる名誉殺人（女性が愛人をもつと名誉のために家族による殺害）があります。愛人をもつようなエネルギーレベルの高い女性は部族内の結束を弱めるため、名誉殺人を実施した部族のほうが、部族間の争いに勝って生き残ってきたからだと考えます。

□信じます。　□信じません。

②日本では親は子供や孫に資源（お金など）を使うため、子供になりすましたオレオレ詐欺が発生します。しかし、フィリピンでは女性が海外に出稼ぎに出ますし、お金を兄弟たちのために使うので、横の連絡によって世代毎の助け合いがうまれ、親と子供の関係を利用したオレオレ詐欺などが少なくなります。

□信じます。　□信じません。

③血液型と性格の草分けである古川竹二の著書『血液型と気質』のなかで、日本とポーランドは民族の起源は違うものの血液型の構成がほぼ同じなため、同じA型の国民性だと仮定し、当時は資料が少なく、新渡戸稲造のエッセイから、両国とも憂国悲願の国民性としました。今

のポーランドは教育熱心で、進学率が高く、また、周辺諸国には外国人が2から3割いるのに、数パーセントしかない陸の孤島であり、さらに日本が外圧に屈するように、ポーランドは周辺諸国からの攻撃を恐れて、自分たちの宗教を捨てて、キリスト教になっています。宗教を捨てるなど、B型のユダヤ人、ロマ（ジプシイー）には考えられないことです。

□信じます。　□信じません。

(6)　理性と感性の関係

①イマヌエル・カントは理性（合理性を認識する能力）による主知主義的思考から、理性には限界があり、情や意志を大切にする考えになり、アメリカの生理学者ベンジャミン・リベット（1916 ～ 2007）の研究；意識が決定をする0.5秒前に、無意識の電位信号が立ちあがっている事実を実験でしめしたことから、スコットランドの哲学者デヴィッド・ヒュームが「理性は感情の奴隷である」という格言は正しいことになります。

□信じます。　□信じません。

②子供は多くの場合、ほとんど感性で行動すると考えられます。この感性によって子供は自分を優しくしてくれるA型子育て遺伝子の大人を見分けることができます。

□信じます。　□信じません。

③ストレスを溜めたB型、O型は戦って勝つことが解消の近道であるため、戦う遺伝子のないA型子育て遺伝子はO型やB型の人たちの感性によって見分けられて、いじめ、あるいは攻撃の対象になります。

□信じます。　□信じません。

④A型はO型、B型からのいじめや攻撃を避けるために、A型同士がグループになって助け合うのが一番よい方法であり、ダチョウのボスが

自分の受精卵を中央に置いて温めるようにグループの中央にいることが最も安全になります。

□信じます。　□信じません。

(7)　哲学者・思想家と血液型

哲学者や思想家の解説書や伝記、日記など手に入りやすく、整理されているため、どんな恋をしたか、奥さんとの会話もわかり、情報量が多くなるにつれて親しみがわいてきます。さらに血液型との関係がわかると、増々身近になってきます。

(7)-1　A型の哲学者・思想家

①哲学者イマヌエル・カントは海外旅行をすることもなく、生まれ育ったケーニヒスベルグで一生を終え、嘘をいってはならないなど「子育てのための道徳を提唱」し、世界平和のために常備軍をもたないというまさにA型・卵子・子育て・農民系の性格の代表者だといえます。

□信じます。　□信じません。

②実存哲学者キルケゴール、シェーリング、ハイデガー、サルトルなどはA型の自分たちと価値観の違うO型の欧米に生まれてきてしまったため、理不尽だと思っても、運命だと思って諦め、この世に合わせて生きなければならない、というA型のために苦悩する哲学者たちです。

□信じます。　□信じません。

③キルケゴールの恋愛の稚拙さ、優柔不断で決断力のなさ、死についての思考などまさにA型の特徴であって、シェークスピアのハムレットと同じだと思いました。後で、哲学者、和辻哲郎も同じことを考えていたと知り、キルケゴールやハムレットの深層の気持ちは同じA型にしかわからないことから、和辻哲郎の血液型はA型農耕・子育て遺伝

子であり、また子育てに必要な倫理学（道徳）を専門にしたと考えられます。

□信じます。　□信じません。

④日本はＡ型農耕系の価値観なので、日本に生まれたＡ型の哲学者は特に矛盾を感じることも少ないので、欧米のように自分と違う世の中にうまれた「被投された」と苦悩する純粋な実存主義の哲学者はいない。

□信じます。　□信じません。

⑤戦後実存主義の作家、サルトルや大江健三郎の小説が読まれたのはＯ型占領軍の価値観を押し付けられ、また、Ｏ型のアメリカとロシアの代理戦争としてのベトナム戦争が日本のアメリカ軍基地を使って行われるという、アメリカの価値観にあわせねばならなかった「被投性」からです。

□信じます。　□信じません。

⑥また、欧米が主導するグローバル化がさらにすすめば、Ｏ型狩猟系の価値観が日本に押し付けられるとＡ型の大江健三郎のような実存の新しい作家があらわれ、実存主義の小説が読まれ、再び実存哲学が見直されようになります。

□信じます。　□信じません。

⑦哲学者や作家でなくても、Ｏ型の価値観であるグローバル化がすすめば、外圧あるいは文化の押し売りが強くなり、Ａ型あるいはＢ型の人たちは矛盾あるいは理不尽さを感じることが多くなると思います。

□信じます。　□信じません。

⑺-2　Ｏ型の哲学者・思想家

①哲学者ヴィルヘルム・ヘーゲルは職場をかえ、海外旅行をし、カントと違って嘘をついてもよいときがあり、結婚はふたりの愛によるべきだとする「大人同士の倫理を提唱」し、また、資本主義の格差や海外進

出を認めるO型精子・自由恋愛・狩猟系であるO型欧米人の性格と価値観をもつ代表者です。

□信じます。　□信じません。

②哲学者ヘーゲルと進化論のチャールス・ダーウィンはO型で、2人とも同じO型の欧州文化のもとでうまれて、素直にこの世が合理的に出来ていると感じることができたため、ヘーゲルの弁証法、ダーウィンの進化論の提唱ができ、特にヘーゲルは物質の成因から宇宙の成り立ちまで、個人から国家までの体系の哲学を作り上げることができています。

□信じます。　□信じません。

③また、O型のヘーゲルの「現実は理性（合理）的、理性（合理）的は現実的」と、O型ダーウィンの進化の「環境に合理的な個体が生き残った」とは、社会と生物との対象の違いがあっても本質は同じ考え方です。

□信じます。　□信じません。

④O型欧米の思想の正確な表現者ヘーゲルが近代の最も優れた哲学者だといえますが、A型のキルケゴールやシェーリングはヘーゲルに否定的で、B型のショーペンハウワーは反発し、AB型の哲学者ラッセルなどは「わたしはヘーゲルの学説のほとんどすべてが誤りである」と述べ、カール・ポッパーはヘーゲルの成功によって「不正直の時代」「無責任の時代」がはじまったと罵倒しています。これは哲学者が血液型の表現者であり、また自分と違う血液型の哲学者の思想が理解できないことを表しています。

□信じます。　□信じません。

⑤哲学者カール・ポッパーがヘーゲルの成功によって「不正直の時代」「無責任の時代」がはじまったと罵ったのは、「哲学者ヘーゲルが嘘を言ってもよいときがある」また「資本主義による格差を認め、欧米の海外進出を肯定した」ことから、三枚舌外交、武力による植民地化が

進んだと考えたせいだと思われます。

□信じます。　□信じません。

⑥思想家ジャン・ジャック・ルソーは時計職人としての奉公に嫌気がさし、放浪をし、ヴァラン夫人の愛人になり、啓蒙思想家ヴォルテールなどの中傷にもくじけない、打たれ強さを示したことなどからO型狩猟系だと考えられます。

□信じます。　□信じません。

⑦ルソーの「エミール」は子育ての書籍のため、子育て遺伝子のA型のように見えるが、O型は狩猟犬の育て方は抜群だという血液型と性格の研究者、能見俊賢の記載からすると、A型は子供に寄り添い、相手に合わせる教育であり、O型は自分の理想に向けてのシステマティックな教育だといえます。

□信じます。　□信じません。

⑧会社のO型の上司は部下を育てるのがうまいものの、自分に役立つ猟犬的な育て方であり、自分に役立たないと思うとつらいお仕置きが待っていると思いますし、O型のアメリカは今、日本を応援していますが、自国に役立たないと思うと即座に鉄槌が下されると思います。

□信じます。　□信じません。

⑨ルソーは33歳のとき妻になるテレーゼに会い、翌年1子を儲けますが、妻に原稿の清書を続けてもらうためでしょうか、生まれるとすぐに養育院に入れ、5子まですべて同じことをしています。当時、パリの新生児の3分の1から5分の3が養育院に入れていたことから異常ではなく、また56歳のとき町役場で証人をたてて結婚しています。一方、イタリアの物理学者O型のガリレオ・ガリレイは2人の女児が幼くて法律に違反したにもかかわらず、修道院に入れ、妻への財産の分割を恐れて結婚式をあげていません。A型の哲学者・思想家のキルケゴール、カント、ニュートンは独身を通すことで偉大な仕事をし、O

型の場合は狩猟民が狩猟犬を使うように妻を役立つように教えて使いこなして偉大な仕事をし、妻は相手に合わせようとするA型だったと考えます。また、チャールス・ダーウィンはO型であり、働く必要がないほどの大金持ちと結婚し、そのエマ夫人は疲れた夫にピアノを弾いたり、小説を読んで聞かせたりします。O型の心理学者のグスタフ・ユングは企業家の娘と結婚し、そのエンマ夫人は愛人との同居を許す心の広い女性で、夫人と愛人ともにA型だと考えられます。

□信じます。　□信じません。

⑩小説家・思想家のレフ・トルストイは農奴解放のために財産を寄付すると言い張り、ソフィア夫人もO型なのでしょう、貧しい人たちのために何故わたしたちが犠牲になれねばなりないの、といい、不和のまま晩年を過ごすことになりますが、どちらもO型の特徴、「一度言い出したら妥協しない性格」だったからだと考えられます。

□信じます。　□信じません。

(7)-3　B型の哲学者・思想家

①経済学のカール・マルクス、文献学者のフリードリヒ・ニーチェ、精神分析のジーグムント・フロイトをグレート・ジャーマン・トリオ、あるいは非哲学者といわれる生の哲学者であり、B型精子・ハーレム、騎馬系の思想の代表者です。

□信じます。　□信じません。

②ショウペンハウアーはこの世は苦難であり、解消のために芸術、特に音楽を癒しにすべきとすることからB型の思想家だといえます。

□信じます。　□信じません。

③B型の国インドから生まれた仏教思想は、この世を生老病死という苦難とみて、それを乗り越えようとする「生の思想」だといえます。

□信じます。　□信じません。

④精神分析学者ジークムント・フロイトはシェークスピア劇に詳しく、父親の後を継いだ3女のアンナをリア王の3女コーディアに例えました。もしフロイトが「血液型と性格」の考え方を知っていればコーデリアもアンナもA型の血液型だと気づいたと思います。

□信じます。　□信じません。

⑤またジークムント・フロイトが「血液型と性格」だけでなく、古代中国に詳しければ、息子が父親の嫁を自分の妻にするという遊牧民の習慣レビレート婚、実際に匈奴の王に嫁いだ王昭君が王の死後、義理の息子の王の妻になったことから、父親を恋敵とする自分の感情は古代中国由来のB型の性格だと気づいたと思います。

□信じます。　□信じません。

⑥ジークムント・フロイトが性格は長い進化論の蓄積から形成されたと知っていれば、長い蓄積が無意識であり、歴史の長さからすると95パーセント以上を占め、一方意識はわずかな霊長類の期間だとわかったと思います。また、精神分析は長い歴史の蓄積による無意識と現実の意識（環境）とのギャップをみつけて緩和することだと気づいたと思います。

□信じます。　□信じません。

⑦ジークムント・フロイトはカール・グスタフ・ユングに精神分析の会長の座を譲るといったのに拒否され、またユングとトラブルを起こした女性たちの相談を受けるうちに、「血液型と性格」がわっていれば、ユングはO型の自由恋愛であり、また理解できない相手B型を攻撃するO型だから決別になったと気づいたと思います。

□信じます。　□信じません。

⑧またジークムント・フロイトはユングに会長の座を譲ろうとしたものの拒否されてしまいました。フロイトはシェークスピアに詳しく、また「血液型と性格」がわかっていれば、もし学会ではなく、国家権力の

座を譲ろうとすればユングに受け入れられ、フロイトは自分がシェークスピア劇のリア王のような運命をたどったと気づいたにちがいないと思います。

□信じます。　□信じません。

⑨ジークムント・フロイトが自分の性格が高い性エネルギーをもつB型だと気づいていれば、精神分析をうける患者さんのほとんどがB型だと気づいたと思います。

□信じます。　□信じません。

⑩ジークムント・フロイトは性欲の発達を0歳から1歳半ごろまでを口唇期、さらに6歳までの間に、肛門期、男根期、潜伏期、性器期になるとしました。類人猿ボノボ（ピグミーチンパンジー）のオスの場合、生まれて半年たつと、乳を飲みながらママ友とセックスをするようになり、チンパンジーのオスは2歳頃から母親と、精射がはじまるとママ友とセックスします。しかしメスの場合は成長する7～8歳までセックスをしないという性行動がわかっていれば、女性の子供の場合は、口唇期、肛門期は顕著ではないと考えたと思います。

□信じます。　□信じません。

⑺-4　AB型の哲学者思想家

①フリードリッヒ・エンゲルス、アルベルト・アインシュタインはバランス感覚がよく、また遺灰を海あるいは川に流すという唯物的な死生観はAB型の性格の1つだと考えます。

□信じます。　□信じません。

②バートランド・ラッセル卿は自説であっても不合理と思えばすぐ変えるという君子豹変的な考え方はAB型の性格の1つだと考えます。

□信じます。　□信じません。

③AB型地侍系はO型狩猟系と共通する価値観に自由と民主主義があ

ります。しかしAB型はA型からB型まで幅広い人たちの中から違うパートナーを自由に選び、O型はより多くのパートナーを選ぶために自由が必要条件であり、自由をなくす独裁者を嫌うのです。

□信じます。　□信じません。

④戦上手について、O型狩猟系は生まれ持った戦うためのチームワークがあり、AB型の場合はB型の攻めとA型の守りである攻守に優れているからだ考えられます。

□信じます。　□信じません。

⑤AB型にはイエス・キリスト、ガイウス・ユリウス・カエサルなどバランス感覚のよさ、許容力の大きさ、戦上手などによるカリスマ性があります。しかし、イエス・キリストはB型のユダヤ教徒と、カエサルはO型の元老院と性格が合わなくて、殺害されました。

□信じます。　□信じません。

⑥O型のアメリカには、AB型は4パーセントしかいないのに、AB型の大統領はエブラハム・リンカーン、ジョン・F・ケネディ、ビル・クリントン、バラク・オバマと大統領を輩出しています。AB型のカリスマ性とO型との共通の価値観、自由と民主主義の是認によると思います。

□信じます。　□信じません。

⑦また、カリスマ性があって戦上手で殺害された織田信長、坂本龍馬はAB型だと考えられます。

□信じます。　□信じません。

⑧古代中国で強国に攻められる弱小国を守ろうと支援する墨家集団がB型の秦の始皇帝に滅ぼされてしまいましたが、弱い者に味方する墨家集団はAB型の集団だと考えられます。

□信じます。　□信じません。

(8) 血液型人生学としての教訓

①ソクラテスが言い続けた「無知の知」のなかに、知識人たちが、自分の思想が人々のなかの3分の1、あるいは4分の1でしかないことに気づいていないことがあると考えられます。

□信じます。 □信じません。

②知識人のほとんどが、専門についての思考は大脳新皮質を用い、日常生活ではサルだったときの脳、旧皮質を使って判断し、行動しています。

□信じます。 □信じません。

③A型は大人しくて、地味で、ゆっくりと構え、臆病で、勤勉に価値をおき、一方B型は戦闘的で、派手で、大胆で、勤勉よりも新しい発想を大切にするように、A型とB型は全く逆の性格だと考えます。

□信じます。 □信じません。

④A型とB型の性格は全く逆の性格ですが、共通点があります。政治的にはA型は保守、右翼、B型は革新、左翼という①反政府、反時代であり、また、A型もB型も良心的な指導者による安定した管理社会を望む②反自由、どちらも口説きのテクニックが劣っていることによる③お見合い結婚。A型は農作物の生産者であり、B型は心の安定のために④菜食を求めます。

□信じます。 □信じません。

⑤遠くて離れている遺伝子を求めるインセストタブーから、A型とB型の逆の性格の結合であるAB型は許容量が大きくて総合的にはとても優れています。ただ、A型が持っている農耕的、B型がもつ騎馬的性格にはかないません。

□信じます。 □信じません。

⑥混血のように遺伝子が離れているほど子供たちが優秀なため、結婚などで性格の違うパートナーを無意識に選びあっていると思います。

□信じます。　□信じません。

⑦（相性の悪い夫婦のみへの質問）相性の悪さが生まれ持った血液型による性格の違いだとわかると相手を許し、いがみあいや喧嘩が減りますか。

□減ります。　□減りません。

(9)　文芸（小説、演劇、映画など）

①シェークスピアはプルタルコスの「英雄伝」から、母親や妻からの説得を聞き入れ、ローマの征服を諦めて兵を引く「コリオレイナス」を選んだだけでなく、決断力のない「ハムレット」や「リア王」への無償の愛の3女、コーディリアを描けたのはA型子育て遺伝子だからです。

□信じます。　□信じません。

②イギリスの詩人ジョン・キーツはシェークスピアのなかにNegative Capability（不理解のままでの受容）があるといいました。シェークスピアの心の奥が覗けるキーツはA型であり、従軍慰安婦像や徴用工問題など、理解できなくても相手に合わせて謝り受け入れようとする日本はA型子育て遺伝子だからだと考えます。

□信じます。　□信じません。

③小説などの作品が発表されると、当然のように異なった解釈や翻訳がうまれます、これは「血液型と性格」の違いからであり、シェークスピアは死を意識するA型だから、to be or not to beの訳は、死ぬべきか、生きるべきかにすべきです。

□信じます。　□信じません。

④シェークスピアの「ハムレット」の決断力のなさは自分ではなく相手に決めさせようとするA型子育て遺伝子のせいだと思います。

□信じます。　□信じません。

⑤シェークスピア学者が女子大で、「マクベス」を講義したとき、マクベスは奥さんを愛していたんですね、と学生にいわれて、新鮮だったのでしょうラジオで楽しそうに話していました。この学者が「血液型と性格」がわかっていれば、この女子学生は愛によって結婚するO型であって、マクベスは夫人に合わせようと苦悶するA型子育て遺伝子であり、マクベス夫人は決断力のないA型にいらだつB型だとわかったはずです。

□信じます。 □信じません。

⑥シェークスピアの悲劇「リア王」を黒澤明監督はA型と逆の性格のB型だから、エンターテイメントの映画「乱」に仕上げています。

□信じます。 □信じません。

⑦チェーホフは戯曲「かもめ」を喜劇として書いたといいますが、B型だからであり、主人公の1人が苦悶して自殺するような作品はA型にとっては悲劇でしかないのです。

□信じます。 □信じません。

⑧B型にとっていじめはエンターテイメントであり、喜劇でしかないのですが、いじめられるA型にとって悲劇なのです。

□信じます。 □信じません。

⑽ 血液型社会学

①ロシアと北方領土の返還交渉が続いていますが、返還された後、O型のアメリカが北方領土にロシアに対抗する基地を作りたいと要求したとき、日本が今のようなA型の国であれば拒否できないと思います。

□信じます。 □信じません。

②B型のマルクスの社会主義はB型の国、中国、北朝鮮に適した制度であり、1989年6月4日の天安門事件で、中国が自由民主主義を選んでいれば、2010年～12年のアラブの春を信じたリビア、エジプト、シリ

アの国々のように内乱になったと思います。

□信じます。　□信じません。

③韓国はＢ型の国なので、民主主義より、社会主義が適しています。社会主義であれば大統領が交代するたびに訴追されることはなく、中国のように日本にたいしての従軍慰安婦や徴用工の問題が上がってきても、指導者によって事実無根あるいは不適切として却下され、国民は安定した社会のなかで個人の発展と社会への貢献に邁進できます。

□信じます。　□信じません。

⑾ バブル

①Ａ型農耕系のカントの共同社会、Ｏ型狩猟系のヘーゲルの市民社会、そして、Ｂ型騎馬系のマルクスの社会主義はそれぞれ合理的な体制であり、マルクスが主張するコミンテルン（国際共産主義運動）はバブルであった。明治維新の指導者はＡ型農耕系、日清・日露の戦争の指導者はＯ型狩猟系、太平洋戦争はＢ型騎馬系の指導者によるバブルであり、また、日本の55年体制の基礎をＡ型の鳩山一郎が作り、Ｏ型の池田勇人の所得倍増による発展、Ｂ型の田中角栄の日本国土改造はバブルであった。

□信じます。　□信じません。

②最近の日本の福田、麻生首相はＡ型、鳩山、菅首相はＯ型、野田首相はＢ型で、アベノミックの安倍首相もＢ型騎馬系であり、今回、コロナで経済が縮小したものの、もし、側近あるいは金融緩和を続ける日銀の役員にＢ型が多いのであれば、Ａ型、Ｏ型、Ｂ型のパターンになり、アベノミックはバブルに向かう可能性があったと考えます。

□信じます。　□信じません。

③日本がバブルにならないために、国会議員だけでなく、日銀の役員もまた企業の経営者もまた血液型を公表すべきだと思います。

□理解できます。　□理解できません。

⑿　宗教は血液型の反映

①ユダヤ人の心を反映したユダヤ教はＢ型騎馬系の選民思想、メシア（救世主）信仰による民族宗教であり、世界の0.2パーセントしかいないユダヤ人がその100倍、約20パーセントのノーベル賞学者を輩出しているのは、ユダヤ教の「教育は身を守るために兵士よりも重要」とするユダヤ教によっていると思います。

□信じます。　□信じません。

②キリスト教のカトリックはＯ型狩猟系欧米の心を反映した宗教であって、協会は人々の社交の場であり、プロテスタントはＡ型の人たちの控え目で飾らない宗教だと思います。

□信じます。　□信じません。

③イスラム教はＢ型騎馬系のアラブの人達の心の反映であって、生活の基準はコーランに書かれていて、コーランを守ることが社会と生活の安定につながっています。

□信じます。　□信じません。

④ヒンドゥー教（バラモン教）はカースト制度によってＢ型騎馬系の人々の上昇志向を制限し、また、民主制であってもカースト制度によって社会が乱れたりすることはありません。

□信じます。　□信じません。

⑤仏教では、バラモン教のいう前世での善行によって階級が決まるのではなく、人は無から生まれ、生老病死などの苦を克服する宗教です。また南アジアに自立本願の南方仏教、Ｂ型の中国に北方仏教が伝わり、Ａ型の日本に来ると、他力本願の浄土真宗になり、戦国時代に来たカトリックの宣教師が浄土真宗の教えをプロテスタントの影響だと考えました。マルチン・ルターと親鸞は妻帯し、破壊僧と非難されて

も気にしないなど共通するA型の性格からも頷けます。

□信じます。　□信じません。

⒀　血液型の予測

ダーウィンはランの30センチの蜜腺の長さから、同じ長さの口吻（くちばし）をもつ昆虫がいると進化論から予測し、死後スズメガがみつりました。ダーウィンの盟友、進化論者のトマス・ヘンリー・ハクスリーは始祖鳥の化石をみて、恐竜が進化した鳥だといいました。今では多くの化石の出土から鳥は当時空を飛んでいた翼竜からではなく、恐竜の進化だとわかってきました。・

このように、ダーウィンの進化論には予測性がありますし、人間の脳は層状になり、類人猿やサルは勿論のこと、下部には草原の動物たち、鳥類、爬虫類、魚類などの脳があるため、次のことがいえると思います。

①人間の脳が何故こんなに大きくなったかについて、BBCの映像でしたが、原猿、広鼻猿、狭鼻猿、類人猿の脳の大きさとそれぞれのグループ内の頭数とが比例したことから、人の脳は集団内の数が多くなり、人間同士の共感、騙しを見破るなどの必要性もあって肥大化し、グローバル化によってさらに大集団になればますます大きな脳がもとめられると思います。

□信じます。　□信じません。

②チンパンジー、ゴリラ、オランウータンの精巣の組織所見を光顕的に比較すると、チンパンジーの精巣の大部分が精子をつくる精細管からなり、一方、ゴリラ、オランウータンはタンパク質の同化作用をすすめ、強大な体躯を維持するアンドロゲンを多量に生産する間質が発達しているという研究があります。また、男性の精液量は多い人と少ない人の双峰曲線を作り出していることから、多い人たちはチンパンジーのような複雄複雌のO型であり、少ない人たちはゴリラの単雄複

雌のＢ型だと考えられます。

□信じます。　□信じません。

③ナポレオン・ボナパルトは鷲のような分厚くて力強い胸と12歳の少年のようなペニスだという記載があり、まさにＢゴリラの特徴であってＢ型非嫡子的（嫡子より妥協的）な行動をとっていたと考えられます。

□信じます。　□信じません。

④『ニホンザルの生態』（1981）のなかに、民主的な家族と権威的な家族がいるという記載があり、能見俊賢氏の書籍にニホンザルのほとんどがＢ型で、Ｏ型が少しいると書かれていたので、正しいとすれば、民主的な家族の長はＯ型であり、また、権威的な家族の長はＢ型だと思います。

□信じます。　□信じません。

⑤ニホンザルのほとんどがＢ型で、僅かにＯ型がいて、オスのすべてがメスより順位が上だが、メスたちがオスを支配しているという文献を目にするようになりました。1980年代でしたが、韓国人の友達その人だけかもしれませんが、「すべての女性は男性より劣る」といい、奥さんが話し出すと怒鳴るため、奥さんは黙ってしまいました。
男性と女性の順位は槍を持った時の戦いが基準になるんだと気づき、帰国してから奥さんが離婚して出て行ってしまった、ひどい奴だというその友達から連絡を受け、ニホンザルはやはり韓国のようなＢ型騎馬系の社会なんだと思いました。最近の世界男女平等ランキング（ジェンダー・ギャップ指数）では中国106位、韓国108位、Ａ型日本が121位であり、日本はＡ型農耕系のため、政治家や企業家になりたいと思う女性が少ないからだと思います

□信じます。　□信じません。

⑥ゴリラの研究といえば以前はアフリカに行っての現地調査が主だった

ようですが、監視カメラの発達により動物園内で性行動がわかって、ゴリラのオスはメスへの愛の告白が下手で応援したくなると関係者はいっているのを聞き、ゴリラは社交的なＯ型と違って、力に頼るＢ型だから、愛の表現は稚拙なんだと思います。

□信じます。　□信じません。

⑦大草原で暮らすバイソンやじゃ香牛はオスの優劣を頭突きで決めることが知られています。特に、繁殖期のじゃ香牛は激しくて、Ｏ型のみのゲラダヒヒのトップ争いに似ているので、Ｏ型中心の社会構造のように思われます。

□信じます。　□信じません。

⑧パタスザルがＡ型だけになったのは、天敵の多い草原で、臆病なため逃げることと毎年出産するという多産で生き延びたと考えます。警戒しながら群れで生きてきたインパラやガゼルもまたＡ型だと思っています。

□信じます。　□信じません。

⑨オーストラリアに棲むフクロミツスイ（袋蜜吸い）は、体長7cmほどの、世界最小の有袋類ですが、オスはクジラよりも大きな世界最大の0.4ミリの精子をもっています。これは精子間競争によったものであるため、Ｏ型だと考えます。

□信じます。　□信じません。

⑩ダチョウはＡ型のパタスザルのように走って逃げることに特化し、また、優位メスが劣位のメスの卵も温める利他行動（自分を犠牲にして他者を助ける）をしますが、自分の卵を中心に置いて天敵から守るためであることから、ダチョウが逃げること、利他行動をしながら自分をまもる行動はＡ型の発想だと思います。

□信じます。　□信じません。

⑪真社会的動物のアリは乾燥などの厳しい環境を乗り越えるために、真

社会的動物になったと考えられています。アリにも血液型と性格が発現していると考えられるので、血液型物質を調べれば、キノコを栽培するハキリアリ（葉切り蟻）Ａ型農耕系と奴隷にされるクロヤマアリは勤勉で相手の要求に合わせるＡ型であり、また、さなぎを奪い取って育てるサムライアリ（侍蟻）は欧米のようなＯ型、そしてグンタイアリ（軍隊蟻）はＢ型の羊のように草の根まで食べつくし、またＢ型モンゴル軍のような攻撃性をみせることからＢ型だと思います。

□信じます。　□信じません。

⑫中南米にトカゲの仲間、バジリスクとグリーンイグアナがいます。バジリスクは肉食で単独行動をとり、グリーンイグアナを捕食します。草食のグリーンイグアナは孵化するとすぐに誰かが先頭になり、行列を作って安全な場所に移動します。Ａ型の保育園児たちに課題を与えると誰かがチーフになって達成し、Ｏ型やＢ型は自己主張し合うのでうまくいかないといいます。誰かが中心になって行動するグリーンイグアナはＡ型であり、バジリスクはＯ型かＢ型だと考えます。また実存主義者などのＡ型の人の不安はＯ型やＢ型のバジリスクなどに襲われたＡ型のグリーンイグアナの恐怖の遺伝子を引き継いでいると思います。

□信じます。　□信じません。

⑬クジラと亀はＢ型だと聞いたことがあります。どちらも悠々とした行動による推測なのか、信頼できる文献を読んでいないのでわかりません。魚にも感情があり、たこなどは変幻自在であり、Ｏ型狩猟系のもつ社交性につながるためＯ型のように思えます。また、天敵から群れで逃げ回るイワシなどはＡ型ではないか、と思います。

□信じます。　□信じません。

⑭沖縄、小浜島のサンゴ礁の海に住むクロソラスズメダイは、海の中にイトグサを自分専用の畑で育てて生活しています。イトグサはこの畑

にしかいない特別なもののために両者の関係もまた共進化であり、また、クロソラスズメダイは農業するということから血液型はＡ型だと思います

□信じます。　□信じません。

以上の106の問いのうち、□信じます、が50パーセント以下の人は、仕事や生活に追われていたり、幸せであり、哲学や人間や動物の行動について考える必要のなかった人のように思います。

人は自分の性格を大きく変えたりはできませんが、自分に合う環境を選んだり、環境を自分に合うように変えたりできますので、独自の血液型人生学・社会学を作り上げていただけたらと思います。

――勿論、わたし星野の場合、すべてが、信じます、納得しますになります。

XV　最後に

かつて一緒に仕事をした工学系の友達がビブリオクラブ（愛読書家の集まり）で本の紹介をし合っていると聞いたため、出版済みの「血液型と性格」の2冊を、是非お願いしますといって送ったんです。2、3日すると、長い手紙をくれて、きっちと読んでいないけど、と断ってから、

①多分野に広がり過ぎている。②哲学者と血液型をこじつけている。③著者の専門の地質学と関連づけただけではないか。④有名人の血液型を分析し、読者の視点にたって欲しかった。⑤A型が僅かに多いだけなのに、日本をA型農耕系とするのに無理がある。⑥従来の分類・分析とどこが違うのか。⑦図表をもっと多くして欲しい、というコメントになっていました。

――厳しいですね。

その通りで、多くの「血液型と性格」の書籍を出して推進してきた古川竹二（A型）教授、浅田一（O型）教授、古畑種基（AB型）教授たちも、反対派から厳しい批判を受け続けていました。

――でも、幾度となく血液型ブームが起き、岡山大学の法医学総会（1933）での「血液型と気質」の論争は有名でしたよね。

総会では、浅田一氏が休んだため推進派が1人になり、反対派が3人であったため敗れましたが、オブサーバー参加の古川竹二氏は進み出て必死に弁護しました。しかし、しばらくして推進派の中心の古畑種基氏が東京帝国大学法医学教室の教授になると血液型と性格などの研究は末梢だと考えたのでしょう、否定して取り合わなくなりブームは消えました。戦後になって、ジャーナリストの能見正比古（B型）は古川竹二教授がいたお茶ノ水大学の学生であった姉の幽香里（O型）の影響を受けて興味をもち、『血液型人間学』などの多数の執筆によって幾度となくブームを起こし、ま

た、息子の古川俊賢（Ａ型）をはじめ多くの研究者によって引き継がれてきました。

――わたしは能見正比古さんの書籍から、結婚の相性、有名人の血液型と性格を知り、職場の上司と同僚の血液型と性格について調べましたよ。

コメントをくれた工学系の友達はかつての能見正比古氏の書籍のように、今の「日本の政治家、有名人（タレント）」あるいは「歴代のアメリカ大統領の血液型と性格」であれば、興味をもって読んでくれるか、パラパラとめくって、図表を見ただけでわかってくれたと思います。

また、別のわたしの読者でしたが、血液型の話をしているとき、わたしの考えに納得できなかったのでしょう「血液型？　血液型物質ってなんだ」と急にいわれて、わかりやすい専門書がたくさんあるのに、血液型が何かがわからないまま読んでくれていたのか、と思って愕然としました。

――血液型は何か、は「血液型と性格」を理解するのに大切ですよね。文系の人ですか。

そう、文系です。恐らく血液型が赤血球の表面に付いた抗原であることはわかっていたと思います。でも、多くの読者が、「勉強をせずに、一般的常識だけで理解し共感できる本しか読んでいないんだ」と改めて気づきました。

最後にもう一度、読者により深く理解していただくために、友達の疑問に答える観点からも、要点をしぼって説明しなければと思いました。

――この書籍によって自分自身がわかり、人間関係や社会の見方が変わってきますからね。

▷ 1　血液型、血液型物質って何なんだ。どうしてABO式なのか

従来、「血液型と性格」に反対する人たちは、赤血球の表面の４種類の抗原構造の血液型と、複雑な人の性格を分類し、対比できるはずがない。ま

た、血液型にはルイス式、MN 式などたくさんあるのに、どうして ABO 式なんだと主張し、推進派たちは、性格について自己と他者との観察結果が統計学から有意性があり、また、たくさんある血液型のなかでも ABO 式だけは人のすべての細胞に存在するから、性格に影響しても不思議ではないと反論しています。

もう少し詳しく説明しますと、①血液型、血液型物質、血液型類似物質はほぼ同じで、糖脂質や糖タンパクからなる糖鎖であり、原核生物（細菌）から植物（野菜）、哺乳類（霊長類）までの生体内で重要な役割を果たしているのです。

――動物と植物の細胞は違うけど、機能からすると、どちらもほぼ同じ細胞だというのと同じですよね。

②原核生物に存在していた血液型物質が細胞に取り込まれて、さらに赤血球の表面にとりつき抗原になったと考えられます。

③ MN 式は赤血球の表面だけであり、他の血液型も似たようなものですが、ABO 式は体の隅々まであって、汗、唾液などの体液、リンパ液にも存在します。特に、胃壁の大部分に分布し、腸の表面にはほぼ100パーセントだといわれています。

④このことから、胃や腸の表面の血液型と一致する血液型の食べ物をとるべきだという「血液型と食事」についての書籍が出版されています。

――自分と違う血液型物質の食べ物を摂ると、胃や腸の表面で拒絶したり、凝縮したりするんでしたよね。

食べ物を完全に分解できればいいのですが、5パーセントぐらい血液型物質を未消化のまま吸収し、血液型の抗体反応によってアレルギーを起こすと考えられています。

――また、食事の好みから、その人の血液型の推定ができるんですよね。

ノーベル賞の小柴昌俊（O型）さん、元東京都知事の石原慎太郎（AB 型）さんが「こんなものが食えるか、とちゃぶ台返しをしたといっています。

これを亭主関白、男らしい、あるいは行儀が悪いという人がいますが、疲れて、胃壁の血液型物質が肉類を求めているのに、料理を作る人がＡ型農耕系のため、自分に合った穀物中心の食事を作ったからなのです。

――「血液型と食事」がわかっていれば、ちゃぶ台返しに驚いたり、腹をたてたりせずに、「あなたの血液型が肉食人だったことを忘れていたわ」といって謝ればいいですよね。

⑤また、血液型は抗原体の違いですから、感染症やガンなどの罹患率に関係するという研究書があります。

――血液型の合わない食べ物を摂り続けるとガンになるといいますね。

血液型は食事や感染症など生体内で重要な役割を果たし、さらに人の性格とも関係し、血液型の違いによって構成された社会についても多くのことがわかりますので、是非勉強して欲しいと思います。

▷ 2　何故、多分野に広げたか

生物学、地質学、心理学、文学、歴史学、政治学、哲学、動物行動学などに言及したため、知ったかぶりをしている、多くの専門家からは傲慢だ、文系だから物理や化学はわからないけど、広い知識があったからこそ専門家になれたと叱られると思います。

わたしはそれぞれの専門家（興味を持って学んだ人）の皆さんに、もう少し掘り下げ、他の関連する分野に1つか2つ広げてもらえれば、「血液型と性格」によって人間や社会についての理解が深まり、また多分野に広げることで、より多くの分野の人々にわかってもらえるという思いがあります。

――歴史学、動物行動学に興味のある人たちにもまた、それぞれの切り口から「血液型と性格」にアプローチして下さいということですよね。

人間の性格にかかわる心理学者、文学者、政治家を例として取り上げて

みます。

(1) 心理学者、あるいは心理学に興味がある方々に：

心理学者、あるいは心理学に興味のある人はフロイトの精神分析学とユングの分析心理学との違いは分かると思いますが、フロイトやユングについての家庭での行動、女性関係は耳学問程度ではないでしょうか。フロイトが娘の3女アンナが自分の跡をついで心理学者になったからでしょう、シェークスピア劇のリア王の3女のコーディィリアにたとえ、また、ギリシャ悲劇に熟知していたためオイデップスコンプレックスという概念を提示しています。

――心理学者の皆さんにシェークスピア劇とギリシャ悲劇にどれだけの素養があるか、ということですね。

また、もしフロイトが中国史に詳しければ、自分が母親に恋し、父親を恋敵に思ったのは、B型騎馬系の性格だからであり、自分の患者さんのほとんどがB型の性格の人たちなんだと気づいたと思います。

――フロイトも歴代の心理学者たちも中国史に詳しくなかったということですか。

高校や大学の一般教養の中国史あるいは三国志などはわかっていると思います。ただ、匈奴の冒頓単于や王昭君、魏の曹操、玄宗皇帝、名君といわれた永楽帝、女性の皇帝の則天武后、西太后、江青夫人たちの生涯や政治的評価はわかっていないと思います。

(2) 文学者、あるいは文学に興味がある方々に：

わたしは古代ギリシャ悲劇や哲学、古代ローマ史を学び、地中海をめぐっての古代ローマとカルタゴは、太平洋をめぐってのアメリカと日本であり、ローマの元老院カール・カトーはカルタゴを滅ぼし、アメリカのルーズベルト大統領は日本を打ちのめし、どちらもO型だとわかります。また、

特に、友達に小説を書くならショークスピアを勉強しなさいといわれ、全作品35編、4大悲劇と『ベニスの商人』は原文で読んでいます。原文だからといって、リズムや韻などはわからいですが、原文を理解するために注釈を読んでいるうちに背景がわかり、また、シェークスピアが下敷きにした『プルタルコスの英雄伝』を読み、そのなかの『コリオレーナス』の主人公はＢ型騎馬系かもしれないが、それを選んだシュークスピアはＡ型農耕系の性格だとわかります。勿論、『ハムレット』『マクベス』『リア王』の3女コーディリア、『オセロー』の夫人デズデモーナはＡ型の作家しか描き出せないキャラクター（人物像）です。

――文学好きは源氏物語ぐらいは読むでしょうが、古代ギリシャ悲劇や哲学、原文でシェークスピア劇を読む人は少ないでしょうね。

「血液型と性格」を読んだうえで、それらに取り組んでくれればわたしの意図がわかっていただけると思います。

(3)　政治家、あるいは政治に興味のある方々に：

1959年だったと思いますが、Ｏ型のソ連のフルシチョフ首相はＢ型の毛沢東と対談したとき、第二次大戦についての雑談になり、毛沢東が日本軍を敗走させた教訓からだと思いますが、後退して敵を奥地までひき込んで叩けばよい、と述べたことについて、独ソ戦のときにスターリングランドの司令官であったフルシチョフは絶対後退してはならなかったからでしょう、理解できなかったと回顧録に書いていました。

――Ｏ型のフルシチョフはＢ型の毛沢東が理解できないから、結局、中ソ対立になったんですね。

心理学者、Ｏ型のユングは自伝のなかでＢ型のフロイトの考え方がわからないと書いていましたが、やはり、喧嘩別れをしています。

今、香港政府が民主化を求める人々を弾圧するとして欧米から非難されています。香港返還交渉のときに、Ｏ型のサッチャー首相はＢ型の鄧小

平が必要であれば法律を変えればいいという発言に驚いたと言われています。イギリスのようなO型の民主主義国では、法律は議会での議論のなかで作られますが、B型では頭脳明晰な指導者が熟慮のすえ、国家が安定し、国民が安心して暮らせる最良の法律をつくるのです。B型の国を自由民主主義にすれば、国家が不安定になることをO型の人は理解できないのです。

国家の不安定化と直接関係ないかもしれませんが、豊臣秀吉がO型だったからB型の朝鮮に侵攻し、もし日本がイギリスのようなO型の国であれば、イギリスとフランスの関係のように幾度となく侵攻したり、されたりしたと思います。

――伝説かもしれませんが、三韓征伐したといわれる神功皇后はO型だったでしょうね。

▷ 3　何故、地質学の話をするのか

工学系の友達が血液型と地質学をこじつけようとしていると書いていました。わたしは地質学を専攻し、学んだからこそわかることが多かったのです。

(1)　観察力が違う

人の性格は複雑です。でも、性格以上に複雑な地層、たとえば厚さ80メートルの関東ローム層を4つに分類し、地震の原因になる活断層をみつけ、また古地理なども明らかにできるんです。複雑なものへの肉眼による観察力は一般の科学者より鍛えられていると思っています。

(2)　全体を大きくとらえる

幾重にも重なった地層の何層かをセットにして、大きく捉えて3つか、

４つに分類することができます。また火山岩を石英の量で66パーセント以上を流紋岩（石英粗面岩）、66～52パーセントを安山岩、52～45パーセントを玄武岩と3つに分けることができ、また、富士山に玄武岩があるものの部分的なので、やはり安山岩の火山です。同じように、日本は周辺諸国とＡ型が10パーセントしか多くなく、Ｏ型やＢ型の人もいますが、やはりＡ型の国なのです。また、韓国はＢ型が日本より5パーセントしか多くないのに、Ｂ型の国であり、日本と国民性が明らかに違っています。

――僅かな違いでも、Ａ型とＢ型は真逆だから国民性（性格）が違うんですね。

人の性格は遺伝と環境（育ち）で決まるといいます。心理学者が一卵双生児の研究から、遺伝と環境の影響は50パーセントずつだとしています。九州の雲仙普賢岳と北海道の有珠火山はそれぞれ同じ流紋岩ですが、噴火の違いを岩石と地域性の違いで比較すると50パーセントずつだと思います。しかし、流紋岩の雲仙普賢岳と有珠火山の２つと、玄武岩の伊豆大島の三原山火山と三宅島の雄山と４つを比較すると、岩石の違いが圧倒的に大きくて、火山の地域性の違いなどごくわずかです。

Ａ型とＢ型のそれぞれの一卵双生児4人を比較すれば、一卵双生児間の育ちの差などほとんどなく、生まれ持ったＡ型とＢ型の差がものすごく大きいと思いますよ。

――遺伝の影響がほとんであるＡ型とＢ型が真逆のため、日本と韓国とは５パーセント違っても大きくなるんですね。

地質学のような科学的な大きな捉え方をするとそうなんです。大まかとか概略的などという曖昧さではなく、底に流れる共通部分としての本質を捉えているんです。

⑶　化石から進化論の思考に習熟していた

地質学は化石から生物の進化や地球の編年毎の形成を解明する歴史科学であり、生き物が発生してまもなく血液型と性格がそれぞれ生まれて共進

化し、ダーウィンの進化論をもとに、A型は卵子・子育て・農業系の性格。O型は精子・恋愛・狩猟系の性格。B型は精子・ハーレム・騎馬系の性格。AB型は卵子・精子・子育て・ハーレム・地侍系の性格だと本文で幾度も、またこれからも述べますので詳細は割愛しますが、生物の行動、発生、消滅などダーウィンの進化論をXIV章106項目の質問で説明していますので、再度読み直していただけたらと思います。(P(1))

(4) 地質学的な証明の仕方

物理や化学では数式や記号を使って証明しますが、地質学では、例えば、地球の年齢の場合、①隕石の年齢、②地球最古の岩石の年代からの推定年齢、③化石からの年齢と独立した3つが一致する46億年を地球の年齢とします。

――独立した研究の一致だから46億年は変更されることはないでしょうね。

「血液型と性格」においても、①従来の100年間の人の観察による「血液型と性格」、②類人猿やサルたちの「血液型と性格」③ダーウィンの進化論による「血液型と性格」、この独立した3つが一致することで証明されたと考えます。

――科学的に正しいとなったことで、今度は遺伝子による証明もされるでしょうね。

そのうち遺伝子からもされると思います。しかし、ここでは哲学者や思想家の思索の分析から「血液型と性格」を証明し、「血液型人生学・社会学」に発展させています。

▷ 4 何故、哲学者や思想家をとりあげたか

哲学は創始者ミレトス(トルコ)のタレスが「万物の根元は水である」と定義して以来、2600年間続いた学問であり、また地質学は歴史科学であり、

論理の積み重ねで証明したりするため、哲学（考え方）を重要視していました。わたしが地質学を専攻して間もない頃に、友達が実存主義について話し合っているとき、大江健三郎が実存主義の作家だと知っていたものの詳しくはわからないので、自己嫌悪に陥りながらその場を離れました。そして70年安保で大学が封鎖され、実験ができなくなりこの機会にと思って、全共闘（全学共闘会議）の中心的思想であるマルクスの唯物史観を勉強しはじめたんです。

――心酔したんですよね。

わたしがいた大学はマルクス経済学が盛んで、大学の教官になる博士課程の人がたくさんいて、丁寧に教えてくれて、合宿による勉強会にも参加させてくれたので、体系的に学ぶことができ、辛抱強く努力していればマルクスのいう労働者にとっての理想社会が実現すると思えたのです。しかし、20年後のベルリンの壁の崩壊、ソ連邦の解体に驚き、再度マルクスだけでなく、哲学全般を勉強してわかったことは、

①哲学者は自分の思想を自分独自の、たとえばヘーゲルは人間を精神、神を絶対精神、ハイデガーは人間を現存在、神を存在者という、概念をつくって展開するんです。

②科学者は発表した理論が間違っていたりすると、一生信用されないか、修正するのに物凄いエネルギーと時間がかかるのに、哲学者は自分の理論を平気で修正します。バートランド・ラッセル卿などは2、3年で変えたりしますので、説明するのに初期、あるいは中期の思想などと前置きが必要になったりします。

――芸術家のようですね。

また③哲学はその分野での真実を追求するだけでなく、諸科学の奥にある共通の真実を探究する学問だとしています。哲学書を読むと、物理、化学、生物、地学などの他の諸科学を勉強していないじゃないか、わたしも分子を対象にした進化論はわからないですが、哲学者の何人かは基本的な

機械論的な、あるいはダーウィンやラマスクの進化論の違いを理解されているかどうか疑わしい気がしています。

――進化論の本を読むと、自分の理論のほうが正しいという人などで、百花繚乱ですね。

諸科学の共通の真実は無理だけど、哲学によって、宗教、政治・経済の奥にある共通の真実を明らかにできるとわかったのです。

――血液型を基礎にした分類ですね。

(1) O型欧米の思想は、理性主義（合理主義）、ヒューマニズム（人間至上主義）、進歩史観、キリスト教（カトリック）、民主主義、資本主義

わたしたちが学ぶ西洋近代哲学のなかのO型欧米の共通の思想は、理性主義（合理主義）、ヒューマニズム（人間至上主義）、進歩史観が3本柱であり、宗教はキリスト教、政治は民主主義、資本主義です。

また、中心的哲学者はO型のヘーゲルになります。勿論、「ヘーゲルの学説のほとんどが誤りだ」とか、ヘーゲルによって「不正直な時代」、「無責任の時代」がはじまったというヘーゲルと性格（遺伝子）の違う哲学者がいます。でも、今の欧米の自由、民主主義、資本主義、キリスト教文化の基本思想だということを忘れてはならないのです。

――欧米はO型狩猟系の文化をもつ人々の国だからですものね。

また、今のグローバル経済の思想がわかるために、どうしてもO型ヘーゲルの思想を知る必要があります。また、欧米にはO型狩猟系以外に実存主義者になるようなA型農耕系の性格の人たちがかなりいます。

(2) A型の思想は、実存主義、倫理（道徳）、形式論理、集権的体制、キリスト教（プロテスタント）、北方仏教

学生のとき、友達の実存主義の議論がわからなくて逃げたといいましたが、実存主義哲学者、キルケゴール、シェーリング、ハイデガー、ヤスパー

ス、サルトルなどは、神だったり、存在者だったりの大きな力でわたしたちはこの世に実存（現実存在）として生まれて来てしまった。これは運命だと思って現実（世間）に合わせて生きるしかない、という思想であり、欧米の価値観の違うＯ型狩猟系のもとで暮らすことになったＡ型農耕系の理不尽さの感情であり、苦痛なのです。Ａ型の大江健三郎は戦後Ｏ型狩猟系の占領軍の施政に戸惑い、苦悩する日本のＡ型農耕系の人々を描いたといえます。サルトルの実存小説はＯ型のフランスより、日本は理不尽さを感じるＡ型が多いため、日本でよく売れることになったのです。

――今の若い人たちは子供の頃からＯ型欧米の文化だから、実存主義がブームになるところまでいかないですよね。

ただ、日本がアメリカの属州の1つになると、パニックになって日本独自の文化を守れといいながらも、諦めていく実存主義者といわれる哲学者や作家が現れると思います。

――わたしはＡ型だから、アメリカの州の１つになって、攻撃的な社会になるのはどうかと思いますね。

わたしは日本が属州になれば強国になり、領土問題がなくなり、また、銃によって自分の安全が護られますし、欧米国内で通用しない汚染食品を圧力によって輸入させられることもないですよ。

――外圧ですか。自分の身を守るのも自己責任といわれてもね。戦う遺伝子のないＡ型は強国のなかにいるほうが安心かもしれないですね。

イマニエル・カントとアリストテレスは子育て遺伝子のための倫理学に優れ、形式論理であることから、Ａ型の哲学者ですが、特にカントは今のポーランドの北 ケーニヒスベルクのＡ型の文化に生まれたために理不尽さを感じないため、実存主義的哲学者になっていません。

⑶ B型の思想：生の哲学、循環史観、反民主主義、共産主義国家、イスラム教、南方仏教

O型の欧州の文化のなかに生まれたA型の哲学者は理不尽さを感じて実存主義者になりましたが、B型の哲学者はショウペンハウアーのように苦痛を感じるものの、音楽などの芸術でストレスをやわらげながら生きていかねばならいと考えます。B型のカール・マルクスは生の哲学、循環史観。反民主主義であり、マルクスの原始共産制から封建制、資本主義、未来共産制と螺旋状の発展はB型のもつ循環史観からきていると思います。

B型のニーチェもまた、反民主主義のため、O型の欧米の文化のなかに生まれて苦悩の人生を歩むことになったのです。ただ、イスラム教国、あるいは中国のような共産主義の国に生まれていれば発狂することもなかったと思います。また、お釈迦様はB型だったのでしょう、生老病死の苦痛の世の中から逃れるための悟りが仏教だといえます。

日本では戦後の欧米化でB型の阿部公房の著作『闖入者』にみられる多数決による民主主義の否定、また『砂の女』がありますが、理解できなくて、海外にまで持って行き読んでもわかりませんでした。青春期を満州で育ったB型の作家と、山陰の農家のA型の次男のわたしとは遺伝子だけでなく育ちも違っていたんです。でも、今は、拉致問題を予想させる小説で、さすが安倍公房だと思っています。

⑷ AB型の思想：博愛主義、合理性（君子豹変）、世界宗教

AB型は人数が少ないため、韓国の13パーセントを除くと、数パーセントしかいないため、AB型の国がないので、国民性を知ることができません。

強いて言えば、AB型のイエスキリストは多くの貧しい人を救う博愛主義者であり、民族宗教のユダヤ教をキリスト教という世界宗教にしました。ある有名なAB型の出版社の社長が太平洋戦争中は戦争に積極的に協

力しながら、敗戦するとすぐに進駐軍を招いてダンスパーテイーをはじめたと社員が書いていました。

――AB型は世の中の流れを見極めて行動にうつす（君子豹変）に優れているんですね、

Ｏ型の欧米の文化のなかに生まれたＡ型、Ｂ型はつらい思いをするのですが、AB型は合っているでしょうね。Ｏ型のアメリカのなかで、AB型のクリントン大統領、オバマ大統領は立派なリーダーだったため、2期8年勤めています。

――Ａ型の大統領はすべて１期で、Ｂ型の大統領はいないですものね。

AB型は日本の政治家、特に企業家に優れた人たちがいますので期待したいと思います。

▷ 5 Ａ型が10パーセントしか多くないのに、何故日本がＡ型の国だといえるのか

Ａ型とＢ型は黒と白のように性格が真逆だからといって数パーセントの差で国民性が違うことがとても不思議です。幾度も述べましたが、韓国はＢ型日本より5パーセントしか多くないのに、行動的で、上昇志向が強くて誇り高いＢ型の国ですし、日本はＡ型の卵子・子育て・農耕系からなる国民性として、まず、卵子のように物や金を貯め、動かない。海外に行ってもすぐ帰ってくる。子育てするときのように、目線を下げ、自分ではなく相手に決めさせる。すぐごめんといって謝る。農耕民のように臆病で、和を大切にする。勿論、日本にＯ型やＢ型がいるので、指導者の血液型がかわると行動もかわります。明治維新は臆病で用心深いＡ型の木戸孝允たちによる国内政治。日清・日露戦争では外交交渉による和平を考えていたＯ型の指導者。太平洋戦争では行けるところまで行こうと拡大したＢ型の指導者たちの考え方です。

――太平洋戦争のガダルカナル島までの拡大はＢ型ジンギス・ハーンによる

モンゴルの西征のようですね。

しかし、敗戦やバブルの崩壊によって、本来のA型の国民性に戻っています。また、ロシアはO型が中国より10パーセント多くてO型の国民性、中国はロシアよりB型が10パーセント多くてB型の国民性だといえます。

――個人のO型とB型の違いがそのまま国民性の違いになり、時々不和になったりしますね。

ところで、ロシアの南下政策ですが、O型は寒いところを嫌うからだといえますよ。

▷ 6　人間の考え方やシステムのすべてが生物由来である

社会人類学者レヴィ＝ストロース（1980～2009）は未開人社会の研究から社会に構造があり規範があるという「構造主義」を提唱しました。わたしの指導教官が霊長類研究の草分けの今西錦司氏と京都大学の探検部で一緒に過ごした話をされていたため、類人猿やサルに興味をもって書籍を読むようなり、霊長類に家族、社会、規律などの文化があり、人間の考え方やシステムのすべてが生物由来であると思うようになっています。

国家について哲学者、プラトン、ヘーゲル、あるいは「国富論」のアダム・スミスも記載していますが、国家はまさに生物の細胞であって、必要なものは選択しながら取り入れて細胞内で生産して、要らないものを細胞膜から輩出しています。

かつてはインセストタブー（近親相姦禁忌）はわたしたち現代人にだけだったのが、しばらくすると文化人類学から未開人にもあり、そしてあらゆる有性生物、植物・動物にあることがわかってきました。

――植物の雄しべと雌しべの成長の差、男子女子の成長速度の違いもまたインセストタブーの現れでしたよね。

それ以外にもトランスジェンダー（性同一性障害）もあり、サムライア

リはクロヤマアリの蛹をさらって育てて、奴隷にしますし、陸や海で動物の間の狩猟は日常的にみられ、農業でも、ハキリアリはキノコ、魚のクロソラスズメダイはイトグサを栽培し食料にしています。

——農業をするハキリアリやクロソラスズメダイはA型ですかね。

わかりません。でも、調べてみたいですね。以前動物の性行動の動画に、恐らく動物園でしょう69（シックスナイン）しているゴリラがいて、驚くヨーロッパの女性たちの声が聞こえました。

——高度な愛の表現は人間しかできないと思っていたかもしれないですね。

フレンチキッスもチンパンジーの愛の表現のなかにありますし、言語による人のコミュニケーションは素晴らしいですが、直立歩行によって喉の構造が変わったからであり、類人猿たちも音声による意思疎通はしているんです。

——人間がすべてにおいて優れているというのは、欧米の考え方、人間至上主義からくるんでしたよね。

オークランド紛争（1982）のとき、イギリスのサッチャー首相O型は「自由は命より大切」だと宣言して軍隊を送り、3か月の戦いで勝利しましたが、その自由は出来るだけ多くのパートナーを自由に選んで精子間競争をさせたいという性格から来ています。

——O型自由恋愛の遺伝子ですね。

自由を高らかに歌いあげるのはいいですが、自由恋愛の遺伝子から来ていると自覚してからにして欲しいですよ。

国家の機能などのシステムは細胞からきているといいましたが、最近の国家間の衝突は単細胞の行動からも説明できるので、研究して欲しいですよ。

——細胞行動学ですか。

細胞の行動、類人猿をはじめ動物たちの行動、人間の行動が進化から結びつくと思います。

▷ 7　結婚の相性も血液型からわかる

工学系の友達への答えと直接関係ないですが、女性が血液型占いや「血液型と性格」が好きだといわれ、星野さんが興味をもつ最初のきっかけが、血液型と結婚の相性のようだったので簡単に述べます。

生物が有性生殖になると、ペア（つがい）あるいは夫婦になって、インセストタブーでみられるように出来るだけ遠い遺伝子と交換をするようになりました。出来るだけ遠い遺伝子と出会うために、栄養を蓄えて待つ卵子と無数の動き回って探す精子とに分化し、特に子供の少ない霊長類では、天敵から子供を守る役割（A型）と、闘争によって逞しい遺伝子を残す役割（O型、B型、AB型）が生まれたと考えます。

——天敵の多い草原で子育てを無視する動物は滅びてしまったということですよね。

出来るだけ遠い遺伝子の交換のためのA型（卵子・子育て・農耕：草食男子・女子）、およびO型、B型、AB型：精子、恋愛、ハーレス：肉食男子・女子）の観点から簡単に恋愛結婚、お見合い結婚、略奪結婚、通い婚に触れてみます。

(1)　恋愛結婚

血液型に関係なく恋愛結婚していると思いがちですが、周りの人たちをみたとき、O型、B型、AB型の順で少なくなっていると思います。

——恋愛結婚の定義によりますが、かなり偶然とか、慣れ合いなどの夫婦がいるでしょうね。

肉食男子・女子は出来るだけ多くの子孫を残そうとして、新しいパートナーを求めがちですので、離婚率をみればわかります。特にO型恋愛系の国、アメリカやロシアは高いですし、B型ハーレス系の韓国の婚姻率や離婚率はA型子育て系の日本より少し高いようです。

――A型の国、スイスや北欧の離婚率が高いですよ。

たくさんの税金を払っているので、離婚しても生活に困らないんです。恐らく、頭脳系の人は体育系の人と結婚し、頭脳と体力に優れた子供を育て終わると、頭脳系同士が再婚して絵画や音楽を鑑賞し合い、体育系同士はゴルフなどを楽しんでいると思いますよ。

――若いときは遺伝子の遠い人と、子育てが終わると遺伝子の近い人と、2度結婚するのが理想なんですね。

2度結婚するためには、離婚しても困らない福祉国家に生まれるか、金持ちになるかですね。

(2)　お見合い結婚

A型子育ての日本は、特にわたしの子供の頃の農村はほとんどがお見合いでした。しかし、恋愛結婚になり、婚姻率が下がったからでしょう、婚活（お見合い）パーティーを主催する自治体もあらわれています。

――両親が子供のパートナーをみつけるのに必死らしいですね。

B型のインドやイスラム教の一部かもしれませんが、女性に積極的すぎる男性同士の争いを避けるため、女性がヒジャーブ（スカーフ）を被り、また、買い物は日本と違って男性がして、結婚もお見合いのようです。ただ国によりますが、結婚をするのには、男性、あるいは女性からの多額の持参金が必要のようです。

――お金がないとまともな結婚ができない国があるんですね。

誰でも結婚できた子供の頃の日本が羨ましいですよ。

――たとえ口減らしであってもね。

(3)　略奪結婚

今でもB型遊牧騎馬民のいる中央アジアの一部に残っているようです。

――同族内だと同質の遺伝子になって、感染症などで亡くなるから、違う部族

の女性を略奪するんですね。

これからは交通網の発達で、違う遺伝子に出会えるから略奪はなくなりますよ。

(4) 通い婚

平安時代の貴族社会、また源氏物語の世界にみられるせいか、のんびりした感じがしますね。ただ、今の女性たちの経済的自立によって、通い婚をする人が出てきたといわれます。自立を楽しむのであればいいですが……

――どちらかの転勤による苦汁の選択だったりしたら悲しいですね。

いずれもインセストタブーのために無意識のうちに、遺伝子も育ちも違うパートナーを選んで、苦悩するのが結婚かもしれないですね。

――やはり２度結婚して、若い頃は遺伝子の遠い人と違いを楽しみ、老後は近い人と一緒になって同じ趣味を楽しむことですか。

▷ 8　従来の「血液型と性格」の分類・分析とどこが違うのか

わたしの工学系の友達の疑問の最後の説明になり、以下の4つにまとめました。

(1) 合理的な理論がある

従来は血液型と性格の関係のデーターを集め、解析すると統計学的な確かさがありました。今回の場合は、この世のあらゆるものが合理的に出来ています。何に対して合理的か。環境に対してであり、生物について合理的に組み立てたのが、ダーウィンの進化論であり、『新しい人間観・社会観「血液型人生学・社会学」』になるということです。

まず、①農耕地帯のＡ型が多いのはＡ型の性格が農耕に向きであり、狩

猟地帯にはＯ型が多いのも、遊牧騎馬民にＢ型が多いのもそれぞれ狩猟、あるいは騎馬の環境に合うように性格が進化したからであり、一方、②多くの有性生物にインセストタブーがみられることから、異なる遠い遺伝子の交換が有利（合理的）であったため、栄養を蓄えて待つ卵子と、遺伝子だけを持って無数で探し回る精子に分化し、③天敵の多い草原では、子供を守る性格の個体と、恋愛や精子間での競争をする性格の個体。また強力な力で支配してハーレムを作る性格の個体がうまれたと考えます。

――進化の順にすると、有性生殖よりABO式の存在が先だから、Ａ型・卵子・子育て・農業。Ｏ型・精子・狩猟。Ｂ型・精子・ハーレム・騎馬でしたよね。

日本はＡ型が多いから、卵子のように貯蓄に励み、外国に行ってもすぐ帰国して動こうとしない。子供を大切にして皆で守る。農民のように勤勉で、和を大切にするなど進化の合理的な流れとしてつながっています。勿論、Ｏ型の欧米の狩猟民、あるいはＢ型のアラブ、中国、インドの国民性も合理的なつながりになっています。

――今ある資本主義社会、イスラム社会、中国の共産社会もその国の環境に合理的でしょうけど、不条理や非合理だと思うこともありますよね。

その通りで、明らかに不条理、非合理だと思えるのに中東の名誉殺人、インドの幼児婚、年の差婚などがありますが、何故存在するのでしょうか。かつては、感情豊かで、男性を翻弄する女性がいた部族は纏まりが弱くなって滅ぼされ、名誉殺人をした部族は結束が強いため生き残ったと考えられます。

――これもダーウィンの進化論からくる自然選択であり適者生存ですね。

インドの幼児婚は日本のような貧しい家庭の口減らしだと思いがちですが、インド独立の父、マハトマ・ガンジー（1869～1948）は夫婦とも13歳の幼児婚で、当時は普通だったといわれます。ガンジーはイギリスに留学していますので、貧しいとはいえませんし、お嬢さん育ちの夫人にトイレ掃除など欧米式の労働を押し付けたため、幾度も危機を迎えますが、離婚

はしませんでした。

——幼児婚によってきょうだいのような強い絆ができていたんですね。

年齢差婚についてはＢ型が多いインドで、数学好きは誰でも知っている天才数学者、ラマヌジャン（1887〜1920）は24歳で9歳の女性と結婚していますが、当時は普通だったようです。

——Ｂ型は感情が豊かで、またマイペースだからパートナーに自分の生活リズムを崩されたくないでしょうかね。

わたしの若い頃、英文週刊誌『TIME』や『Newsweek』のなかに、台所にいる嫁に姑が灯油かけて火をつけるインドの記事をよく見かけました。日本でも嫁と姑の葛藤はありますが、障害事件になることなど聞いたことがありません。年の差が大きいと嫁が子供であったり、嫁が成人した頃は姑も年をとっていたりで争いが減って家族や社会が安定化するという合理性があった気がします。

——今はグローバル化ですので、部族単位での争いはなくなり、核家族、あるいは離婚しやすくなったから名誉殺人、幼児婚、年齢差婚などは非合理的で滅びゆく習慣だといえるでしょうね。

長く続いた古い習慣から早く抜け出すために教育が必要ですね。

⑵　自分自身及び社会が解る

自分の性格が大人しいとか、気が短いためゆっくりした行動の人をみるとイライラするとか、パートナーへのアプローチが下手だとかなどについては自覚できると思います。ただ、誰も自分の性格がどのような進化をたどって今に至ったか、わかっていないし、知ろうともしていないのです。

——人間を扱う心理学者、文学者、政治家、哲学者なども狭い範囲の専門家でしかないので、人間どころか、自分自身さえわかっていないといわれましたよね。

わたしの大切なメインテーマの1つを知っていただくために、哲学とは、

深く考えることであり、哲学者の思索は持って生まれた思想を表し、ソクラテス以来2500年の歴史があり、今でも研究されているために解説書を含めてわかりやすい書籍が手に入ることについて繰り返しのべました。

わたしは70年安保で、大学が封鎖され、実験ができないため、マルクスの唯物史観を学び、心酔したため、89年のベルリンの壁の崩壊、2年後のソ連の解体には愕然とし、学び直そうと思ったその頃に放送大学が始まり、最初は、仕事上知っていたほうがよいと思える数学や境界分野の勉強をしているうちに、哲学全般に広げていっています。

――仕事しながらだと、大変だったでしょう。

わたしたちは高校で、統計や確率、集合論を習っていないので、詳しい人に教えて欲しいといっても面倒くさいから誰も相手にしてくえないのですが、放送の場合は録画して繰り返しながら学べるのでとても効率がよかったです。ただ哲学は、マルクスの唯物史観がわかるからといっても全般になると、自然科学と研究手法が違うので最初は戸惑っていました。しかし、10年、20年と受講し続けると、先生方も3代目、4代目になり、哲学の全体像、あるいは先生方は前任の講義をきっちと勉強し、同じ分野で違う切り口の講義をされているとわかってきました。

例えば、ギリシャ哲学のなかのソクラテスについては「無知の知」や陪審員裁判での死刑の説明がありますが、なかに、当時の政治家や有識者に「あなたは無知だ」と言いくるめる論法エレンコスについて教えてくれた先生がいたんです。ソクラテスはまず、知っていれば定義できるはずだとして定義させ、その矛盾をついて、弁解できなくなった相手に、「わかっていないじゃないか」というわけです。

放送大学で20世紀最大の数学者、クルト・ゲーデルの「完全性定理」と「不完全性定理」を勉強したので、人は死ぬなどの絶対的真理は定義し証明できるのですが、勇気、愛情、幸福などのような相対的真理は定義できないとわかってきました。

——ソクラテスのエレンコスは詭弁ですね。

その通りです。また東洋になくて西洋だけに、機械に働かせ続ける「永久機関」の思想があり、真剣に取り組んで破産した人たちがいましたが、エネルギー保存の法則が発見されてから永久機関は存在しないとわかり消えてしまっています。

——永久機関の考え方が植民地や奴隷制になったんですよね。

また哲学や思想は自然科学と結びつくんだと思い、アメリカが反共産主義なのは、金持ちが多くて労働者に分配させられるのが嫌だからだと思っていたのですが、O型狩猟系の欧米の人たちが持って生まれた自由を愛する性格によるとわかってきました。そして、マルクスの唯物史観はB型騎馬系の遺伝子による発想であり、今の中国の一党独裁の共産主義はB型の国民に適しているし、古代の唐、漢、明、清などと同じ政治体制だとわかってきました。

——唐、漢、明、清、習近平王朝と同じ体制が循環するという「循環史観」ですね。

わたしが40歳頃に、どんな生き方がよいか話し合っているとき、「自分がよいと思った生き方が、社会にもよい生き方だ」といったことがあります。そして、哲学者カントの格率（規範行為）を勉強したとき、自分と同じことを言っていると思いました。

また哲学者ヘーゲルがカントの道徳について、対人を考えていないと不満をのべていますが、カントやアリストテレスは子供が将来成長したときの道徳を教える子育て遺伝子のため、形式論理になってしまうのですが、ヘーゲルはカントと違う対人を必要とする恋愛遺伝子であることにヘーゲル自身も、また今までの世界の哲学者は気づいていないとわかったんです。

また、ヘーゲルもマルクスも資本主義のもとで、労働者は貧困化すると考えていましたが、O型狩猟系のヘーゲルは資本主義を肯定し、国家によって貧困を救済すればよいとし、B型騎馬系のマルクスは反民主主

義、反資本主義ですので、革命によって社会主義社会にすべきだとしたのです。

――A型のカント、O型のヘーゲル、B型のマルクス、それぞれ違う発想しかできないですよね。

そうです。カントが農耕系、ヘーゲルが狩猟系、マルクスが騎馬系とそれぞれ持って生まれた性格まで深く掘り下げるから、それぞれ違う遺伝子の思想を執筆することなるんです。

わたしが哲学を学ぶきっかけが70年安保による全共闘（全学共闘会議）の大学封鎖だといいましたが、当時の派閥（セクト）を今振り返ると、大きく①革命を求める革マル派、中核派、②改革によって社会主義国家に導こうとする構造改革派、③選挙による社会主義化をめざす保守的な民青同盟の3つになると思います。

①革マル派、中核派はマルクスのいう資本主義の矛盾をなくすのには革命が必須というB型騎馬系の考え方。②構造改革派はヘーゲルのいう資本主義は矛盾に満ちているが、国家の制度の改革によって救済し解決できるから革命は必要ないとするO型狩猟系。③民青同盟はカントの世界平和論のような改革を求めるA型農耕の考え方だとわかります。

日本にはA型、O型、B型が4割、3割、2割と存在しますから、革命派（進歩派）、構造改革派、保守派に分かれますし、O型とA型からなるアメリカは2大政党であり、国を2つに分けての対立になったりします。これが50年間哲学を学んだ大きな成果だと思っています。

⑶　差別がなくなる

就職や結婚で差別されるから血液型を聞くべきでないという人がいます。ある電機会社の社長がAB型の若者を集めたらとても効率がよかったと話したとき、差別だという人がいました。また、田舎でしたが、ある血液型の人は自己主張が強いので、採用したくないという人に会っています。

――血液型は本人の努力で変えられないですからね。

でも、政治家の血液型は選挙民が判断の1つにできるから公表すべきだと思います。O型欧米にうまれたA型の人はO型の社会に合わそうとして「実存主義者」になりますし、反民主主義、生の思想をもつB型の人はこの世を苦として、芸術や座禅などで心を癒します。しかし、B型のアラブや中国の社会にうまれた自由民主主義の遺伝子をもつO型の人は、自由を訴えて抵抗し、O型の欧米諸国はその人を支援するために経済制裁をしたりと内政干渉をします。

――天安門事件、アラブの春、香港の民主化運動がそうですね。

「血液型と性格」を理解することで、差別や衝突が和らぐと思います。

(4) 予想ができる

「血液型と性格」に進化論という歴史性が存在しますから、過去、現在から将来のことが推測できるはずです。

今、米中対立が起きています。中国は人口が多く、効率的な統制経済ですからアメリカを追い抜くと考えるでしょうが、O型欧米のキリスト勢力は戦闘的ですから、敗けたりしません。負けそうになるとベトナム戦争のように、和平で切り抜けます。また繰り返しますが、O型は自分たちが理解できないB型を攻撃します。B型のアラブへのO型の十字軍遠征がその例ですし、O型の豊臣秀吉のB型朝鮮出への出兵がそうです。

――以前はキリスト教布教のための進出が、今は自由であり、民主主義や資本主義が合わないB型の国に押し売りするんですね。

O型の人は無意識的にO型の恐ろしさはわかるでしょうね、O型の近衛文麿はO型のフランクリンルーズベルト大統領との和平に必死でしたが、B型の軍部の人たちだと思いますが、アメリカが攻めてくるとは思わなかったといっています。

――これからも、O型の豊臣秀吉がB型朝鮮に出兵したように、教訓として、

アメリカだけでなく、韓国、ロシアともにO型が大統領になれば、日本は警戒しないといけないですよね。

日本はA型農耕系ですので、O型狩猟系のアメリカにひざまづいていますが、O型のロシアは大国であり、O型のアメリカの恐ろしさを熟知していますから張り合っています。もし日本がO型であれば、太平洋戦争でアメリカに完敗ではなく、和平し、極東地域の重要性から、ファイブ・アイズ（米国、英国、カナダ、豪州、ニュージーランド）に加わっていると思います。

▷ 9　最後の最後として

日本は地震国であり、地震の度に当然のようにプレートテクトニックス理論による説明がされています。わたしが学生の頃は認めない教官たちもかなりいましたが、20年後に、この理論に貢献した米国、英国、仏国3人の学者が1990年の日本国際賞（Japan Prize）を受賞し、講演を聞きに行ったことがあります。また、学生の頃、日本列島とロシア領沿海州に同じ岩石があり、以前は同じだと考えらえていたのですが、どうして今のようになったのか、わかりませんでした。50年後、プレートテクトニックス理論をもとにして日本列島の形成史が構築され、隔世の感があります。

「血液型と性格」が日本に紹介されて105年になりますが、今のような人生や政治、宗教など文化全体に血液型が関連すると10年前にすでに気づいていました。ただ、新しい考え方が生まれると同時多発的に同じ考えの人が現れるはずなのに、追随者もほとんどいないので、要点を再度まとめて表－7（P160 ～ 161）にしてみました。簡略化していますが、最も基本的な記載ですので、進化の流れのなかで包括的に理解していただけたらと思います。

またここに再度、 新しい人間観・社会観「血液型人生学・社会学」の概要を表－8（P（53））にまとめ、①～⑦のコメントをつけました。

表－８　新しい人間観・社会観「血液型人生学・社会学」の概要

血液型①	性格の進化②		性格の特徴	サルの社会③	基本価値と哲学者④	宗教⑤	国家の体制⑥	文明の衝突⑦
A型	草食人	卵子・子育て・農耕	定着・貯える・相手に合わせる・勤勉・和が大切	パタスザル：多産、臆病のため逃げる	労働と倫理を大切にする アリストテレス、カント、実存主義者たち	キリスト教。プロテスタント（労働を善とする） 浄土真宗（他力）	国家社会主義。幕藩体制。直接民主主義（ドイツ、日本、スイス）	文明に衝突しないようにO型欧米の自由民主主義に合わせるようにして、議会民主主義をとっている。
O型	肉食人	精子・恋愛・狩猟	動き回る。精子間競争。チームで襲う	チンパンジー：複雄複雌、子殺し行動	自由と希望への信奉、そして労働を悪とするヘーゲル	キリスト教カトリック	議会制民主主義。（欧米諸国）	B型の社会のなかのO型の人たちによる自由と民主化の訴えに呼応して経済制裁などの攻撃を加えている。
B型		精子・ハーレム・騎馬	動き回る。囲い込む。奪いとる。	ゴリラ：単雄複雌（ハーレム）、子殺し	自由と希望への否定。労働もよしとしない。マルクス、ニーチェ	原始仏教南方仏教（自力本願）、道教	イスラム体制・共産主義社会（反民主主義）。カースト社会：（アラブ、中国、インド）	B型の社会で安定化のために、一党独裁、あるいは軍部なのどの強い力が必要。しかし、B型の社会に合わないO型の人たちが自由、民主化を求め、欧米が呼応するので衝突する。
AB型		精子・子育て・地侍	動き回る。子育てもし、戦いもする	テナガザル：男女平等	特にこだわらない。ラッセル卿	1つの宗教にこだわらない	AB型の体制はない。ただ古代中国の墨家集団。	O型欧米では指導者になるものの、B型の社会ではAB型の墨家集団がB型の秦の始皇帝によって抹殺される。

表－8のなかの番号のコメント

①　血液型と性格の結び付けですが、結びつくはずがないと思う方は、②の農耕向き、狩猟向き、遊牧騎馬向き、地侍向きの性格としての分類でも同じようにできます。ただ、血液型を入れるとわかりやすくなり、適応の幅も広がります。

②　草食人と肉食人ですが、肉を食べないと生きていけないため、ちゃぶ台返しをするO型、B型、AB型を肉食人としました。グアム島で発見された日本残留兵のA型の横田庄一は菜食が中心でしたし、ルバング島の日本残留兵のAB型の小野田寛朗さんは肉を食べないと下痢してしまうことから、水牛を撃ち殺していました。

③　わたしの学生のときはニホンザルの研究が盛んでしたので、類人猿を含めてサルの行動について興味を持ち続けてきました。

④　哲学者によって労働、自由、希望の扱い方の違いをとりあげてみました。

⑤　西洋のキリスト教と日本の仏教は違いますが、戦国時代、日本に布教にきたカトリックの神父が浄土真宗を知って、プロテスタントが布教にきたと思ったと言われています。プロテスタントのマルチン・ルターと浄土真宗の親鸞は破戒僧のする妻帯をして非難されますが、臆することなく幸せだと2人とも言っています。他にも多くの共通点があるのに注目して欲しいと思います。

⑥　政治体制は国民の環境や歴史のなかで合理的なシステムとして作られたものであり、自由民主主義がどの国でも最良といえないことを知って欲しいです。

⑦　ベルリンの壁の崩壊とソ連邦解体によって21世紀はすべてが自由民主主義の国に移行すると考えれていたのですが、小さな争いが各地で起きはじめ、サムエル・ハンチントンの『文明の衝突』が有名になりました。2大大国、米国とソ連からの重しがなくなって、本来の部族間、小国間の

争いに戻ったといえます。また、O型欧米の文化に生まれたA型の人は合わないのを運命だとあきらめて、世間にあわせようとする実存主義になり、B型の人はこの世は苦だとして芸術などでストレス解消することに努めます。しかし、B型の国に生まれたO型の人は自由民主主義を求めてデモをするのはいいですが、O型の他国が経済制裁などで干渉するために、混乱になり、不安定化することを忘れてならないと思います。

——紛争の多くがO型のせいですよね。

社交的でニコニコしながら襲いかかり、敗けそうになると和平を結びますからしたたかですよ。

わたしは50年前の70年安保に巻き込まれていなければ、政治や思想に疎い技術者として、「血液型と性格」なんてくだらない、テレビで話すオピニオンリーダーたちを立派な人たちだと尊敬する田舎のきょうだいたちのように幸せな一生を送れたと思っています。また、民間でなく、教師になっていれば、田舎のエリートですので、父親も喜んでくれたと思うし、A型子育て遺伝子ですので、人気のある教諭あるいは教官になれた気がします。

70年安保のときの大学封鎖の終わり頃になると、大学改革や民主化を叫ぶ若い大学院生や助手たちが教授たちと対立し、なかには成果の上がらない研究者は税金泥棒だから、民間に行け！　と恐ろしいことをいう人たちの言葉が頭にこびりついています。

わたしの頃のダム建設は国家事業であり、発展途上国でも欧米に留学したトップエンジニアが担当し、レベルが低いと思われると、会社にもっといい人を寄越せ、といい、嫌われて再入国できなくなった人を知っているのでいつもピリピリしていました。

放送大学で30年も学び続けると、大学の先生は毎年、高校卒業して間もない学生たちの相手だから、専門以外の知識は高校生卒業レベルでしかないと思えるようになっています。

——大学の先生は学生の研究テーマや進路などいろいろ相談にのるから専門以外の勉強する時間がないんですよ。それに学者は専門以外のことはわからなくてもいいという考え方もあるでしょう。

でも、税金を貰いながらの勉強で、その程度ですか、といいたくなったりします。

——それをいったら終わりですよ。

終わりにしますか。80歳ですから、人生も終わりですしね。

——最後まで読んでくれた人にお礼をいいましょう。

語彙力がなくて傲慢で失礼なことを繰り返した気がします。ただ、40年前に今のような経験と知識があったらと思うと、悔しくて！　悔しくて！

——それがこの本を書くきっかけでしょ。もう終わりましょう。

主な参考書籍

1　ダーウィンの進化論から解読する血液型人生学新書　福間進　鳥影社　2017
2　血液型と性格の基礎理論　福間進　鳥影社　2019
3　座右のニーチェ　突破力が身につく本　斎藤孝　光文社新書　2008
4　ニーチェと女性たち　鞭を越えて　キャロル・ディース　眞田収一郎　風濤社 2015
5　キェルケゴールとニーチェ　カール・レヴィェト　中川秀恭　未来社　2002
6　イラストでわかるやさしい哲学　坂井昭宏・宇都宮輝夫　成美堂　2008
7　ニーチェからスターリンへ　トロツキー　森田成也・志田昇　光文社　2010
8　レーニン　トロツキー　森田成也　光文社　2007
9　血液型　検定ドリル　能見俊賢　青春出版　　2006
10　血液型相性おもしろ裏読み事典　能見俊賢　青春出版　1999
11　血液型人生論　能見正比古　青春出版社　1985
12　ハイデガー　木田元　作品社　2001
13　アーレントとハイデガー　エルジビュータ・エティンガー　大島かおり訳　みすず書房　1996
14　朴槿恵の真実　哀しき反日プリンセス　呉　善花　文春新書　2015
15　ニホンザルの生態　河合雅雄　河出書房新社　1964
16　ニホンザルの生態　豪雪の白山に野生を問う　どうぶつ社　伊沢紘生　1982
17　世界の名著　ニーチェ　手塚富雄　中央公論社 1966
18　世界の名著　キルケゴール　桝田啓三郎　中央公論社 1966
19　世界の名著　コーラン　藤本勝次　中央公論社 1970
20　ドナルド自伝　D·J・トランプ他　枝松真一　早川書房　1988
21　ドナルド・トランプの世界　Newsweek　日本語版　2017 年 11 月 22 日
22　血液型と性格の社会史　松田薫　河出書房新社　1991
23　血液型人間学――運命との対話　前川輝光　松籟社　1998
24　サル学なんでも小辞典　京都大学霊長類研究所　講談社　　1992
25　現代のエスプリ　血液型と性格　No.324　至文堂　1994　7月
26　ダダモ博士の血液型健康ダイエット　ピーター・J・ダダモ　濱田陽訳　集英社文庫 1998

27　オバマ大統領――ブラック・ケネディになれるか　村田晃嗣＋渡辺靖　文芸春秋　2009
28　ビル・クリントンのすべて　持田直武　日本放送出版会　1992
29　世界の名著　ショーペンハウアー　西尾幹二　中央公論社　1975
30　ケネディと日本　日米のターニングポイント　土田宏　2017
31　リンカーン　アメリカ民主政治の神話　本間長世　中央公論社　1968
32　プレジデンシャル・セックス　ジョージ・ワシントンからビル・クリントンまで　ウェスリー・O・ハグット　ベストセラーズ　1998
33　ウェスリー・O・ハグッド　訳　野津智子　KKベストセラーズ　1998
34　図解雑学『構造主義』　小野功生　ナツメ社　2004
35　哲学入門　柏原啓一　放送大学教育振興会　2004
36　統計でわかる血液型人間学入門　金澤正由樹　幻冬舎ルネッサンス　2014
37　人生、血液型。血液型が信じられる34の理由　前川輝光　春風社　2014
38　カントの平和論　ロマン主義とプラグマティズムからの逆照射　アンドリュー・ボウイ　大貫敦子訳　思想　No984　第4号　2006　岩波書店
39　B型自分の説明書　Jamais　Jamais　文芸社　2007
40　ハイデガー入門　竹田青嗣　講談社　2017
41　血液型の話　古畑種基　岩波新書　1962
42　現代のエスプリ　424　血液型と性格　編集　詫摩武俊・佐藤達哉　至文堂　1994
43　サル学の現在　立花隆　平凡社　1991
44　霊長類進化の科学　京都大学霊長類研究所　京都大学学術出版会　2007
45　人生を考えるヒント　ニーチェの言葉から　木原武一　新潮選書　2003
46　ありがとうもごめんなさいもいらない森の民と暮らした人類学者が考えたこと　奥野克巳　亜紀書房　2018
47　A型とB型―二つの世界　前川輝光　鳥影社　2011
48　裏切られた自由　ハーバート・フーバー　ジョージ・H・ナッシュ編　渡辺惣樹訳　上下　草思社　2017
49　アメリカ先住民から学ぶ　その歴史と思想　阿部珠理　NHKカルチャーラジオ　2011　10～12月

50　アメリカ建国とイロコイ民主制　D・A・ギリンデ・Jr　B・E・ジョハンセン　星川淳訳　みすず書房　2006
51　徳富蘇峰終戦日記　頑蘇夢物語　徳富蘇峰　講談社　2015
52　弟　徳富蘆花　徳富蘇峰　中央公論社　1997
53　対談：家族探求　樋口恵子と考える日本の幸福　樋口恵子/編　中央法規　1999
54　日本人はなぜ「小さないのち」に感動するのか　呉善花　ワック　2014
55　スカートの風　日本永住をめざす韓国の女たち　呉善花　三交社　1990
56　ハンナ・アーレント伝　エリザベス・ヤング=ブルーエル　荒川幾男、原一子、本間直子、宮内寿子　晶文社　2000
57　アレント入門　中山元　筑摩書房　2017
58　高齢社会を狙う悪質商法——豊田商事商法は繰り返す　山内佳江　けやき出版　1995
59　脳のしくみがわかる本　寺沢宏次　成美堂出版　2007
60　カント先生の散歩　池内紀　潮出版社　2013
61　終着駅トルストイ最後の旅　マイケルホフマン脚本・監督　ソニーピクチャーエンターテイメント　DVD　2011
62　反日種族主義　日韓危機の根源　李栄薫編著　文芸春秋　2019
63　哲学の解剖図鑑　小須田健　エクスナレッジ　2013
64　竹島は日韓どちらのものか　下条正男　文芸春秋　2004
65　血液型の科学　藤田紘一郎　祥伝社　2012
66　チンパンジーの森へ　ジェーン・グドール自伝　庄司絵理子訳　知人書館　1994
67　愛は霧のかなたに　マイケルアプデッド監督　ワーナー・ブラザーズ　2003
68　霧のなかのゴリラ　マウンテインゴリラとの13年　ダイアンフォッシー　平凡社　2002
69　オランウータンとともに　上・下　ビルーテ・ガルディカス　杉浦秀樹・斎藤千映美・長谷川寿一訳　新曜社　1999
70　文明の衝突　上・下　サミュエル・ハンチントン　鈴木主税訳　集英社　2017
71　文明の衝突と21世紀の日本　サミュエル・ハンチントン　鈴木主税訳　集英

社　2000
72 「NO」と言える日本　盛田昭夫・石原慎太郎　光文社　1989
73　それでもNOと言える日本　石原慎太郎・渡辺昇一・小川和久　光文社　1990

〈筆者紹介〉

福間　進（ふくま　すすむ）

1942 年、島根県に生まれる。大阪市立大学理学部地学科大学院修士卒。

建設コンサルタントに就職。主にインドネシア、韓国、フィリピンなどでのダム建設のための地質調査、施工管理。

学生のとき民主文学運動に参加、習作の会、中央文学会、河の会の同人になる。

書籍：闘鶏（中央文学会）

普通の人（近代文芸社）

島根半島が動く（鳥影社）

ダーウィンの進化論から解読する血液型人生学新書（鳥影社）

血液型と性格の基礎理論（鳥影社）

〈対談者紹介〉

星野輝彦（ほしの　てるひこ）

1943 年、広島県に生まれる。九州工業大学工学部機械科卒。

中堅建設会社に就職。建設機械部門を担当。

趣味、碁とゴルフ。

新しい人間観・社会観「血液型人生学・社会学」対話

2021年12月22日　初版発行

著　者　福間　進、星野輝彦

発行所　学術研究出版

〒670-0933　兵庫県姫路市平野町62

［販売］Tel.079(280)2727　Fax.079(244)1482

［制作］Tel.079(222)5372

https://arpub.jp

印刷所　小野高速印刷株式会社

ISBN978-4-910415-98-7